DESCUBRE 3

Lengua y cultura del mundo hispánico

Testing Program

VISTA®
HIGHER LEARNING

ISBN: 978-1-68004-713-4

1 2 3 4 5 6 7 8 9 PP 21 20 19 18 17 16

Table of Contents

TESTS

About the Testing Program

This Testing Program contains all testing materials for **Descubre.**

The new **Descubre nivel 3** Testing Program contains quizzes for each **Contextos** section and **Estructura** grammar point. The Testing Program features four tests per lesson (**Tests A–D**); an additional reading test for every lesson; three exams grouping **Lecciones** 1–3, 4–6, and 7–10; and a final exam grouping **Lecciones** 1–10.

Lesson Tests

For every lesson, **Tests A** and **B** test students' language skills with a greater proportion of controlled activities, while **Tests C** and **D** have more open-ended activities in order to focus on language proficiency. Versions **A** and **B** and versions **C** and **D**, respectively, are interchangeable and offer you flexibility in administering make-up tests.

Each test begins with a listening comprehension section that revolves around a brief listening passage based on the theme, vocabulary, and grammar structures of the corresponding textbook lesson. The listening comprehension sections include a variety of formats such as commercials, interviews, conversations, and descriptive monologues. They focus on students' global comprehension and, where appropriate, their ability to understand key details. After the listening sections, test items check students' knowledge of the corresponding active vocabulary and grammatical structures. Each test ends with a composition that emphasizes personalized communication and self-expression. Students are asked to generate a brief writing sample designed to elicit the vocabulary and grammar of the corresponding textbook lesson within a natural, realistic context.

The tests are based on a 100-point scale; point values for each test section are provided in parentheses at the end of the direction lines.

Exams

The exams follow the same general organization as the tests. Each **Exam** begins with a listening comprehension section, continues with vocabulary and grammar test items, communicative activities, and ends with a writing exercise. The exams are cumulative and comprehensive, encompassing the main vocabulary fields, key grammatical points, and principal language functions covered in the corresponding textbook lessons. Like the tests, the exams are based on a 100-point scale; point values for each section are provided in parentheses at the end of the direction lines.

Additional Readings

Along with the tests and exams, the Testing Program includes a supplementary optional reading for each of the ten lessons of the student textbook. The passages test students' reading skills and relate thematically to the corresponding lessons in the textbook. The readings can be appended to any corresponding test or exam, or they can be used independently to assess reading skills. Each passage is followed by a set of comprehension questions, as well as a composition that emphasizes presentation, communication, and self-expression.

Some Suggestions for Use

While the materials in the tests, exams, and additional readings reflect the contents of the corresponding lessons in the **Descubre** Student Text, you may have emphasized certain vocabulary items, grammatical points, or textbook sections more or less than others. Therefore, it is strongly recommended that you look over each test, exam, or additional reading in advance to ensure that it reflects the vocabulary, grammar, and language skills you have stressed in your classes. Additionally, you should feel free to modify a test, exam, or optional reading so that it meets the guideline of "testing what you teach."

You can alleviate many students' test anxieties by telling them in advance how many points are allotted to each section of a test or exam and by providing them with a few sample test items. When administering the listening section of the tests or exams, it is a good idea to begin by going over the direction lines with students so that they are comfortable with the instructions and the context of the passage they will hear. You might also take a few minutes to have students look over the items and let them know whether you plan to play or read the listening passage aloud once or twice. It is recommended that you play or read it twice at a normal rate of speed without emphasizing or pausing to isolate specific words or expressions.

We hope you find this Testing Program useful for measuring student progress during your course.

The Vista Higher Learning Editorial Staff

CONTEXTOS

Lección 1

Quiz A

1 Opuestos Empareja cada palabra de la primera columna con su opuesto de la segunda columna. (8 x 0.75 pt. each = 6 pts.)

_____ 1. llevarse fatal   a. romper con

_____ 2. adorar   b. permisivo

_____ 3. soltero   c. tranquilo

_____ 4. resistir   d. atraer

_____ 5. proponer matrimonio   e. apreciar

_____ 6. agobiado   f. odiar

_____ 7. autoritario   g. casado

_____ 8. estar harto de   h. llevarse bien

2 Seleccionar Selecciona la palabra que no está relacionada con cada grupo. (5 x 1 pt. each = 5 pts.)

1. a. soportar
   b. coquetear
   c. impresionar
   d. atraer

2. a. sola
   b. tacaña
   c. divorciada
   d. separada

3. a. ansioso
   b. sensato
   c. disgustado
   d. deprimido

4. a. pasarlo mal
   b. estar harto
   c. cuidar
   d. discutir

5. a. cariñoso
   b. falso
   c. mentiroso
   d. inmaduro

3 ¿Lógico o ilógico? Decide si cada oración es **lógica (L)** o **ilógica (I)**. (4 x 1 pt. each = 4 pts.)

_____ 1. Olivia es tímida; para ella es fácil hablar con grupos de personas.

_____ 2. Raúl quiere impresionar a su jefa para ganar un aumento de sueldo.

_____ 3. Si te sientes ansioso, debes hablar con un consejero o un psicólogo.

_____ 4. Martín es viudo; lleva dos años de casado.

4 Completar Completa las oraciones con la(s) palabra(s) correcta(s). (5 x 1 pt. each = 5 pts.)

1. Anita es tan _____ (sensible/orgullosa/segura). Le dije que no se maquillara tanto y se molestó.

2. Eva y su esposo discuten tanto, que él le pidió _____ (una cita a ciegas/el sentimiento/el divorcio).

3. ¡Qué _____ (vergüenza/celos/ánimo) tengo! El profesor me preguntó de dónde era Cristóbal Colón y no supe contestar.

4. El novio de Soraya es muy tacaño. No sé cómo Soraya lo _____ (rompe/deja/soporta).

5. Le dije a Hugo que no saliera con esa chica, pero no me _____ (propuso/hizo caso/soñó).

CONTEXTOS

Lección 1

Quiz B

1 Clasificar Escribe cada palabra bajo la categoría apropiada. (6 x 1 pt. each = 6 pts.)

apreciar	coquetear	compromiso	discutir	impresionar	llevarse fatal

El matrimonio feliz	La cita	El divorcio
_____	_____	_____
_____	_____	_____

2 Sinónimos y antónimos Escribe el sinónimo o antónimo de cada palabra o expresión.
(8 x 0.75 pt. each = 6 pts.)

Sinónimos

1. pasarlo mal _____
2. amado _____
3. dejar a _____
4. falso _____

Antónimos

5. ansioso _____
6. adorar _____
7. generoso _____
8. estar harto de _____

3 Escribir Tu amigo/a se lleva bien con su padre, quien es gracioso pero un poco inmaduro. Sin embargo, discute casi todos los días con su madre, una mujer tradicional y autoritaria. Tu amigo/a además tiene celos de su hermano, quien se lleva bien con los dos. Escríbele una carta a tu amigo/a para darle cuatro consejos. (2 pts. for grammar + 6 pts. for vocabulary and style = 8 pts.)

_____
_____
_____
_____
_____
_____
_____
_____

ESTRUCTURA 1.1   Lección 1

Quiz A

1 Verbos Completa la tabla con la forma correcta de los verbos. (10 x 0.5 pt. each = 5 pts.)

Infinitivo	yo	tú	nosotras	ellos
elegir	(1)	(2)	elegimos	eligen
parecer	(3)	pareces	(4)	parecen
educar	educo	(5)	educamos	(6)
oír	(7)	(8)	oímos	oyen
cerrar	cierro	cierras	(9)	(10)

2 Completar Completa las oraciones con la forma correcta del presente del verbo apropiado. (6 x 1 pt. each = 6 pts.)

1. Eduardo _____ ir al concierto con nosotros. (hacer/poder)

2. Alfonso y yo _____ al baloncesto por las tardes. (dar/jugar)

3. Unos carpinteros _____ una casa en mi barrio. (construir/crecer)

4. Yo _____ entre la gente segura y la gente orgullosa. (distinguir/olvidar)

5. Tú _____ a clases de francés. (valer/asistir)

6. Ustedes _____ a mi casa a las ocho, ¿no? (venir/oponer)

3 Conversaciones Completa estas conversaciones con las formas apropiadas del presente de los verbos de la lista. No necesitas uno de los verbos. (5 x 1 pt. each = 5 pts.)

conducir	ser
mantenerse	soñar
seguir	traer

1. —Perdón, señora. Mi amiga y yo no _____ de esta ciudad. ¿Nos puede decir dónde hay un banco?

   —Claro. Si ustedes _____ esta calle, a la derecha hay uno.

2. —De los amigos de su niñez, ¿con quiénes _____ en contacto?

   —Hablo con Juan José solamente.

3. —¿Qué carro _____ Pablo?

   —Ni idea. Pero (él) _____ con tener un todo terreno (*all-terrain vehicle*).

4 Oraciones Forma oraciones completas con los elementos dados. Usa el presente y haz todos los cambios necesarios. (4 x 1 pt. each = 4 pts.)

1. tú / dar / una fiesta / y / invitar a / todo / tus amigos

   _____

2. ¿caber / todo / tus libros / en esa mochila?

   _____

3. yo / saber / que / Fernando y Alejandra / decir / mentiras

   _____

4. si usted / no obedecer / la ley, / mis padres y yo / ir / a la policía

   _____

ESTRUCTURA 1.1

Lección 1

Quiz B

1 Completar Completa las oraciones con la forma correcta del presente del verbo apropiado.
(6 x 1 pt. each = 6 pts.)

1. Tú _____ a clases de francés. (valer/asistir)

2. Yo _____ entre la gente segura y la gente orgullosa. (distinguir/olvidar)

3. Ustedes _____ a mi casa a las ocho, ¿no? (venir/oponer)

4. Alfonso y yo _____ al baloncesto por las tardes. (dar/jugar)

5. Eduardo _____ ir al concierto con nosotros. (hacer/poder)

6. Unos carpinteros _____ una casa en mi barrio. (construir/crecer)

2 Oraciones Combina elementos de las columnas para formar oraciones completas. Usa el presente.
(6 x 1 pt. each = 6 pts.)

mis amigos/as	estar	viajar
yo	jugar	estadio
el viudo	sentirse	solo/a
tú	buscar	pareja
ustedes	compartir	emocionado/a
mi novio/a y yo	soñar	Maribel
usted	ir	¿?
	conocer	

1. _____

2. _____

3. _____

4. _____

5. _____

6. _____

3 Escribir Describe a tu pariente favorito/a. Incluye respuestas a estas preguntas: ¿Cómo es él/ella?
¿Dónde vive? ¿Trabaja o estudia? ¿Desde cuándo lo/la conoces? ¿Cómo es la relación entre ustedes?
¿Se lo pasan bien cuando están juntos/as? (4 pts. for grammar + 4 pts. for style and creativity = 8 pts.)

_____

_____

_____

_____

ESTRUCTURA 1.2   Lección 1

Quiz A

Quizzes

1 Emparejar Empareja las frases de la columna A con las de la columna B para formar oraciones lógicas. (6 x 1 pt. each = 6 pts.)

A	B
_____ 1. La escuela está	a. muy guapas hoy.
_____ 2. Las niñas están	b. cerrada.
_____ 3. El partido es	c. el sábado.
_____ 4. Mi familia y yo somos	d. un poco nublado.
_____ 5. Estos melocotones están	e. de Guayaquil.
_____ 6. Hoy está	f. verdes.

2 Escoger Selecciona el verbo adecuado para completar las oraciones. (5 x 1 pt. each = 5 pts.)

1. Las mochilas _____ detrás de las sillas.

   a. son   b. están

2. Tengo un gorro que _____ de lana negra.

   a. es   b. está

3. Me parece que esa planta ya _____ muerta.

   a. es   b. está

4. Mi vecina _____ psicóloga.

   a. es   b. está

5. La fiesta _____ en casa de Enrique.

   a. es   b. está

3 Completar Javier habla de sus planes. Completa lo que dice con el presente de los verbos **ser** y **estar**. (12 x 0.75 pt. each = 9 pts.)

Mi novia y yo ya (1) _____ listos para nuestro viaje a Punta Cana. Nuestras maletas

(2) _____ hechas y sólo (3) _____ esperando el taxi para ir al

aeropuerto. En Internet dicen que el clima de la República Dominicana

(4) _____ caluroso y especialmente en esta época (*time*) del año el sol

(5) _____ muy fuerte. Por eso, llevo ropa ligera (*light*), pero también mucho

protector solar.

No conozco Punta Cana, pero sé que (6) _____ al este de la isla. El hotel donde

voy a quedarme se llama el Gran Caribe; (7) _____ un hotel de cuatro estrellas y

(8) _____ sobre una playa muy famosa. Las playas de Punta Cana

(9) _____ de arena (*sand*) blanca y el mar (10) _____ perfecto

para bucear. No sé bucear, pero (11) _____ un hombre vivo y

(12) _____ seguro que lo puedo aprender rápidamente.

ESTRUCTURA 1.2 Lección 1

Quiz B

1 Completar Completa las oraciones con la forma correcta de **ser** o **estar**. (6 x 1 pt. each = 6 pts.)

1. Mi vecina _____ psicóloga.

2. Esas telenovelas _____ aburridas.

3. Tengo un gorro que _____ de lana negra.

4. La fiesta _____ en casa de Enrique.

5. Las mochilas _____ detrás de las sillas.

6. Me parece que esa planta ya _____ muerta.

2 Frases Completa las frases de manera lógica, usando el presente de **ser** o **estar**. (5 x 1 pt. each = 5 pts.)

1. Ahora mismo yo…

_____

2. Mi próximo examen…

_____

3. Hoy mi mejor amigo/a…

_____

4. Mi tienda favorita…

_____

5. Mis padres siempre…

_____

3 Escribir Piensa en una persona famosa y escribe una descripción de él/ella, usando el presente de **ser** y **estar**. Debes usar cada verbo por lo menos cinco veces. (5 pts. for grammar + 4 pts. for style and creativity = 9 pts.)

_____

_____

_____

_____

_____

_____

_____

ESTRUCTURA 1.3

Lección 1

Quiz A

1 Gerundios Escribe el gerundio (*present participle*) de cada verbo. (5 x 1 pt. each = 5 pts.)

1. coquetear _____

2. romper _____

3. poder _____

4. mentir _____

5. hacer _____

2 El mensaje Ernesto está en Suramérica, realizando unos estudios lingüísticos. Completa este mensaje que le escribió a su amigo. Usa el presente progresivo. El primer verbo se da como ejemplo. (6 x 1 pt. each = 6 pts.)

Hola, Francisco:

Te ____estoy escribiendo____(estar, escribir) desde las playas hermosas de Cartagena, Colombia, donde unos compañeros y yo (1) _____ (estar, disfrutar) de unos días de descanso. Te cuento que yo (2) _____ (ir, conocer) cada día más expresiones de la costa atlántica de Colombia. Mis compañeros (3) _____ (venir, insistir) en que publiquemos un diccionario de expresiones suramericanas, pero la editorial (*publishing house*) (4) _____ (andar, decir) que habría que incluir más regiones de Latinoamérica.

Bueno, y tú, ¿(5) _____ (seguir, construir) casas en Miami? Si tú y tu esposa (6) _____ (estar, pensar) viajar en agosto, deben venir a visitarme.

Un fuerte abrazo,

Ernesto

3 Oraciones Forma oraciones completas con los elementos dados. Usa el presente progresivo y haz todos los cambios necesarios. (4 x 1 pt. each = 4 pts.)

1. tú y yo / venir / discutir / desde / el año pasado

_____

2. mis padres / seguir / soñar / tener / una casa / cerca / playa

_____

3. la niña / andar / caerse / porque / estar / aprender / caminar

_____

4. yo / llevar / soportar / mi jefe / muchos años

_____

4 Completar Completa estas oraciones utilizando los verbos de la lista. Usa **estar** + el gerundio. No necesitas todos los verbos. (5 x 1 pt. each = 5 pts.)

correr	dormir	escuchar	pedir	proponer	reírse	ver

1. Hernán le _____ matrimonio a su novia en el restaurante "Galicia". ¡Qué romántico!

2. —¿Qué hacen ustedes?

—_____ una pizza. ¿Tienes hambre?

3. ¡SSSSSHHHHH! Los niños _____.

4. —¿Por qué _____ tanto, Julio?

—Ah… je, je… es que (yo) _____ este programa de radio, *A lo loco*. Es muy cómico.

Lección 1 Estructura 1.3 Quiz A

ESTRUCTURA 1.3   Lección 1

Quiz B

1 El mensaje Ernesto está en Suramérica, realizando unos estudios lingüísticos. Completa este mensaje que le escribió a su amigo. Usa el presente progresivo. El primer verbo se da como ejemplo.
(6 x 1 pt. each = 6 pts.)

conocer	escribir
construir	insistir
decir	pensar
disfrutar	

Hola, Francisco:

Te _____estoy escribiendo_____ (estar, ¿?) desde las playas hermosas de Cartagena, Colombia, donde unos compañeros y yo (1) _____ (estar, ¿?) de unos días de descanso. Te cuento que yo (2) _____ (ir, ¿?) cada día más expresiones de la costa atlántica de Colombia. Mis compañeros (3) _____ (venir, ¿?) en que publiquemos un diccionario de expresiones suramericanas, pero la editorial (*publishing house*) (4) _____ (andar, ¿?) que habría que incluir más regiones de Latinoamérica.

Bueno, y tú, ¿(5) _____ (seguir, ¿?) casas en Miami? Si tú y tu esposa (6) _____ (estar, ¿?) viajar en agosto, deben venir a visitarme.

Un fuerte abrazo,
Ernesto

Nombre _____ Fecha _____

Quizzes

2 Combinar Combina elementos de las columnas para formar oraciones completas. Usa el presente progresivo de los verbos. (6 x 1 pt. each = 6 pts.)

nosotras	venir	caerse	¿?
los niños	andar	dormir	
tú	ir	aprender	
ustedes	estar	soñar	
Lupe	llevar	discutir	
yo	seguir	caminar	

1. _____
2. _____
3. _____
4. _____
5. _____

3 Escribir Imagina que tú y tu familia están de vacaciones en una playa del Caribe. Escríbele un mensaje a un(a) amigo/a, usando el presente progresivo y otros verbos con el gerundio. Puedes usar el mensaje de la Actividad 1 como ejemplo. ¡Sé creativo/a! (4 pts. for grammar + 4 pts. for style and creativity = 8 pts.)

_____
_____
_____
_____
_____
_____
_____
_____

CONTEXTOS

Lección 2

Quiz A

1 Clasificar Escribe cada palabra bajo la categoría apropiada. (6 x 0.5 pt. each = 3 pts.)

| empate | dardos | función | reunirse | taquilla | vencer |

La música y el teatro	Las diversiones	Los deportes
_____	_____	_____
_____	_____	_____

2 Seleccionar Selecciona la palabra o expresión que no está relacionada con cada grupo. (5 x 1 pt. each = 5 pts.)

1. a. parque de atracciones
   b. discoteca
   c. videojuego
   d. zoológico

2. a. desafiar
   b. gustar
   c. entretenerse
   d. disfrutar

3. a. vencer
   b. perder
   c. ganar
   d. hacer cola

4. a. músico
   b. poner un disco compacto
   c. álbum
   d. ajedrez

5. a. campeonato
   b. billar
   c. espectador
   d. aficionado

3 ¿Cierto o falso? Decide si cada oración es **cierta (C)** o **falsa (F)**. (5 x 1 pt. each = 5 pts.)

_____ 1. El escenario es la parte del teatro donde hay asientos para el público.

_____ 2. En un circo los animales forman parte del espectáculo.

_____ 3. El boliche es un juego de mesa.

_____ 4. El árbitro es la persona que entrena a los jugadores del equipo.

_____ 5. Un estreno es cuando se presenta una película u obra de teatro por primera vez.

4 Sinónimos Escribe el sinónimo de cada palabra. (7 x 1 pt. each = 7 pts.)

1. celebrar _____

2. las cartas _____

3. los boletos _____

4. los ratos libres _____

5. el grupo musical _____

6. divertido _____

7. marcar _____

CONTEXTOS

Lección 2

Quiz B

1 Completar Completa cada oración con una palabra apropiada. (5 x 1 pt. each = 5 pts.)

1. El _____ es un juego de mesa.

2. Un _____ es cuando se presenta una película u obra de teatro por primera vez.

3. El _____ es la persona que controla un partido o juego.

4. En un _____ los animales forman parte del espectáculo.

5. Un _____ es una serie de partidos entre varios equipos.

2 Definir Escribe definiciones para estas palabras. (5 x 1 pt. each = 5 pts.)

1. el pasatiempo

_____

2. la taquilla

_____

3. vencer

_____

4. cl empate

_____

5. hacer cola

_____

3 Preguntas Contesta las preguntas con oraciones completas. (5 x 1 pt. each = 5 pts.)

1. ¿Qué juegos de mesa te gustan? ¿Cuáles te aburren?

   _____

2. ¿Cómo festejaste tu cumpleaños el año pasado?

   _____

3. ¿Dónde se puede dar un paseo en tu comunidad?

   _____

4. ¿Cómo se entretienen tú y tus amigos los fines de semana?

   _____

5. ¿Qué te gusta más, ser espectador(a) de un deporte o ser deportista? ¿Por qué?

   _____

4 Escribir Describe el último concierto u obra de teatro que viste. Usa como mínimo cinco palabras de la lista. (2 pts. for grammar + 3 pts. for vocabulary and style = 5 pts.)

aplaudir	asiento	cantante	entradas	escenario	espectáculo	hacer cola	taquilla

_____

_____

_____

_____

_____

_____

_____

_____

_____

_____

_____

_____

ESTRUCTURA 2.1

Lección 2

Quiz A

1 Escoger Selecciona las palabras adecuadas para completar las mini-conversaciones.
(6 x 1 pt. each = 6 pts.)

1. —¿Ya sabes lo que _____ vas a regalar a tus tíos?

   —No, no tengo idea.

   a. los   b. les   c. las   d. me

2. —Vamos a la piscina ahora. ¿Quieres venir?

   —No puedo ir _____. No sé nadar.

   a. consigo   b. la   c. con ustedes   d. les

3. —¿Te gustan esos cuadernos?

   —Sí. Pienso _____.

   a. comprarlas   b. comprar   c. comprarlos   d. comprarme

4. —¿Qué vas a hacer con esas fotos?

   — _____ las voy a mandar a mis primos en Colombia.

   a. Le   b. Me   c. Les   d. Se

5. —¿Por qué dices que María es egoísta (*selfish*)?

   —Porque compró cinco camisetas y se las regaló a _____. ¡Ni una para su familia!

   a. sí misma   b. mí   c. ella   d. sí mismo

6. —Todos, salvo _____ y _____, sacaron malas notas en el examen.

   —Claro. A _____ no nos molesta pasar horas y horas estudiando.

   a. ti; mí; nosotras   b. tú; yo; nosotras   c. él; ella; ellos   d. usted; ella; ustedes

2 Oraciones Escribe estas oraciones de nuevo, usando pronombres de complemento directo e indirecto.
(5 x 1 pt. each = 5 pts.)

1. Me van a traer un videojuego.

   _____

2. Le estoy mostrando las cartas.

   _____

3. Les dimos un juego de mesa.

   _____

4. Nos va a servir una sopa deliciosa.

   _____

5. ¿Te vendieron las entradas?

   _____

3 Preguntas Contesta estas preguntas afirmativamente. Usa pronombres de complemento directo e
indirecto. (5 x 1 pt. each = 5 pts.)

1. ¿Ellos nos pueden recomendar una discoteca?

   _____

2. ¿Les exigen los informes a ustedes?

   _____

3. ¿Tienen que traerte una almohada?

   _____

4. ¿Me estás prohibiendo ir al concierto?

   _____

5. ¿Les haces esos sándwiches a tus hermanos?

   _____

| 19 | **Lección 2 Estructura 2.1** Quiz A

4 Conversaciones Completa estas conversaciones con las palabras apropiadas. (4 x 1 pt. each = 4 pts.)

1. —Allí está Marta. Vamos a decirle que su novio viene de visita mañana.

   —¡No _____ digas! Es una sorpresa.

2. —¿Estas composiciones son para mí?

   —Sí, profesora, son para _____.

3. —Según _____, las matemáticas son fáciles, ¿verdad, Lucía?

   —¿Qué? ¡Yo nunca dije eso!

4. —¿Qué haces, Diego?

   —Estoy _____ un abrigo porque voy a salir.

ESTRUCTURA 2.1

Quiz B

Lección 2

1 Completar Completa las mini-conversaciones utilizando las palabras de la lista. (8 x 0.75 pt. each = 6 pts.)

comprarlos	**se**
con ustedes	**sí misma**
les	**tú**
nosotras	**yo**

1. —¿Te gustan esos cuadernos?

   —Sí. Pienso _____.

2. —Vamos a la piscina ahora. ¿Quieres venir?

   —No puedo ir _____. No sé nadar.

3. —Todos, salvo _____ y _____, sacaron malas

   notas en el examen.

   —Claro. A _____ no nos molesta pasar horas y horas estudiando.

4. —¿Por qué dices que María es egoísta (*selfish*)?

   —Porque compró cinco camisetas y se las regaló a _____. ¡Ni una para su familia!

5. —¿Qué vas a hacer con esas fotos?

   — _____ las voy a mandar a mis primos en Colombia.

6. —¿Ya sabes lo que _____ vas a regalar a tus tíos?

   —No, no tengo idea.

2 Preguntas Contesta las preguntas con oraciones completas. Usa pronombres de complemento directo e indirecto si es posible. (4 x 1 pt. each = 4 pts.)

1. ¿Quién te enseña el español? ¿Quiénes estudian contigo?

   _____

2. ¿Le das consejos a tu mejor amigo/a? ¿Él/Ella te hace caso?

   _____

3. ¿Quién te va a preparar la cena hoy? ¿Quién tiene que lavar los platos?

   _____

4. ¿Les compras regalos a tus padres? ¿Cuándo?

   _____

3 Escribir Imagina que tienes la oportunidad de entrevistar a un(a) cantante famoso/a. Escribe el diálogo de la entrevista, incluyendo cinco preguntas y cinco respuestas. Utiliza pronombres de complemento directo e indirecto y pronombres con preposiciones.
(5 pts. for grammar + 5 pts. for style and creativity = 10 pts.)

_____

_____

_____

_____

_____

_____

_____

_____

_____

_____

_____

_____

_____

_____

_____

ESTRUCTURA 2.2

Lección 2

Quiz A

1 Escoger Selecciona la repuesta más lógica. (5 x 1 pt. each = 5 pts.)

1. Las chicas no quieren salir con su primo.
   a. Les aburre quedarse en casa.
   b. Les interesa hablar con él.
   c. Les cae mal.

2. La señora Rodríguez quiere apagar la televisión.
   a. Le disgustan los programas violentos.
   b. Le queda una hora para acostarse.
   c. Le encantan las telenovelas.

3. Estudio para ser médico.
   a. Me molesta poner inyecciones.
   b. Me disgusta la sangre.
   c. Me importa ayudar a la gente.

4. Tienes que tomar diez cursos más.
   a. Te hace falta la escuela.
   b. Te faltan dos años para graduarte.
   c. Te duele estudiar tanto.

5. Rubén y yo miramos un documental sobre el reciclaje.
   a. No nos duelen los ojos.
   b. Nos preocupa el medioambiente.
   c. Nos fascina la contaminación.

2 Completar Completa las oraciones con la forma correcta del verbo indicado. Debes incluir el pronombre de complemento indirecto. (5 x 1 pt. each = 5 pts.)

1. A nosotras _____ las discotecas. (aburrir)

2. A Fernanda y a Mateo _____ el zoológico. (gustar)

3. A ustedes _____ caminar en la playa. (hacer falta)

4. Al señor Jaramillo _____ las nuevas leyes. (sorprender)

5. A mí _____ ir a conciertos y escuchar música. (encantar)

3 Oraciones Forma oraciones completas con los elementos dados. Utiliza el presente y haz todos los cambios necesarios. (5 x 1 pt. each = 5 pts.)

1. (ustedes) / doler / manos

_____

2. (tú) / preocupar / la educación / de / tu / hijas / ¿no?

_____

3. (mi hermano y yo) / no gustar / el pescado / con limón

_____

4. (Óscar) / quedar / dos boletos / para / circo

_____

5. ¿por qué (Verónica y su familia) / aburrir / la feria?

_____

4 Completar Claudia habla de un concierto. Completa lo que dice con las formas correctas de los verbos de la lista. Cada verbo se usa una sola vez. (5 x 1 pt. each = 5 pts.)

doler	molestar
fascinar	quedar
interesar	

Esta noche mis amigas y yo vamos a un concierto de Carlos Santana porque (a nosotras)

(1) _____ la música rock. Yo me voy a poner un vestido nuevo y unos

zapatos cómodos que (2) _____ muy bien. Después de tantas horas de

hacer cola y bailar, (a mí) siempre (3) _____ los pies. A mi amiga

Liliana (4) _____ estar lejos del escenario, pero a mí lo que

(5) _____ es escuchar la música.

ESTRUCTURA 2.2   Lección 2

Quiz B

1 Oraciones Para cada descripción, escribe una oración usando el verbo entre paréntesis.
(4 x 1 pt. each = 4 pts.)

> **modelo**
> La señora Rodríguez quiere apagar la televisión. (no gustar/programas violentos)
> **A la señora Rodríguez no le gustan los programas violentos.**

1. Estudio para ser médico. (importar/ayudar a la gente)

_____

2. Rubén y yo miramos un documental sobre el reciclaje. (preocupar/medioambiente)

_____

3. Tienes que tomar diez cursos más. (quedar/dos años para graduarse)

_____

4. Las chicas no quieren salir con su primo. (no caer bien/su primo)

_____

2 Combinar Forma oraciones completas con los elementos dados. (5 x 1 pt. each = 5 pts.)

tú	aburrir	jugar al ajedrez
ustedes	encantar	los conciertos de rock
Ángel y Nuria	hacer falta	el equipo de esta ciudad
el árbitro	interesar	los videojuegos
nosotros	quedar	¿?

1. _____
2. _____
3. _____
4. _____
5. _____

3 Tu ciudad Escribe dos oraciones para describir lo que te fascina de tu ciudad, una para describir lo que te molesta y otra para decir lo que te preocupa. Luego escribe algo que le falta a tu ciudad. (5 x 1 pt. each = 5 pts.)

(fascinar)

1. _____

2. _____

(molestar)

3. _____

(preocupar)

4. _____

(faltar)

5. _____

4 Escribir Escoge a una persona de tu familia y escribe seis oraciones para describir lo que le gusta y no le gusta, utilizando verbos como **gustar**. (3 pts. for grammar + 3 pts. for style and creativity = 6 pts.)

_____

_____

_____

_____

_____

_____

_____

_____

_____

_____

_____

_____

_____

_____

_____

ESTRUCTURA 2.3   Lección 2

Quiz A

1 ¿Reflexivo o no? Selecciona el verbo adecuado para completar las oraciones. (5 x 1 pt. each = 5 pts.)

1. Ángela _____ cuando va a casa de su tía.

    a. aburre   b. se aburre

2. Si no _____ de la dirección, puedes buscarla en Internet.

    a. acuerdas   b. te acuerdas

3. Mi hermana _____ a las once todas las noches.

    a. se duerme   b. duerme

4. Voy a _____ los vasos de la mesa.

    a. quitar   b. quitarme

5. Mis compañeros _____ estar muy contentos hoy.

    a. parecen   b. se parecen

2 Completar Completa las oraciones con la forma correcta del verbo indicado. (5 x 1 pt. each = 5 pts.)

1. Tú siempre _____ del calor en el verano. (quejarse)

2. Yo no _____ de nada. (arrepentirse)

3. ¿Ustedes quieren _____ con ropa elegante? (vestirse)

4. Después de ducharnos, nosotros _____. (secarse)

5. Santiago _____ del tráfico de esta ciudad. (sorprenderse)

| 27 |

3 Oraciones Forma oraciones completas con los elementos dados. Haz todos los cambios necesarios. (4 x 1 pt. each = 4 pts.)

1. usted / acercarse / la ventana

   _____

2. mis padres / acostarse / las diez y media

   _____

3. tú / cepillarse / los dientes / dos veces / al día

   _____

4. mi hermano y yo / nunca / olvidarse / cerrar la puerta

   _____

4 Compañeras Carmen te habla de un problema que tiene con su compañera de apartamento. Completa el párrafo con las formas correctas de los verbos apropiados. (6 x 1 pt. each = 6 pts.)

Tengo un problema con Mónica, mi compañera de apartamento. Nosotras

(1) _____ (preocuparse/mudarse) mucho por la imagen de nuestro apartamento,

pero al final de cada semestre Mónica (2) _____ (enterarse/volverse) muy

desordenada. Ella dice que sufre mucho estrés por los exámenes. Por ejemplo, después del trabajo, ella y

sus amigos vienen a la casa, (3) _____ (ponerse/ quitarse) los abrigos y los zapatos

y los dejan por toda la sala. Yo no (4) _____ (atreverse/arrepentirse) a decirle

nada a Mónica cuando está con sus amigos. ¿Qué crees tú? ¿Crees que simplemente ella no

(5) _____ (darse cuenta/morirse) de lo que hace? Y tú,

¿(6) _____ (hacerse/fijarse) en lo que hacen tus amigos?

Quizzes

ESTRUCTURA 2.3   Lección 2

Quiz B

1 Compañeras Carmen te habla de un problema que tiene con su compañera de apartamento. Completa el párrafo con las formas correctas de los verbos de la lista. Los verbos se usan una sola vez. (6 x 1 pt. each = 6 pts.)

atreverse	preocuparse
darse cuenta	quitarse
fijarse	volverse

Tengo un problema con Mónica, mi compañera de apartamento. Nosotras

(1) _____ mucho por la imagen de nuestro apartamento, pero al final de cada

semestre Mónica (2) _____ muy desordenada. Ella dice que sufre mucho estrés

por los exámenes. Por ejemplo, después de las clases, ella y sus amigos vienen a la casa,

(3) _____ los abrigos y los zapatos y los dejan por toda la sala. Yo no

(4) _____ a decirle nada a Mónica cuando está con sus amigos. ¿Qué crees tú?

¿Crees que simplemente ella no (5) _____ de lo que hace? Y tú,

(6) _____ en lo que hacen tus amigos?

2 Frases Completa las frases de manera lógica. (6 x 1 pt. each = 6 pts.)

1. Mis amigos/as siempre (quejarse) de...

   _____

2. No puedo (acostarse) sin...

   _____

3. Todos los días mi padre (olvidarse) de...

   _____

4. A veces mi hermano/a y yo (pelearse) porque...

   _____

5. Mi mejor amigo/a no (atreverse) a...

   _____

6. Si mis padres (enterarse) de..., yo...

   _____

Quizzes

Quizzes

3 Escribir Describe lo que haces un típico lunes por la mañana. Usa como mínimo seis verbos reflexivos. (4 pts. for grammar + 4 pts. for style and creativity = 8 pts.)

_____

_____

_____

_____

_____

_____

_____

_____

_____

_____

_____

_____

CONTEXTOS

Lección 3

Quiz A

1 Escoger Escoge la palabra o expresión que no está relacionada con cada grupo. (6 x 0.5 pt. each = 3 pts.)

1. a. centro comercial
   b. tarjeta de débito
   c. dinero en efectivo
   d. tarjeta de crédito

2. a. lavar
   b. cocinar
   c. limpiar
   d. seleccionar

3. a. en el acto
   b. enseguida
   c. de repente
   d. a propósito

4. a. inesperado
   b. soler
   c. costumbre
   d. rutina

5. a. muebles
   b. escalera
   c. mandados
   d. balcón

6. a. horario
   b. rutina
   c. costumbre
   d. hogar

2 ¿Lógico o ilógico? Decide si cada oración es **lógica (L)** o **ilógica (I)**. (5 x 1 pt. each = 5 pts.)

_____ 1. Si te molesta la soledad, debes buscar más amistades.

_____ 2. Miguel juega al boliche a menudo porque es su pasatiempo preferido.

_____ 3. En mi casa no usamos el lavaplatos porque solemos lavar todo a mano.

_____ 4. Si quieres calentar la comida, tienes que apagar el microondas (*microwave*).

_____ 5. Me levanto muy temprano; por eso, apenas tengo tiempo para arreglarme.

3 Conversaciones Completa las conversaciones con la respuesta correcta. (5 x 1 pt. each = 5 pts.)

1. —Fue muy _____ (cara/barata) la aspiradora?
   —No, para nada. ¡Fue una ganga!

2. —Marcela se muda a Chile.
   —No me sorprende. Ella nunca _____ (probó/se acostumbró) a la vida de este país.

3. —¿Tus padres se conocieron _____ (en aquel entonces/por casualidad)?
   —No, fue en una cita a ciegas.

4. —Esta tarde tienes que _____ (hacer mandados/arreglarte), ¿no?
   —No. Ya hice todo: fui al supermercado, devolví una camiseta en el centro comercial, pasé por el banco…

5. —¿Tu hijo te ayuda con la limpieza?
   —Sí, a veces _____ (toca el timbre/barre).

4 Analogías Completa cada analogía con la palabra apropiada. (7 x 1 pt. each = 7 pts.)

1. cerrar : abrir :: apagar : _____
2. bonito : lindo :: diario : _____
3. comprar comida : supermercado :: probarse ropa : _____
4. barato : caro :: a tiempo : _____
5. agua : hervir :: papas fritas : _____
6. auténtico : verdadero :: en el acto : _____
7. información : averiguar :: reembolso : _____

CONTEXTOS

Lección 3

Quiz B

1 Conversaciones Completa las conversaciones utilizando las palabras de la lista. No necesitas todas las palabras. (6 x 1 pt. each = 6 pts.)

auténtica	hogar
barre	horario
cara	por casualidad
de vez en cuando	prueba
hacer mandados	se acostumbró

1. —¿Tu hijo te ayuda con la limpieza?
   — Sí, a veces _____.

2. —¿Fue muy _____ la aspiradora?
   —No, para nada. ¡Fue una ganga!

3. — ¿Tus padres se conocieron _____?
   —No, fue en una cita a ciegas.

4. —¡No encuentro mi agenda!
   —Pero, ¿para qué usas agenda? Todos los días sigues el mismo _____.

5. —Esta tarde tienes que _____, ¿no?
   —No. Ya hice todo: fui al supermercado, devolví una camiseta en el centro comercial, pasé por el banco…

6. —Marcela se muda a Chile.
   —No me sorprende. Ella nunca _____ a la vida de este país.

2 Preguntas Contesta las preguntas con oraciones completas. (3 x 2 pts. each = 6 pts.)

1. ¿Quién limpia tu dormitorio? ¿Qué muebles tienes?

   _____

   _____

2. ¿Con qué frecuencia compras ropa? ¿Sueles probarte los zapatos antes de comprarlos?

   _____

   _____

3. ¿Te gusta el horario que tienes? ¿Por qué?

   _____

   _____

3 Escribir Piensa en una persona de tu familia (por ejemplo, un(a) tío/a o tu abuelo/a) y describe lo que hace los sábados. Usa por lo menos seis palabras o expresiones de la lista, u otras. (5 pts. for vocabulary + 3 pts. for grammar and creativity = 8 pts.)

a menudo	lavar
arreglarse	pasar la aspiradora
casi nunca	seleccionar
cocinar	soler
hacer mandados	quehaceres
ir de compras	quitar el polvo

_____

_____

_____

_____

_____

_____

_____

_____

_____

_____

_____

ESTRUCTURA 3.1　　　　　　　　　　Lección 3

Quiz A

1 Verbos Completa la tabla con la forma correcta de los verbos. (8 x 0.5 pts. each = 4 pts.)

yo	usted	nosotras	ellos
dormí	durmió	(1)	(2)
(3)	se acostumbró	nos acostumbramos	se acostumbraron
(4)	condujo	condujimos	(5)
leí	(6)	leímos	(7)
encendí	(8)	encendimos	encendieron

2 Completar Completa las oraciones con la forma correcta del pretérito del verbo entre paréntesis. (6 x 1 pt. each = 6 pts.)

1. Los profesores nos _____ la tarea. (explicar)

2. ¿_____ tú algún plato típico? (comer)

3. Ustedes _____ a Valparaíso. (ir)

4. El domingo pasado yo _____ a escribir un poema. (comenzar)

5. Anoche Jaime y yo _____ un concierto en la radio. (oír)

6. Ayer doña Piedad _____ por todo el barrio. (andar)

3 Oraciones Forma oraciones completas con los elementos dados. Usa el pretérito y haz todos los cambios necesarios. (4 x 1 pt. each = 4 pts.)

1. nosotras / devolver / las maletas / el mes pasado

_____

2. antes de salir / yo / apagar / las luces

_____

3. esta mañana / Ignacio y Sandra / quitar el polvo

_____

4. ¿usted / hervir / el té?

_____

4 Conversación Los señores Orozco dan una fiesta de cumpleaños para Simón, su hijo mayor. Completa la conversación con la forma correcta del pretérito del verbo apropiado. (8 x 0.75 pt. each = 6 pts.)

PAPÁ La casa ya está completamente limpia. Olivia y yo (1) _____ el suelo de la sala.

MAMÁ Bueno, casi toda la comida está lista. (Yo) (2) _____ los aperitivos. ¿Y ustedes (3) _____ el arroz con camarones? Creo que le falta un poco de sal.

SIMÓN Tranquila, mamá. Está delicioso.

PAPÁ Y este pastel, ¿también lo (4) _____ tú?

MAMÁ No, lo (5) _____ de la pastelería de la esquina.

(6) _____ un poco caro, pero hoy es un día especial. Además, (yo) no

(7) _____ tiempo de prepararlo.

SIMÓN Mamá, ¡ya son las dos menos diez! Mis amigos (8) _____ que vendrían a las dos.

ESTRUCTURA 3.1   Lección 3

Quiz B

1 Conversación Los señores Orozco dan una fiesta de cumpleaños para Simón, su hijo mayor. Completa la conversación con la forma correcta del pretérito de los verbos de la lista. Cada verbo se usa una sola vez. (8 x 0.75 pt. each = 6 pts.)

| barrer | calentar | decir | hacer | pedir | probar | ser | tener |

PAPÁ La casa ya está completamente limpia. Olivia y yo (1) _____ el suelo de la sala.

MAMÁ Bueno, casi toda la comida está lista. (Yo) (2) _____ los aperitivos. ¿Y ustedes (3) _____ el arroz con camarones? Creo que le falta un poco de sal.

SIMÓN Tranquila, mamá. Está delicioso.

PAPÁ Y este pastel, ¿también lo (4) _____ tú?

MAMÁ No, lo (5) _____ de la pastelería de la esquina. (6) _____ un poco caro, pero hoy es un día especial. Además, (yo) no (7) _____ tiempo de prepararlo.

SIMÓN Mamá, ¡ya son las dos menos diez! Mis amigos (8) _____ que vendrían a las dos.

2 Combinar Forma oraciones completas con los elementos dados. Usa el pretérito.
(6 x 1 pt. each = 6 pts.)

nosotros/as	dar una fiesta	anteayer
tú	devolver un suéter feo	el miércoles pasado
las chicas	andar por el centro	anoche
Jaime	leer un libro interesante	el año pasado
ustedes	conseguir las entradas	una vez
yo	saber la verdad	ayer
¿?	dormir una siesta	esta mañana
		¿?

1. _____
2. _____
3. _____
4. _____
5. _____
6. _____

3 Escribir Escríbele una carta a tu abuelo/a para contarle tres cosas que hiciste la semana pasada y dos cosas que tú y tu familia hicieron el fin de semana pasado. Luego menciona tus planes para la semana que viene. (4 pts. for grammar + 4 pts. for style and creativity = 8 pts.)

_____
_____
_____
_____
_____
_____
_____
_____
_____
_____
_____
_____

ESTRUCTURA 3.2 Lección 3

Quiz A

1 Emparejar Raúl recuerda su clase de primer grado. Empareja la descripción de la persona de la columna A con la oración de la columna B que mejor se relaciona. (5 x 1 pt. each = 5 pts.)

A	B
_____ 1. Miguelito no era puntual.	a. Siempre tenía miedo de contestar preguntas.
_____ 2. Yo era muy tímido.	b. A veces decía mentiras.
_____ 3. Eduardo era malo.	c. Apenas salía durante el recreo.
_____ 4. La maestra era bilingüe.	d. Nunca llegaba a tiempo.
_____ 5. Sandra era enfermiza (*sickly*).	e. Hablaba en español durante la clase.

2 Completar Completa las oraciones con la forma correcta del imperfecto del verbo indicado. (5 x 1 pt. each = 5 pts.)

1. Ustedes les _____ regalos a los vecinos. (dar)
2. Tú siempre _____ viendo la televisión. (dormirse)
3. Francisco _____ visitarme por las tardes. (soler)
4. Todos los sábados mi padre y yo _____ temprano. (despertarse)
5. Los niños _____ en la clase de arte. (dibujar)

3 Oraciones Forma oraciones completas con los elementos dados. Utiliza el imperfecto y haz todos los cambios necesarios. (5 x 1 pt. each = 5 pts.)

1. de niño / Héctor / jugar / béisbol / con su padre

   _____

2. tú y yo / ir / de compras / en / el centro comercial

   _____

3. tú / no / comer / las sopas / que / preparar / nuestra / abuela

   _____

4. mis hermanas / arreglarse / mientras / yo / calentar / el carro

   _____

5. usted / ver / ese programa / todas las noches

   _____

4 Completar Irene habla de su niñez. Completa lo que dice con las formas correctas de los verbos de la lista. (5 x 1 pt. each = 5 pts.)

encantar	llevar
haber	sentarse
hablar	

De pequeña a mí me (1) _____ leer. Todas las semanas mi madre me

(2) _____ a la biblioteca. Allí (3) _____ unos doscientos

libros en la sección de literatura infantil. Mientras mi madre (4) _____ con la

bibliotecaria (*librarian*), yo (5) _____ en un sillón para leer un rato.

ESTRUCTURA 3.2   Lección 3

Quiz B

1 Completar Irene habla de su niñez. Completa lo que dice con las formas correctas del imperfecto. (6 x 1 pt. each = 6 pts.)

De pequeña a mí me (1) _____ leer. Todas las semanas mi madre me

(2) _____ a la biblioteca. Allí (3) _____ unos doscientos

libros en la sección de literatura infantil. Mientras mi madre (4) _____ con la

bibliotecaria (*librarian*), yo (5) _____ en un sillón y

(6) _____ unos cuentos de fantasía.

2 Combinar Forma oraciones completas con los elementos dados para describir lo que estas personas hacían durante las vacaciones de verano. Usa el imperfecto. (5 x 1 pt. each = 5 pts.)

ustedes	bucear	el cine
mis amigos/as y yo	ir	el mar
mi familia	tomar	fotos
tú	ver	¿?
Natalia y Adrián	comer	

1. _____
2. _____
3. _____
4. _____
5. _____
6. _____

3 **Escribir** ¿Recuerdas cómo era tu vida de niño/a? ¿Tus abuelos te han contado cómo era la suya? Primero escribe tu propia descripción física y lo que hacías y no hacías. Luego describe a tus abuelos. Usa como mínimo seis verbos en el imperfecto. (6 pts. for grammar + 3 pts. for style and creativity = 9 pts.)

_____

_____

_____

_____

_____

_____

_____

_____

_____

_____

_____

_____

_____

_____

_____

_____

_____

_____

_____

_____

_____

_____

Lección 3   **Estructura 3.2**   Quiz B

ESTRUCTURA 3.3

Lección 3

Quiz A

1 Situaciones Lee estas situaciones y escoge la explicación más lógica de lo que pasó. (4 x 0.75 pt. each = 3 pts.)

1. La mayoría de los estudiantes de mi escuela secundaria decidieron estudiar en la misma universidad.

   a. El primer día de clases en la universidad, yo conocía a muchos compañeros.

   b. El primer día de clases en la universidad, yo conocí a muchos compañeros.

2. Todos mis papeles se dañaron por la lluvia.

   a. Mientras esperaba el autobús, llovió.

   b. Llovía mientras iba en el autobús.

3. Hay un gran escándalo por la desaparición de los fondos (*funds*), pero todavía no se sabe nada.

   a. El político quiso hacer comentarios.

   b. El político no quiso hacer comentarios.

4. Ayer murieron tres terroristas en una estación de autobuses.

   a. Los terroristas salieron de la estación y la bomba explotó.

   b. Los terroristas salían de la estación cuando la bomba explotó.

2 Escoger Selecciona las palabras adecuadas para completar las oraciones. (5 x 1 pt. each = 5 pts.)

1. _____ las seis de la mañana.

   a. Fueron   b. Eran

2. En aquel entonces _____ sólo seis familias en mi barrio.

   a. había   b. hubo

3. El examen _____ por fin a la una.

   a. terminaba   b. terminó

4. Antes de salir, yo _____ las luces y _____ la puerta.

   a. apagaba; cerré   b. apagué; cerré

5. Mis padres _____ en una cita a ciegas.

   a. se conocieron   b. se conocían

---

3 Completar Completa las oraciones con el imperfecto o el pretérito, según corresponda.
(3 x 2 pts. each = 6 pts.)

1. El camarero _____ (llevar) unos platos a la mesa cuando (él)
   _____ (caerse) y _____ (lastimarse) el brazo.

2. De pequeña, yo _____ (preferir) ir a la escuela en autobús porque
   nos _____ (pasear) por toda la ciudad. Pero un día, el autobús
   _____ (chocar) con un carro y por eso mis padres
   _____ (decidir) llevarme a la escuela en su auto.

3. Cuando ustedes _____ (tocar) el timbre, mis amigos y yo
   _____ (nadar) en la piscina y entonces yo no _____
   (abrir) la puerta.

4 Oraciones Forma oraciones completas con los elementos dados. Usa el pretérito o el imperfecto según
corresponda y haz todos los cambios necesarios. (4 x 1.5 pts. each = 6 pts.)

1. usted / ir / Mar del Plata / y / descansar / todos los veranos

   _____

2. los viajeros / andar / por cinco días / en el desierto / pero / nunca / encontrar / agua

   _____

3. cuando / tú / tener / un año / empezar / caminar

   _____

4. después de varios intentos (*attempts*) / Ángela y yo / poder / construir / una casa de naipes

   _____

ESTRUCTURA 3.3

Lección 3

Quiz B

1 Completar Completa las oraciones utilizando los verbos de la lista. Usa el imperfecto o el pretérito, según corresponda. Cada verbo se usa una sola vez. (3 x 2 pts. each = 6 pts.)

abrir	llevar
caerse	nadar
chocar	pasear
decidir	preferir
lastimarse	tocar

1. Cuando ustedes _____ el timbre, mis amigos y yo _____ en la piscina y entonces yo no _____ la puerta.

2. El camarero _____ unos platos a la mesa cuando (él) _____ y _____ el brazo.

3. De niña, yo _____ ir a la escuela en autobús porque nos _____ por toda la ciudad. Pero un día el autobús _____ con un carro y por eso mis padres _____ llevarme a la escuela en su auto.

2 Frases Completa las frases de manera lógica. Usa el pretérito o el imperfecto, según corresponda. (6 x 1 pt. each = 6 pts.)

1. Mi padre veía un noticiero mientras…

   _____

2. De pequeño/a, yo…

   _____

3. La semana pasada mis amigos/as…

   _____

4. Eran las ocho de la mañana cuando…

   _____

5. Mis compañeros y yo estábamos en la clase y de repente…

   _____

6. Mis padres nunca supieron que…

   _____

| **45** |

Quizzes

3 Escribir Describe un día de tu vida en el que te pasó algo realmente extraordinario. Además de lo que ocurrió, debes incluir estos detalles: tu edad, el día y la hora, una descripción del tiempo, dónde estabas y cómo te sentías. (5 pts. for grammar + 3 pts. for style and creativity = 8 pts.)

_____

_____

_____

_____

_____

_____

_____

_____

_____

_____

_____

_____

_____

_____

_____

_____

_____

_____

_____

_____

_____

_____

| 46 |

CONTEXTOS

Lección 4

Quiz A

1 Emparejar Empareja cada oración de la columna A con la palabra o expresión de la columna B que mejor se relaciona. (4 x 1 pt. each = 4 pts.)

A

_____ 1. Mi vecino adelgazó ochenta kilos el año pasado.

_____ 2. La señorita Lobos tose, tiene la garganta inflamada y tiene mal aspecto.

_____ 3. La niña se cayó, se golpeó (*hit*) la cabeza y dejó de respirar por varios minutos.

_____ 4. Mi abuelo tiene que comer alimentos bajos en sal y grasa.

B

a. la obesidad
b. trasnochar
c. la tensión alta
d. los primeros auxilios
e. estar resfriado/a
f. la depresión

2 Escoger Escoge la palabra o expresión que no está relacionada con cada grupo. (5 x 1 pt. each = 5 pts.)

1. a. aspirina
   b. cirugía
   c. receta
   d. pastilla

2. a. resfriado
   b. virus
   c. gripe
   d. herida

3. a. relajarse
   b. recuperarse
   c. sanar
   d. curarse

4. a. ponerse mal
   b. contagiarse
   c. tratar
   d. enfermarse

5. a. alimentación
   b. salud
   c. venda
   d. bienestar

3 ¿Cierto o falso? Decide si cada oración es **cierta** (**C**) o **falsa** (**F**). (5 x 1 pt. each = 5 pts.)

_____ 1. Un cirujano es la persona que realiza las operaciones en un hospital.

_____ 2. Llevas un jarabe cuando te rompes un hueso.

_____ 3. El consultorio es el lugar donde te examina el médico.

_____ 4. Una persona se siente mareada antes de desmayarse.

_____ 5. Recibes una vacuna para contagiar una enfermedad.

4 Conversaciones Completa las conversaciones con la palabra correcta. (4 x 1.5 pts. each = 6 pts.)

1. —Esta señora está histérica por la muerte de su hijo. ¿Qué le podemos dar, doctor?
   —Enseguida le voy a dar un _____.

2. —Rosana tiene tanta confianza en sí misma.
   —Es verdad. Yo nunca había conocido a alguien con mejor _____.

3. —¿Tienes _____?
   —No sé. No me he tomado la temperatura.

4. —El paciente puede empeorar, ¿no? Vamos a tener que hacerle varios tratamientos.
   —Sí, seguramente va a _____ aquí en el hospital unas dos semanas más.

CONTEXTOS

Lección 4

Quiz B

1 Definiciones Escribe la palabra que se define. (6 x 1 pt. each = 6 pts.)

1. Es el lugar donde te examina el médico. _____

2. Llevas esto cuando te rompes un hueso. _____

3. Es la acción de no dormir en toda la noche. _____

4. Es cómo se siente una persona antes de desmayarse. _____

5. La recibes para prevenir una enfermedad. _____

6. Es la persona que realiza las operaciones en un hospital. _____

2 Consejos Lee estas situaciones y escribe dos consejos para cada una. Usa **deber** o **tener que**.
(3 x 2 pts. each = 6 pts.)

1. Julio sufre de depresión y tiene la autoestima baja.

   _____

2. Mi amiga tose, tiene fiebre y se siente agotada.

   _____

3. Mi padre tiene problemas de obesidad y tensión alta.

   _____

3 Escribir Describe alguna vez que te enfermaste o tuviste un accidente. Di dónde estabas cuando
empezaste a sentirte mal, los síntomas que tenías y el tratamiento que recibiste. (3 pts. for grammar +
5 pts. for vocabulary and style = 8 pts.)

_____

_____

_____

_____

_____

_____

_____

_____

_____

ESTRUCTURA 4.1

Lección 4

Quiz A

1 Verbos Completa la tabla con la forma correcta del presente del subjuntivo. (8 x 0.5 pt. each = 4 pts.)

Infinitivo	que yo	que tú	que nosotras	que ustedes
sufrir	sufra	(1)	suframos	(2)
acostarse	(3)	te acuestes	(4)	(5)
saber	(6)	(7)	(8)	sepan

2 Escoger Selecciona la forma adecuada del verbo para completar las oraciones. (4 x 0.75 pt. each = 3 pts.)

1. Me opongo a _____ tantas horas.
   a. trabajo
   b. trabaje
   c. trabajar

2. No es verdad que nosotros les _____ dinero.
   a. damos
   b. demos
   c. dar

3. No negamos que usted _____ al presidente.
   a. conoce
   b. conozca
   c. conocer

4. Tal vez _____ buena idea comprarlo.
   a. es
   b. sea
   c. ser

 Lección 4 Estructura 4.1 Quiz A

3 Completar Completa las oraciones con la forma correcta (indicativo, subjuntivo o infinitivo) del verbo entre paréntesis. (6 x 1 pt. each = 6 pts.)

1. Rodolfo sugiere que tú _____ otra casa. (buscar)

2. Yo insisto en _____ la cuenta. (pagar)

3. Los jefes exigen que tú y yo _____ en la reunión. (estar)

4. Es evidente que yo _____ la verdad. (decir)

5. Tememos que _____ mucha corrupción. (haber)

6. Es probable que ellos _____ allí mucho tiempo. (permanecer)

4 Conversación Inés se ha roto el tobillo. Completa la conversación con la forma correcta (indicativo, subjuntivo o infinitivo) del verbo apropiado de la lista. No necesitas uno de los verbos. (7 x 1 pt. each = 7 pts.)

acostarse	poder
hacer	seguir
llamar	tener
moverse	ver

MAMÁ Inés, es terrible que (tú) no (1) _____ jugar en el torneo de baloncesto. Pero si quieres volver a jugar el año que viene, es urgente (2) _____ los consejos del médico.

PAPÁ Sí, hija. Ruego que le (3) _____ caso a tu mamá. Si descansas el pie durante un tiempo y luego haces los ejercicios de fisioterapia, estoy seguro de que el otro año tu mamá y yo te (4) _____ jugar en el campeonato.

INÉS Ojalá ustedes (5) _____ razón.

(Inés intenta levantarse.)

MAMÁ ¡Inés! Te prohíbo que (6) _____ del sofá.

INÉS ¡Ay, mamá! Quiero (7) _____ a mis amigas para contarles lo que pasó.

PAPÁ Pues, por eso tu mamá y yo estamos aquí. A ver, aquí tienes tu celular...

ESTRUCTURA 4.1

Lección 4

Quiz B

1 Completar Completa las oraciones con la forma correcta (indicativo, subjuntivo o infinitivo) del verbo apropiado de la lista. (8 x 0.75 pt. each = 6 pts.)

asistir	pagar
conocer	permanecer
dar	ser
decir	trabajar

1. Los jefes exigen que tú y yo _____ a la reunión.

2. Yo insisto en _____ la cuenta.

3. Es probable que ellos _____ allí mucho tiempo.

4. Mis tíos se oponen a _____ tantas horas en la oficina.

5. Tal vez _____ buena idea comprarlo.

6. No negamos que tú _____ al presidente.

7. No es verdad que nosotros les _____ dinero.

8. Es evidente que yo _____ la verdad.

2 Combinar Combina elementos de las columnas para formar oraciones completas. (4 x 1 pt. each = 4 pts.)

creer		los profesores	salir
ojalá	(que)	yo	resolver
ser posible		usted	saber
rogar		Federico y yo	curarse

1. _____
2. _____
3. _____
4. _____
5. _____
6. _____

3 Frases Completa las frases de manera lógica. (3 x 1 pt. each = 3 pts.)

1. Tal vez mis amigos/as...

_____

2. No dudo que...

_____

3. Mis padres se alegran de que...

_____

4 Escribir Escribe una conversación en la que tú le das consejos a un(a) amigo/a que está comenzando su primer semestre en la clase de español. Usa por lo menos cuatro expresiones de la lista. (4 pts. for grammar + 3 pts. for style and creativity = 7 pts.)

aconsejar	ser cierto
esperar	ser poco seguro
recomendar	quizás

_____

_____

_____

_____

_____

_____

_____

_____

_____

_____

_____

_____

_____

_____

_____

ESTRUCTURA 4.2   Lección 4

Quiz A

1 Emparejar Empareja el mandato de la columna A con la persona que lo dice de la columna B.
(5 x 1 pt. each = 5 pts.)

A	B
_____ 1. No salgas sin tu chaqueta.	a. una doctora
_____ 2. Por favor, abra la boca.	b. un dentista
_____ 3. Vamos a la siguiente página.	c. una consejera
_____ 4. Que te mejores pronto.	d. una madre
_____ 5. Explíquenme sus emociones.	e. un profesor

2 Transformar Escribe estas oraciones de nuevo para que sean mandatos. (6 x 1 pt. each = 6 pts.)

1. Necesitan recuperarse.

   _____

2. No le conviene trasnochar.

   _____

3. Es bueno que te pongas el protector solar.

   _____

4. Tiene que decidir ahora.

   _____

5. No debemos ser tan irresponsables.

   _____

6. No quiero que ellos lo hagan.

   _____

3 Completar Nadia dejó este mensaje para su compañera de cuarto. Completa el texto con mandatos informales, usando los verbos de la lista. No necesitas uno de los verbos. (5 x 1 pt. each = 5 pts.)

abrir	echarle
calentarlo	pedir
decir	relajarse

Hola, Carolina:

Esta noche tengo un examen hasta las nueve y media. Si no quieres cocinar hoy,

(1) _____ algo del restaurante de la esquina, o en la nevera hay un poco de arroz

con pollo. Simplemente (2) _____ unas gotas (drops) de agua y

(3) _____ por treinta segundos en el microondas. Si mi novio pasa por la casa,

no (4) _____ la puerta ni (5) _____ nada.

Estoy muy enojada con él.

4 ¿Quién lo dice? Primero indica quién diría cada cosa, un **paciente** (**P**) o un **médico** (**M**). Luego escribe el mandato formal, usando pronombres de complemento directo e indirecto si es posible. (4 x 1 pt. each = 4 pts.)

_____ 1. respirar hondo (*deeply*), por favor

_____

_____ 2. describirme sus síntomas

_____

_____ 3. no ponerme la inyección

_____

_____ 4. darle el copago (*copay*) a la recepcionista

_____

ESTRUCTURA 4.2

Lección 4

Quiz B

1 ¿Quién lo dice? Primero indica quién diría cada cosa, un **estudiante** (E) o un **maestro** (M). Luego escribe los mandatos formales, usando pronombres de complemento directo e indirecto si es posible. ¡Ojo! Los estudiantes usan mandatos singulares y el profesor usa mandatos plurales. (6 x 1 pt. each = 6 pts.)

_____ 1. explicarlo más despacio, por favor

_____

_____ 2. ir a la siguiente página

_____

_____ 3. no hablar durante el examen

_____

_____ 4. repetir los verbos

_____

_____ 5. no darnos tarea hoy

_____

_____ 6. mantener los escritorios limpios

_____

2 Situaciones Lee estas situaciones y escribe dos oraciones lógicas usando un mandato afirmativo y uno negativo, según las indicaciones entre paréntesis. Usa también pronombres de complemento directo e indirecto si es posible. (3 x 2 pts. each = 6 pts.)

1. Tú y tu hermano/a comparten una habitación, y tus padres les han dicho que tienen que arreglarla hoy, pero tú tienes planes con tus amigos/as. (indirecto)

_____

_____

2. Tu padre ha ganado un millón de dólares en la lotería y te ha pedido consejos. (tú)

_____

_____

3. Tú y tu mejor amigo/a están enamorados/as de la misma persona. (nosotros/as)

_____

_____

| 56 | **Lección 4 Estructura 4.2** Quiz B

3 Escribir Tú y tres amigos/as están de vacaciones en un pueblo cerca de una playa. Hoy cada persona quiere hacer algo distinto. Escribe una conversación en la que usas por lo menos un mandato de cada tipo (informal, formal, indirecto y de **nosotros/as**). (4 pts. for grammar + 4 pts. for style and creativity = 8 pts.)

_____

_____

_____

_____

_____

_____

_____

_____

_____

_____

_____

_____

_____

_____

_____

_____

_____

_____

_____

_____

_____

_____

_____

Quizzes

ESTRUCTURA 4.3 Lección 4

Quiz A

1 Escoger Selecciona las frases adecuadas para completar las oraciones. (4 x 1 pt. each = 4 pts.)

1. No sé dónde trabaja Víctor, pero _____ gana bastante dinero.

   a. por lo tanto   b. por lo visto

2. Tengo ganas de salir con mis amigas, pero _____ tengo que estudiar para el examen.

   a. por otro lado   b. por más que

3. No debemos reírnos tanto en clase; hoy el profesor no está _____.

   a. para que sepas   b. para bromas

4. Tuve un día horrible: llegué tarde, recibí una mala nota y _____ olvidé la tarea en casa.

   a. por si acaso   b. para colmo

2 Emparejar Empareja cada frase de la primera columna con la de la segunda columna para formar oraciones lógicas. (5 x 1 pt. each = 5 pts.)

_____ 1. Debes hacer ejercicio tres veces   a. para el jueves.

_____ 2. Ana tiene que terminarlo   b. por diez minutos.

_____ 3. No pude ir   c. para esa enfermedad.

_____ 4. Te estuvimos esperando   d. por semana.

_____ 5. Desarrollaron una cura   e. por el resfriado.

3 Completar Completa las oraciones con **por** o **para**. (6 x 1 pt. each = 6 pts.)

1. Estos dulces son _____ los niños, _____ sus buenas notas.

2. El cantante está resfriado; _____ eso su hermana va a cantar

   _____ él en el concierto.

3. Quiero hacerle una fiesta de despedida, pero ella me dice que no es _____ tanto.

4. _____ ser una chica tan inteligente, comete muchos errores.

4 Oraciones Forma oraciones completas con los elementos dados. Usa **por** o **para** y el tiempo indicado.
Haz todos los cambios necesarios. (4 x 1.25 pts. each = 5 pts.)

1. mañana / nosotros / salir / Cancún (presente)

   _____

2. ahora / Raquel / no pensar / mudarse / de ciudad (presente)

   _____

3. ese poema / ser / escrito / Pablo Neruda (pretérito)

   _____

4. yo / ir / a / amarte / siempre (presente)

   _____

ESTRUCTURA 4.3

Quiz B

Lección 4

1 Completar Completa las oraciones utilizando las palabras y expresiones de la lista. Cada una se usa una sola vez. No necesitas una. (8 x 0.5 pt. each = 4 pts.)

para	**por**
para bromas	**por ahora**
para colmo	**por lo visto**
para siempre	**por otro lado**
para tanto	**por si acaso**

1. Tengo que estudiar para el examen, pero _____ tengo ganas de salir con mis amigas.

2. No sé dónde trabaja Víctor, pero con el carro que maneja... ¡_____ gana bastante dinero!

3. _____ Raquel no piensa cambiar de trabajo.

4. _____ ser una chica tan inteligente, comete muchos errores.

5. No debemos reírnos tanto en clase; hoy el profesor no está _____.

6. Tuve un día horrible: llegué tarde, recibí una mala nota y _____ olvidé la tarea en casa.

7. El cantante está resfriado; su hermana va a cantar _____ él en el concierto.

8. Quiero hacerle una fiesta de despedida, pero ella me dice que no es _____.

2 Frases Completa las frases de manera lógica. Usa **por, para** o una expresión con **por** o **para**. (6 x 1 pt. each = 6 pts.)

1. Hablo con mis amigos/as...

_____

2. Debes hacer ejercicio...

_____

3. Mi tío/a trabaja...

_____

4. No pude ir a tu fiesta...

_____

5. Fabiola tiene que terminar el trabajo...

_____

6. Después de las clases, salgo...

_____

3 Escribir Escribe una conversación entre un(a) médico/a y una persona que necesita mejorar su salud. Usa **por**, **para** y tres expresiones de la lista. ¡Sé creativo/a!

(5 pts. for grammar + 5 pts. for style and creativity = 10 pts.)

no ser para tanto	por lo general
para que sepa (usted)	por lo menos
por eso	por supuesto

_____

_____

_____

_____

_____

_____

_____

_____

_____

_____

_____

_____

_____

_____

_____

_____

_____

_____

_____

_____

_____

_____

CONTEXTOS

Lección 5

Quiz A

1 ¿Dónde? Decide si estos turistas están en un **puerto**, un **hotel** o un **aeropuerto**. (5 x 1 pt. each = 5 pts.)

1. Voy a buscar otro alojamiento porque éste está lleno. _____

2. Me voy a sentar un rato para mirar las olas. _____

3. Le di mi maleta al agente de aduanas. _____

4. Corrimos hacia la puerta pero perdimos el vuelo. _____

5. Sin brújula, nunca vamos a salir de aquí. _____

2 Seleccionar Selecciona la palabra que no está relacionada con cada grupo. (5 x 1 pt. each = 5 pts.)

1. a. alojamiento
    b. campamento
    c. albergue
    d. aviso

2. a. vuelo
    b. ruinas
    c. selva
    d. excursión

3. a. destino
    b. itinerario
    c. medidas de seguridad
    d. llegada

4. a. quedarse
    b. reducir
    c. reservar
    d. alojarse

5. a. crucero
    b. viajero
    c. aventurero
    d. turista

3 Oraciones Completa las oraciones con la respuesta apropiada. (5 x 1 pt. each = 5 pts.)

1. Cuando manejas, lo más importante es ponerte el _____ (cinturón/seguro).

2. Patricia quiere viajar a un país _____ (lejano/de buena categoría), como Nueva Zelanda.

3. Lo siento, este pasaporte está _____ (vigente/vencido). No puede viajar hoy.

4. Mira, allí hay un _____ (servicio de habitación/albergue) donde podemos dormir esta noche.

5. Para conocer bien la isla, hay que _____ (recorrer/navegar) todos los pueblos y también los volcanes.

4 Completar Completa el párrafo con las palabras apropiadas. (5 x 1 pt. each = 5 pts.)

En septiembre del año pasado mi familia y yo (1) _____ un viaje a San Juan,

Puerto Rico. Mis padres prefieren viajar durante la (2) _____ baja porque

así los (3) _____ de avión son más baratos. Mi padre reservó dos

habitaciones (4) _____: una para él y mi mamá, y otra para mi hermano

y yo. En el hotel ofrecieron excursiones de (5) _____ para ver los peces

y corales en el mar.

Quizzes

CONTEXTOS

Lección 5

Quiz B

1 ¿Qué es? Identifica cada cosa, persona o lugar que se describe. (8 x 0.75 pt. each = 6 pts.)

1. Es un cuarto de hotel para una persona. _____

2. Si causas un accidente automovilístico y no tienes esto, tienes que pagar mucho dinero. _____

3. Para hacer *surfing*, buscas una playa con esto. _____

4. Es un lugar totalmente rodeado (*surrounded*) por el agua. _____

5. Es la persona que revisa tus maletas en un aeropuerto internacional. _____

6. Cuando tienes hambre pero no quieres salir de la cama, llamas a la recepción y pides esto. _____

7. Es una manera de ir debajo del agua para ver los peces y corales. _____

8. Cuando hay muchos carros en la ciudad, produce esto. _____

2 Definir Escribe definiciones para estas palabras. (5 x 1 pt. each = 5 pts.)

1. la temporada alta

_____

2. el pasaje de ida y vuelta

_____

3. recorrer

_____

4. la brújula

_____

5. vencido

_____

3 Escribir Escribe una conversación entre un(a) viajero/a que quiere viajar a un país latinoamericano y un(a) agente de viajes. Utiliza por lo menos seis palabras de la lista. ¡Sé creativo/a!

(3 pts. for grammar + 6 pts. for vocabulary and style = 9 pts.)

el crucero	lejano/a
de buena categoría	el pasaje
ecoturismo	el puerto
el/la guía turístico/a	regresar
hacer un viaje	quedarse

_____

_____

_____

_____

_____

_____

_____

_____

_____

_____

_____

_____

Quizzes

ESTRUCTURA 5.1

Lección 5

Quiz A

1 Escoger Completa las oraciones con la respuesta apropiada. (4 x 1 pt. each = 4 pts.)

1. La señora Romero es menos _____ que el doctor Cruz. (trabajadora/alto)

2. Había _____ viajeros haciendo fila; perdimos el vuelo. (tan/muchísimos)

3. Elisa habla _____ el inglés que el alemán. (peor/mal)

4. Hay tantas _____ como mujeres en el avión. (hombres/maletas)

2 Seleccionar Selecciona la opción adecuada para completar cada oración. (5 x 1 pt. each = 5 pts.)

1. Su casa está más cerca _____ la nuestra.
   a. como
   b. que
   c. menos

2. Gabriela canta tan _____ como toca el piano.
   a. buena
   b. mejor
   c. bien

3. La película va a durar menos _____ hora y media.
   a. de
   b. que
   c. la

4. Isabel tiene una cámara tan _____ como la mía.
   a. peor
   b. nueva
   c. joven

5. Estos sándwiches son los _____ nutritivos del menú.
   a. tantos
   b. mejores
   c. más

3 Conversaciones Completa la conversación con la forma apropiada de las palabras de la lista. No necesitas todas las palabras. (6 x 1 pt. each = 6 pts.)

como	menor
de	que
frigidísimo/a	tanto
más	tanto/a

MARIO ¿Qué vas a hacer durante las vacaciones de enero?

TERESA Mi familia y yo vamos a hacer un viaje a Toronto para visitar a mis tíos.

MARIO ¿En enero? Pero... ¿no sabes que es una época (1) _____? ¡Y creo que en Toronto nieva (2) _____ como en el Polo Norte! Mejor se quedan aquí en San Juan.

TERESA Sí, pero es que no son simples vacaciones. Voy a conocer a mi primita Yolanda, que va a cumplir un año el 15 de enero. Ella es la (3) _____ de toda la familia y mi tía me dice que tiene los ojos más bonitos (4) _____ mundo. Íbamos a ir para su bautismo hace seis meses, pero los pasajes estaban demasiado caros.

MARIO Bueno, ya sabes lo que dicen... (5) _____ vale tarde que nunca.

TERESA Sí, claro. Y tú, Mario, ¿qué piensas hacer?

MARIO Pues, no voy a viajar (6) _____ kilómetros como tú, pero voy a visitar a mis abuelos en Ponce...

4 Completar Completa las oraciones con las palabras apropiadas. (5 x 1 pt. each = 5 pts.)

1. El año pasado terminó _____ guerra más larga de la historia del país.

2. Estos profesores enseñan _____ clases como usted.

3. Ahora tengo menos trabajo _____ el año pasado.

4. Bill Gates no es rico ¡sino _____! Tiene mucho dinero.

5. Este barco navega _____ rápido como el otro.

ESTRUCTURA 5.1

Lección 5

Quiz B

1 Completar Completa las oraciones con las palabras apropiadas. (8 x 0.5 pt. each = 4 pts.)

1. Este barco navega _____ rápido como el otro.

2. Estos sándwiches son los _____ nutritivos del menú.

3. Estos profesores enseñan _____ clases como usted.

4. El año pasado terminó _____ guerra más larga de la historia del país.

5. Ahora tengo menos trabajo _____ el año pasado.

6. Bill Gates no es rico ¡sino _____! Tiene mucho dinero.

7. La película va a durar menos _____ hora y media.

8. Mario estudia _____ como trabaja.

2 Oraciones Combina elementos de las columnas para formar oraciones completas. Usa comparativos. (4 x 1 pt. each = 4 pts.)

el circo	costar	mis padres
Brad Pitt	ser	las ruinas de Machu Picchu
la selva	tener	los cruceros
yo	trabajar	el zoológico
los albergues	¿?	Jamie Foxx

1. _____

2. _____

3. _____

4. _____

5. _____

6. _____

Nombre _____ Fecha _____

3 Superlativos Haz comparaciones usando el superlativo. ¡Sé creativo/a! (4 x 1 pt. each = 4 pts.)

1. Argentina, Puerto Rico, Costa Rica

   _____

2. los poemas de Shakespeare, las películas de Hollywood, las novelas de ciencia-ficción

   _____

3. el primer ministro de Canadá, el presidente de los EE.UU., el presidente de México

   _____

4. los deportes, los juegos de mesa, los videojuegos

   _____

4 Escribir Piensa en tres lugares específicos en tu país y decide cuál es el lugar ideal de vacaciones para unos jóvenes de tu edad. Escribe un párrafo breve para describir por qué es el sitio perfecto, usando comparativos y superlativos. (4 pts. for grammar + 4 pts. for style and creativity = 8 pts.)

Lugares:

_____

_____

_____

Descripción:

_____

_____

_____

_____

_____

_____

_____

_____

| 69 | **Lección 5   Estructura 5.1**   Quiz B

ESTRUCTURA 5.2

Quiz A

Lección 5

1 Emparejar Empareja las frases de la columna A con las de la columna B para formar oraciones lógicas. (5 x 1 pt. each = 5 pts.)

A

_____ 1. En mi ciudad hay unas calles que

_____ 2. No hay ningún guía turístico que

_____ 3. Buscamos unas personas bilingües que

_____ 4. Mi tío quiere viajar en el tren que

_____ 5. Conozco a dos agentes que

B

a. me puede mostrar las ruinas.

b. sean trabajadoras.

c. tienen vista (*view*) al mar.

d. recorra todas las islas.

e. trabajan en la aduana.

f. sólo para en una ciudad.

2 Completar Completa las oraciones con la forma correcta del indicativo o del subjuntivo del verbo entre paréntesis. (5 x 1 pt. each = 5 pts.)

1. Este libro tiene un capítulo que _____ las teorías de Einstein. (explicar)

2. Quiero conseguir un trabajo que _____ bien. (pagar)

3. Hay unos señores muy viejos que _____ en esa casa. (vivir)

4. Los jefes no encuentran a nadie que _____ hacer el trabajo. (saber)

5. Necesitamos unos guías que _____ bien la zona. (conocer)

3 Conversación Completa la conversación con la forma correcta del indicativo o del subjuntivo del verbo apropiado. (6 x 1 pt. each = 6 pts.)

CLIENTE Perdone... ¿Hay alguien aquí que me (1) _____ (poder/necesitar) ayudar?

VENDEDORA Por supuesto. ¿En qué le puedo servir?

CLIENTE Busco regalos que (2) _____ (pedir/ser) apropiados para mi jefe. Necesito algo que le (3) _____ (llegar/dar) una buena impresión de mí.

VENDEDORA ¿Quizás un bolígrafo?

CLIENTE Hmm... mi jefe ya tiene varios.

VENDEDORA Pues, vendemos unas carteras de cuero que (4) _____ (ser/hacer) de Italia. Mire, aquí hay una.

CLIENTE Es muy elegante, pero ¿hay algunas que (5) _____ (buscar/tener) mejor precio?

VENDEDORA Lo siento, señor. No hay ningún regalo aquí que (6) _____ (gastar/costar) menos de cien dólares.

4 Oraciones Forma oraciones completas con los elementos dados. Usa el subjuntivo o el indicativo y haz todos los cambios necesarios. (4 x 1 pt. each = 4 pts.)

1. mis padres / conocer / alguien / que / viajar / cada / semana

   _____

2. nosotros / no encontrar / ninguno / médico / que / hacernos / caso

   _____

3. ¿conocer / tú / alguno / restaurante / que / servir / comida / las 24 horas?

   _____

4. yo / tener / unos amigos / que / soler / trasnochar

   _____

ESTRUCTURA 5.2

Lección 5

Quiz B

1 Conversación Completa la conversación con las formas correctas del indicativo o del subjuntivo de los verbos de la lista. Puedes usar los verbos más de una vez. (6 x 1 pt. each = 6 pts.)

comprar	poder
costar	ser
dar	tener

CLIENTE Perdone... ¿Hay alguien aquí que me (1) _____ ayudar?

VENDEDORA Por supuesto. ¿En qué le puedo servir?

CLIENTE Busco regalos que (2) _____ apropiados para mi jefe.

Necesito algo que le (3) _____ una buena impresión de mí.

VENDEDORA ¿Quizás un bolígrafo?

CLIENTE Hmm... mi jefe ya tiene varios.

VENDEDORA Pues, vendemos unas carteras de cuero que (4) _____ de Italia.
Mire, aquí hay una.

CLIENTE Es muy elegante, pero ¿hay algunas que (5) _____ mejor precio?

VENDEDORA Lo siento, señor. No hay ningún regalo aquí que (6) _____ menos
de cien dólares.

2 Frases Completa las frases de manera lógica. Usa el indicativo o el subjuntivo, según corresponda.
(6 x 1 pt. each = 6 pts.)

1. En la calle donde vivo no hay nadie que...

   _____

2. Conozco a algunos estudiantes que...

   _____

3. No encuentro un libro que...

   _____

4. Mi padre necesita un trabajo que...

   _____

5. Mis amigos buscan... que...

   _____

6. En mi tienda favorita venden unos/as... que...

   _____

3 La fama Imagina que eres una persona famosa y muy rica, y un reportero de televisión te ha pedido que describas lo positivo y lo negativo de tu fama. Escribe cuatro oraciones para cada categoría, usando oraciones subordinadas adjetivas (*adjective clauses*). ¡Sé creativo/a!

(4 pts. for grammar + 4 pts. for style and creativity = 8 pts.)

> *modelo*
> **Tengo una casa enorme que está cerca de la playa.**
> **Busco un novio que me quiera de verdad.**

Lo positivo:

_____

_____

_____

_____

_____

Lo negativo:

_____

_____

_____

_____

_____

Quizzes

ESTRUCTURA 5.3   Lección 5

Quiz A

1 Escoger Selecciona la palabra adecuada para completar cada oración. (4 x 1 pt. each = 4 pts.)

1. Dejé la puerta abierta y _____ entró en la casa.
   a. también
   b. tampoco
   c. nadie
   d. cualquiera

2. A Pepe le gustan los cafés, pero no conozco _____ que sea bueno.
   a. ningunos
   b. ni siquiera
   c. nada
   d. ninguno

3. _____ quiero nada para mi cumpleaños.
   a. Siempre
   b. Nadie
   c. O
   d. Tampoco

4. Mi tía sueña con tener una casa _____ día.
   a. algún
   b. ningún
   c. alguno
   d. algo

2 Transformar Transforma las oraciones positivas para que sean negativas y viceversa.
(4 x 1 pt. each = 4 pts.)

1. Siempre me escribe alguien de algún lugar.

_____

2. No deseo alojarme en ese albergue ni en aquel campamento.

_____

3. Hay algunos pasajes baratos ahora.

_____

4. Tampoco veo nada interesante en la televisión.

_____

3 El crítico Mateo escribió esta reseña (*review*) en un foro de Internet. Completa el párrafo con la forma correcta de las palabras de la lista. Las palabras se usan una sola vez. (8 x 0.75 pt. each = 6 pts.)

alguno/a	**ninguno/a**
cualquier(a)	**no**
jamás	**siempre**
ni siquiera	**también**

Anoche salí con (1) _____ amigos al nuevo bar-restaurante El Tigre y lo pasamos

tan mal que (2) _____ volveremos a comer allí. Mi amigo Nicolás es muy

impaciente; (3) _____ llama uno o dos días antes para reservar una mesa porque

no le gusta esperar. En este caso Nicolás reservó una mesa para cuatro personas para las diez de la

noche. Llegamos a las diez en punto y ¡no había (4) _____ mesa para

nosotros! Tuvimos que esperar casi una hora para sentarnos. Nicolás estaba furioso y yo

(5) _____ me sentía un poco enojado. Pero lo peor fue la camarera; pasaba por

todas las mesas y (6) _____ miraba hacia la nuestra. Cuando por fin se apareció, le

pedimos unos vasos de agua, pero (7) _____ los trajo nunca. Creo que en El Tigre

(8) _____ persona se muere de sed...

Quizzes

4 Conversaciones Completa las conversaciones con palabras negativas y positivas.
(6 x 1 pt. each = 6 pts.)

1. —No me interesan nada los cruceros.

   —A mí _____.

2. —¿Qué tal si comemos hoy en casa?

   —Ay, no. Hoy no quiero _____ cocinar _____

   lavar los platos.

3. —¿Por qué me miras así? ¿Hay _____ que quieras preguntarme?

   —Sí. ¿Estás saliendo con _____ ?

4. —¿Por qué se fueron ellos de la ciudad?

   —Es un misterio. _____ sabe lo que pasó.

ESTRUCTURA 5.3 **Lección 5**

Quiz B

1 El crítico Mateo escribió esta reseña (*review*) en un foro de Internet. Completa el párrafo con palabras positivas y negativas. No repitas palabras. (8 x 0.75 pt. each = 6 pts.)

Anoche salí con (1) _____ amigos al nuevo bar-restaurante El Tigre y lo pasamos tan mal que (2) _____ volveremos a comer allí. Mi amigo Nicolás es muy impaciente; (3) _____ llama uno o dos días antes para reservar una mesa porque no le gusta esperar. En este caso Nicolás reservó una mesa para cuatro personas para las diez de la noche. Llegamos a las diez en punto y ¡no había (4) _____ mesa para nosotros! Tuvimos que esperar casi una hora para sentarnos. Nicolás estaba furioso y yo (5) _____ me sentía un poco enojado. Pero lo peor fue la camarera; pasaba por todas las mesas y (6) _____ miraba hacia la nuestra. Cuando por fin se apareció, le pedimos unos vasos de agua, pero (7) _____ los trajo nunca. Creo que en El Tigre (8) _____ persona se muere de sed...

2 Oraciones Completa las oraciones de una manera lógica. (4 x 1 pt. each = 4 pts.)

1. Yo nunca _____, ni siquiera cuando _____.

2. En mi casa hay algunas _____ pero no hay ningún _____.

3. Mi familia y yo siempre _____ algún _____.

4. Los fines de semana mis amigos/as jamás _____.

3 Conversaciones Escribe una oración o pregunta lógica para cada respuesta. ¡Sé creativo/a! (3 x 1 pt. each = 3 pts.)

1. —_____

—Ni quiero verla ni hablar con ella.

2. —_____

—No, eso no lo sabe nadie.

3. —_____

—A mí tampoco.

4 Escribir Escribe cuatro oraciones para describir lo que (no) hay y lo que la gente (no) hace en tu clase de español. Utiliza por lo menos cuatro expresiones positivas y negativas.
(4 pts. for grammar + 3 pts. for style and creativity = 7 pts.)

_____

_____

_____

_____

_____

_____

_____

_____

_____

_____

_____

_____

_____

_____

_____

_____

_____

CONTEXTOS

Quiz A

Lección 6

1 **¿Lógico o ilógico?** Decide si cada oración es **lógica (L)** o **ilógica (I)**. (5 x 1 pt. each = 5 pts.)

_____ 1. La erosión es cuando se recicla la tierra.

_____ 2. Si no quieres lavar los platos, puedes usar platos y vasos desechables.

_____ 3. Los conejos generalmente viven en el campo.

_____ 4. Cuando hay tormentas, me gusta mirar los truenos desde la ventana.

_____ 5. Es importante malgastar la capa de ozono.

2 **Completar** Completa el párrafo con las opciones apropiadas. (5 x 1 pt. each = 5 pts.)

Desde la (1) _____ (oveja/orilla) del mar se ven las plataformas petrolíferas

(*oil rigs*) que han construido las grandes corporaciones petroleras. Algunas personas están a favor de sacar

ese petróleo, pero yo creo que tenemos que buscar (2) _____ (nuevas

fuentes/nuevos peligros) de energía. Ahora mismo en el gobierno están debatiendo dedicar dinero al

(3) _____ (recurso/desarrollo) de carros que funcionan ¡nada más con aire! Yo

compraría uno de esos carros, porque no quiero (4) _____ (destruir/contribuir)

a la contaminación de nuestro (5) _____ (medio ambiente/terremoto).

3 Analogías Completa las analogías utilizando las palabras de la lista. No necesitas todas las palabras. (5 x 1 pt. each = 5 pts.)

agotarse	húmedo
combustible	paisaje
contaminar	proteger
cordillera	sequía

1. ave : pájaro :: conservar : _____

2. tóxico : saludable :: inundación : _____

3. aparecer : desaparecer :: seco : _____

4. árbol : bosque :: montaña : _____

5. tigres : extinguirse :: recursos naturales : _____

4 Definiciones Escribe el nombre de cada cosa o acción que se define. (5 x 1 pt. each = 5 pts.)

1. Es un lugar muy seco con muy poca lluvia anual. _____

2. Usas la boca y los dientes para hacer esto. _____

3. Cuando suben las temperaturas del planeta por la contaminación, produce esto. _____

4. Es una agrupación de corales en el mar. _____

5. Es la acción de buscar y matar animales. _____

CONTEXTOS

Quiz B

1 ¿Lógico o ilógico? Decide si cada oración es **lógica (L)** o **ilógica (I)**. Corrige las ilógicas.
(8 x 0.75 pt. each = 6 pts.)

_____ 1. Usas las manos para morder algo.
_____

_____ 2. Si no quieres lavar los platos, puedes usar platos y vasos desechables.
_____

_____ 3. Los conejos generalmente viven en el campo.
_____

_____ 4. Cuando hay tormentas, me gusta mirar los truenos desde la ventana.
_____

_____ 5. Es importante malgastar la capa de ozono.
_____

_____ 6. Un desierto es un lugar muy seco.
_____

_____ 7. Un paisaje es una agrupación de corales en el mar.
_____

_____ 8. Atrapar es la acción de buscar y matar animales.
_____

2 Definir Escribe definiciones para estas palabras. (5 x 1 pt. each = 5 pts.)

1. cordillera
_____

2. dañino
_____

3. renovable
_____

4. serpiente
_____

5. agotar
_____

3 Escribir Si pudieras vivir en cualquier parte del mundo, ¿dónde vivirías? Escribe un párrafo para describir ese lugar: las características geográficas y naturales, los fenómenos del tiempo que suelen observarse allí, los animales que viven allí y si hay problemas ambientales.
(3 pts. for grammar + 6 pts. for vocabulary and style = 9 pts.)

_____

_____

_____

_____

ESTRUCTURA 6.1

Lección 6

Quiz A

1 Emparejar Empareja las frases de la columna A con las de la columna B para formar oraciones lógicas.
(5 x 1 pt. each = 5 pts.)

A

_____ 1. Después de que se extingan los tigres blancos...

_____ 2. Las fábricas contaminarán los mares...

_____ 3. En cuanto llueva...

_____ 4. Pasaremos el día en la costa...

_____ 5. Cuando haga calor...

B

a. se acabará la sequía.

b. hasta que haya leyes para protegerlos.

c. tan pronto como se vaya el huracán.

d. cuando se mueran los arrecifes de coral.

e. todos nosotros nos arrepentiremos.

f. iré a bucear.

2 Transformar Escribe las oraciones de nuevo, usando el tiempo futuro. (5 x 1 pt. each = 5 pts.)

1. Ustedes van a ser los primeros en ver el barco nuevo.

   _____

2. No vamos a caber todos en un solo carro.

   _____

3. Voy a mantenerme en contacto con Camilo.

   _____

4. ¿Vas a resolver el problema?

   _____

5. Lucía va a estar a dieta por dos semanas.

   _____

3 Completar El señor Calvo va a acompañar a algunos científicos a estudiar la naturaleza de su región. Completa lo que dice con la forma correcta del futuro del verbo apropiado. (6 x 1 pt. each = 6 pts.)

Mañana (nosotros) (1) _____ (llegar/salir) para el campo a las nueve. Primero

el doctor Herrera (2) _____ (devolver/recoger) unas muestras (*samples*) de tierra.

Más tarde, en su laboratorio, los científicos las (3) _____ (poner/valer) bajo un

microscopio para estudiarlas mejor. Mientras tanto, los asistentes del doctor Herrera

(4) _____ (morder/ir) al bosque para analizar la condición de los árboles. ¿Y yo?

Yo no (5) _____ (querer/hacer) mucho; sólo

(6) _____ (observar/destruir) el trabajo de ellos.

4 Oraciones Forma oraciones completas con los elementos dados. Usa el tiempo futuro y haz todos los cambios necesarios. (4 x 1 pt. each = 4 pts.)

1. tú / divertirse / durante / las vacaciones

   _____

2. ¿caer / nieve / en / las montañas?

   _____

3. usted / ver / los animales / de / la selva

   _____

4. ¿qué / decir / de mí / los vecinos?

   _____

ESTRUCTURA 6.1

Lección 6

Quiz B

1 Completar El señor Calvo va a acompañar a algunos científicos a estudiar la naturaleza de su región. Completa lo que dice con el futuro de los verbos de la lista. Algunos verbos se pueden usar más de una vez. No necesitas todos los verbos. (6 x 1 pt. each = 6 pts.)

destruir	poner
hacer	querer
ir	recoger
observar	salir

Mañana (nosotros) (1) _____ para el campo a las nueve. Primero el doctor Herrera

(2) _____ unas muestras (*samples*) de tierra. Más tarde, en su laboratorio, los

científicos las (3) _____ bajo un microscopio para estudiarlas mejor. Mientras

tanto, los asistentes del doctor Herrera (4) _____ al bosque para analizar la

condición de los árboles. ¿Y yo? Yo no (5) _____ mucho; sólo

(6) _____ el trabajo de ellos.

2 Frases Completa las frases de manera lógica. Usa el tiempo futuro. (6 x 1 pt. each = 6 pts.)

1. En cuanto (yo) salga de la escuela el viernes,...

   _____

2. Cuando me gradúe, mis padres...

   _____

3. Tan pronto como haga calor, mi hermano/a...

   _____

4. Hasta que no se busquen otras fuentes de energía,...

   _____

5. Esta noche, después de que mi familia y yo cenemos,...

   _____

6. Ahora mismo mis padres probablemente...

   _____

3 Escribir Imagina tu comunidad dentro de cincuenta años. ¿Cómo será? ¿Quiénes vivirán allí? ¿Estará contaminada, o habrá buenos programas de conservación? Escribe un párrafo breve y utiliza el tiempo futuro. (4 pts. for grammar + 4 pts. for style and creativity = 8 pts.)

_____

_____

_____

_____

_____

_____

_____

_____

_____

_____

_____

_____

_____

_____

_____

_____

_____

_____

_____

_____

_____

ESTRUCTURA 6.2

Lección 6

Quiz A

1 Emparejar Empareja las frases de la columna A con las de la columna B para formar oraciones lógicas. (5 x 1 pt. each = 5 pts.)

A

_____ 1. Vamos a protestar hasta que

_____ 2. Estos avisos son para

_____ 3. Siempre que puedo,

_____ 4. Con tal de que se conserven los arrecifes,

_____ 5. Todos recogieron basura en la costa

B

a. no me importa dejar de bucear.

b. se reduzca la deforestación en los bosques lluviosos.

c. tan pronto como se deje de contaminar.

d. criticar el malgasto de agua en este edificio.

e. aunque hizo mal tiempo.

f. reciclo las botellas y las latas.

2 Escoger Selecciona la forma adecuada del verbo para completar las oraciones. (5 x 1 pt. each = 5 pts.)

1. Llevaré todos los documentos en caso de que me _____ alguno.
   a. pidan
   b. piden
   c. pedir

2. Aunque _____ cientos de libros en mi casa, nunca los leo.
   a. haya
   b. hay
   c. hubo

3. Es imposible dar tu opinión sin _____ a alguien.
   a. ofender
   b. ofendas
   c. ofendes

4. Tan pronto como el detective vio la escena del crimen, _____ lo que pasó.
   a. sabe
   b. sepa
   c. supo

5. Voy a vender la computadora siempre que no _____ virus.
   a. tiene
   b. tener
   c. tenga

3 Conversaciones Completa las conversaciones con la opción correcta. (4 x 1 pt. each = 4 pts.)

1. —Has adelgazado, ¿verdad?

   —No. _____ (Luego que/A pesar de que) estoy a dieta, no he perdido ni un kilo.

2. —Sonia no tiene vergüenza.

   —Es capaz (*capable*) de decir cualquier cosa _____(en caso de/con tal de) llamar

   la atención de todo el mundo.

3. —¿Van a comprar casa Jorge e Isabel?

   —Sí, Jorge me dice que quiere comprar _____ (antes de que/para que) suban los

   precios otra vez.

4. (*en el gimnasio*)

   —¡Shhh! ¿No sabes que se prohíbe hablar por teléfono aquí?

   —Lo siento. Es que yo siempre uso el celular _____ (a menos que/mientras que)

   hago ejercicio.

4 Completar Completa las oraciones con la forma correcta del indicativo, del subjuntivo o con el infinitivo del verbo entre paréntesis. (6 x 1 pt. each = 6 pts.)

1. ¿Es posible combatir el incendio sin que (yo) _____? (quemarse)

2. Carmen no trabajará el fin de semana aunque sus jefes le _____ extra. (pagar)

3. Cuando (yo) _____ este paisaje, pienso en ti. (mirar)

4. Siempre habrá contaminación a pesar de que nosotros _____ contra ella. (luchar)

5. Antes de _____, esta serpiente saca la lengua (*tongue*). (morder)

6. Después de que _____ todos los documentos, la jueza tomará su decisión. (leer)

ESTRUCTURA 6.2 — Lección 6

Quiz B

1 Completar Completa las oraciones con la forma correcta del indicativo, del subjuntivo o con el infinitivo de los verbos de la lista. (6 x 1 pt. each = 6 pts.)

leer	morder
luchar	pagar
mirar	quemarse

1. Siempre habrá contaminación a pesar de que nosotros _____ contra ella.

2. Antes de _____, esta serpiente saca la lengua (*tongue*).

3. ¿Es posible combatir el incendio sin que (yo) _____?

4. Después de que _____ todos los documentos, la jueza tomará su decisión.

5. Cuando (yo) _____ este paisaje, pienso en ti.

6. Carmen no trabajará el fin de semana aunque sus jefes le _____ extra.

2 Frases Completa las frases de manera lógica. Usa el indicativo, el subjuntivo o el infinitivo, según corresponda. (6 x 1 pt. each = 6 pts.)

1. Todas las tardes, después de... , yo...

_____

2. Mi padre (madre) trabajará hasta que...

_____

3. Quiero... en cuanto...

_____

4. Mi mejor amigo/a siempre... mientras que...

_____

5. Mi hermano/a necesita... para...

_____

6. Todos debemos... en caso de que...

_____

3 Una escuela "verde" ¿Existen medidas en tu escuela para proteger el medio ambiente? ¿Te parecen adecuadas? Explica tus opiniones sobre lo que hacen en tu escuela y luego describe las acciones que tú y tus amigos/as toman para conservar el medio ambiente. Utiliza las expresiones de la lista u otras. (4 pts. for grammar + 4 pts. for style and creativity = 8 pts.)

a pesar de que	en cuanto
aunque	hasta que
antes (de) que	para (que)
cuando	siempre que
después (de) que	tan pronto como

_____

_____

_____

_____

_____

_____

_____

_____

_____

_____

_____

_____

_____

_____

_____

_____

_____

_____

_____

_____

ESTRUCTURA 6.3   Lección 6

Quiz A

1 Escoger Selecciona la preposición correcta para completar las oraciones. Una **X** indica que no se necesita preposición. (5 x 1 pt. each = 5 pts.)

1. Si caminas _____ aquel edificio, verás la oficina de turismo.
   a. X
   b. con
   c. hacia

2. Claudia llamará _____ algún amigo.
   a. hacia
   b. a
   c. X

3. _____ abrir la puerta, Alberto vio que algo no estaba bien.
   a. A
   b. Al
   c. Con

4. Cuba está _____ noventa millas de los Estados Unidos.
   a. consigo
   b. X
   c. a

5. _____ lo fría que estaba el agua, nadie quiso nadar.
   a. A
   b. Hacia
   c. Con

2 Completar Completa el párrafo utilizando las palabras de la lista. Puedes usar cada una más de una vez. (7 x 1 pt. each = 7 pts.)

a	con él
al	conmigo
con	hacia

El fin de semana pasado mi mejor amiga Alicia y yo salimos (1) _____ bailar

(2) _____ nuestros novios. (3) _____ novio de Alicia le fascina

la salsa, así que bailamos en una discoteca que se llama Club Caribe. Pero después de unos diez minutos,

mi novio me dijo que ya no quería bailar más. (Yo) no lo entendía; (4) _____ lo

buena que estaba la música, ¿cómo que no quería bailar (5) _____? Caminamos

(6) _____ una mesa y allí me senté (7) _____. Luego

él me explicó que no se sentía bien.

3 Conversaciones Completa las conversaciones con las preposiciones apropiadas. Escribe una **X** si no se necesita ninguna. (8 x 1 pt. each = 8 pts.)

1. —Creo que voy a romper _____ Guillermo.

   —¿Por qué?

   —Necesito _____ una persona que me trate _____ más cariño.

2. —Pero ¿qué haces allí sentada?

   —Ah... er... em... es que iba _____ descansar un rato...

   —No hay tiempo para descansos. ¡_____ limpiar!

3. —¿Cuándo empezó usted _____ enfermarse?

   —No sé exactamente. Creo que fue _____ mediados de mayo (*mid-May*).

4. —¿Para qué necesito esta tarjeta?

   —Usted la tiene que traer _____ cuando viene a sus citas.

ESTRUCTURA 6.3   Lección 6

Quiz B

1 Conversaciones Completa las conversaciones con las preposiciones apropiadas. Escribe una **X** si no se necesita ninguna. (8 x 1 pt. each = 8 pts.)

1. —¿Cuándo empezó usted _____ enfermarse?

   —No sé exactamente. Creo que fue _____ mediados de mayo (*mid-May*).

2. —Creo que voy a romper _____ Guillermo.

   —¿Por qué?

   —Necesito _____ una persona que me trate _____ más cariño.

3. —¿Para qué necesito esta tarjeta?

   —Usted la tiene que traer _____ cuando viene a sus citas.

4. —Pero ¿qué haces allí sentada?

   —Ah... er... em... es que iba _____ descansar un rato...

   —No hay tiempo para descansos. ¡_____ limpiar!

2 Conversaciones Escribe una oración o pregunta lógica para cada respuesta. ¡Sé creativo/a! (3 x 2 pts. each = 6 pts.)

1. —_____

   —Ocurrió hacia la medianoche.

2. —_____

   —No, no vi a nadie.

3. —_____

   —Qué lástima. ¡Con lo mucho que estudiaste!

   | 92 |

3 **Escribir** Describe a tu pareja ideal. Debes usar el subjuntivo y las preposiciones **a**, **hacia** y **con**.
(3 pts. for grammar + 3 pts. for style and creativity = 6 pts.)

> **modelo**
>
> Busco una chica inteligente que tenga confianza en
> sí misma... que salga a comer conmigo...

_____

_____

_____

_____

_____

_____

_____

_____

_____

_____

_____

_____

_____

_____

_____

_____

_____

_____

_____

_____

_____

| 93 | **Lección 6   Estructura 6.3**   Quiz B

CONTEXTOS

Lección 7

Quiz A

1 Seleccionar Selecciona la palabra que no está relacionada con cada grupo. (4 x 1 pt. each = 4 pts.)

1. a. experimento
   b. avance
   c. descubrimiento
   d. buscador

2. a. comprobar
   b. formular
   c. crear
   d. inventar

3. a. computadora portátil
   b. archivo
   c. teléfono celular
   d. inalámbrico

4. a. física
   b. científica
   c. informática
   d. bióloga

2 Identificar Indica quién dice cada oración: un **astronauta**, un **estudiante** o un **científico**. (6 x 1 pt. each = 6 pts.)

1. Siempre realizo experimentos de manera ética. _____

2. Estamos investigando los agujeros negros. _____

3. Me molesta usar el corrector ortográfico, pero es necesario. _____

4. Mis compañeros y yo solicitamos una patente. _____

5. Mañana tengo un entrenamiento (*training*) para usar el transbordador. _____

6. Esta tarde en la biblioteca descargué un nuevo programa. _____

3 Oraciones Completa las oraciones con la respuesta correcta. (5 x 1 pt. each = 5 pts.)

1. Necesito _____ (una contraseña/una patente/un ovni) para proteger mi invento.

2. Los genes se componen de _____ (células/avances/ADN).

3. Si quieres hablar con amigos mientras caminas por toda la casa, necesitas un teléfono _____ (inalámbrico/digital/especializado).

4. La _____ (astronomía/cometa/gravedad) es el fenómeno natural por el cual se atraen los objetos.

5. _____ (Un cohete/Una estrella fugaz/Un desafío) se produce cuando un meteoro entra a nuestra atmósfera.

4 Definiciones Escribe el nombre de cada cosa o acción que se define. (5 x 1 pt. each = 5 pts.)

1. Es un aparato que se utiliza para ver las estrellas desde la Tierra. _____

2. Es la acción de hacer una copia de alguien. _____

3. Toda dirección de correo electrónico contiene este símbolo. _____

4. Es una hipótesis que se puede investigar con experimentos. _____

5. Si quieres mandar una foto por correo electrónico, tienes que hacer esto. _____

CONTEXTOS

Lección 7

Quiz B

1 Oraciones Completa las oraciones utilizando las palabras de la lista. No las necesitas todas.
(6 x 1 pt. each = 6 pts.)

ADN	estrella fugaz
arroba	gravedad
células	inalámbrico
cohete	ovni
contraseña	patente

1. Una _____ se produce cuando un meteoro entra en nuestra atmósfera.

2. Necesito una _____ para proteger mi invento.

3. La _____ es el fenómeno natural por el cual se atraen los objetos.

4. Los genes se componen de _____.

5. Toda dirección de correo electrónico contiene una _____.

6. Si quieres hablar con amigos mientras caminas por toda la casa, necesitas
un teléfono _____.

2 Preguntas Contesta las preguntas con oraciones completas. (3 x 2 pts. each = 6 pts.)

1. ¿Escribes en un blog o lees alguno con frecuencia? ¿De qué se trata? Si no tienes uno,
¿te gustaría tenerlo?

_____

_____

2. ¿Qué especialidad de la ciencia te parece la más interesante? ¿Por qué?

_____

_____

3. Si pudieras inventar o descubrir algo importante para la humanidad, ¿qué sería?

_____

_____

3 Escribir Escoge dos temas de la lista y, para cada uno, describe dos aspectos positivos y dos negativos. (2 pts. for grammar + 6 pts. for vocabulary and style = 8 pts.)

- los experimentos de laboratorio realizados con animales

- la clonación de seres humanos

- la búsqueda de vida extraterrestre

- vivir en un mundo totalmente computarizado

Tema 1: _____

_____

_____

_____

_____

_____

_____

Tema 2: _____

_____

_____

_____

_____

_____

_____

| **97** |

Nombre _____   Fecha _____

Quiz A

1 Completar Completa las oraciones con la forma correcta del pretérito perfecto del verbo entre paréntesis. (5 x 1 pt. each = 5 pts.)

1. Yo no _____ salir de la casa. (querer)

2. Nosotras _____ una casa en el campo. (construir)

3. Usted _____ unos archivos. (crear)

4. ¿_____ esta semana tú y Lucas? (Pelearse)

5. El ingeniero nos _____ los nuevos avances. (describir)

2 Conversación Completa esta conversación telefónica con la forma correcta del pretérito perfecto o el infinitivo del verbo apropiado. (8 x 0.75 pt. each = 6 pts.)

EUGENIA ¿Aló?

MARIPILI Hola, Eugenia. Soy Maripili. ¿Por qué (tú) no (1) _____ (guardar/llegar)? La reunión acaba de (2) _____ (tomar/empezar) y nuestro jefe está poniéndose ansioso.

EUGENIA Hola, Maripili. Ya estoy cerca de la oficina. Desde que me levanté esta mañana todo (3) _____ (ir/deber) de mal en peor (*from bad to worse*).

MARIPILI Hmm...

EUGENIA ¡No, no estoy mintiéndote! Unas tuberías (*pipes*) en mi casa (4) _____ (borrar/romperse) y por eso (5) _____ (tener/aprender) que ducharme en casa de mi vecina.

MARIPILI ¿Y (tú) (6) _____ (pasar/querer) toda la mañana en la ducha?

EUGENIA Es que (7) _____ (poner/haber) un congestionamiento terrible cerca de mi casa y, para colmo, todos los semáforos (*stoplights*) (8) _____ (estar/ conseguir) en rojo.

MARIPILI Bueno, Eugenia, yo sí te creo, pero no sé qué va a decir el jefe...

3 Oraciones Forma oraciones completas con los elementos dados. Usa el pretérito perfecto y haz todos los cambios necesarios. (4 x 1 pt. each = 4 pts.)

1. ¿ustedes / todavía / no / leer / el artículo?

   _____

2. los astrónomos / descubrir / un agujero / negro

   _____

3. Alejandro y yo / comprobar / la teoría

   _____

4. yo / no / verlo / en / ninguno / parte

   _____

4 Transformar Doña Carmina escribió una carta para su hermana, pero la perdió. Ahora, unos días después, ha encontrado la carta. Ayúdala a actualizar (*update*) la información, utilizando el pretérito perfecto. (4 x 1.25 pts. each = 5 pts.)

Querida Elsa:

   Te cuento que ya decidí volver a mi dieta. Samuel y yo acabamos de hablar con el doctor Hernández, quien nos dijo que los dos necesitamos bajar el colesterol.¡Es tan difícil cuando el esposo mío sólo quiere comer carne de res y cerdo todos los días!

   Afortunadamente, Eva y Sofía no tienen ese tipo de problema. Estas chicas comen todo lo que quieran y nunca engordan ni tienen problemas de salud. ¿Qué más? Ah, sí... ayer escribieron una obra de teatro. ¡Son tan creativas!

   Bueno, escríbeme pronto para saber cómo estás recuperándote del resfriado.

Carmina

   modelo

   yo ... dieta

   Yo he decidido volver a mi dieta.

1. Samuel y yo ... el doctor Hernández

   _____

2. el médico ... bajar el colesterol

   _____

3. mis hijas ... obra de teatro

   _____

4. ¿(tú) ... resfriado?

   _____

ESTRUCTURA 7.1   Lección 7

Quiz B

1 Completar Completa esta conversación telefónica con la forma correcta del pretérito perfecto o del infinitivo de los verbos de la lista. (8 x 0.75 pt. each = 6 pts.)

empezar	llegar
estar	pasar
haber	romperse
ir	tener

EUGENIA ¿Aló?

MARIPILI Hola, Eugenia. Soy Maripili. ¿Por qué (tú) no (1) _____? La reunión

acaba de (2) _____ y nuestro jefe está poniéndose ansioso.

EUGENIA Hola, Maripili. Ya estoy cerca de la oficina. Desde que me levanté esta mañana todo

(3) _____ de mal en peor (*from bad to worse*).

MARIPILI Hmm...

EUGENIA ¡No, no estoy mintiéndote! Unas tuberías (*pipes*) en mi casa (4) _____

y por eso (5) _____ que ducharme en casa de mi vecina.

MARIPILI ¿Y (tú) (6) _____ toda la mañana en la ducha?

EUGENIA Es que (7) _____ un congestionamiento terrible cerca de mi casa y, para

colmo, todos los semáforos (*stoplights*) (8) _____ en rojo.

2 Combinar Combina elementos de las columnas para formar oraciones completas. Utiliza el pretérito perfecto. (5 x 1 pt. each = 5 pts.)

los científicos	almorzar	¿?	hoy
tú	decir		esta semana
mis amigos y yo	descubrir		muchas veces
usted	leer		últimamente
yo	jugar		¿?
mi hermano/a	ver		

modelo
Usted ha jugado al baloncesto últimamente.

1. _____
2. _____
3. _____
4. _____
5. _____

Nombre _____ Fecha _____

3 Conversaciones Escribe una pregunta lógica para cada respuesta. ¡Sé creativo/a! (3 x 1 pt. each = 3 pts.)

1. — _____

   —Hemos tomado unas vacaciones en la playa.

2. — _____

   —No, no he visto a nadie.

3. — _____

   —No lo ha hecho porque ha estado trabajando mucho.

4 Escribir Piensa en una persona famosa. Escribe seis oraciones para describir lo que ha hecho esta semana. ¡Sé creativo/a! (3 pts. for grammar + 3 pts. for style and creativity = 6 pts.)

_____

_____

_____

_____

_____

_____

_____

_____

_____

_____

_____

_____

_____

_____

_____

_____

_____

© by Vista Higher Learning, Inc. All rights reserved. | 101 | **Lección 7   Estructura 7.1**   Quiz B

ESTRUCTURA 7.2

Lección 7

Quiz A

1 Completar Completa cada oración con la forma correcta del pluscuamperfecto del verbo entre paréntesis. (5 x 1 pt. each = 5 pts.)

1. Usted aún no _____ su carrera cuando empezó la universidad. (decidir)

2. Carolina y José nos _____ ese consejo antes. (dar)

3. Yo nunca _____ tan feliz en mi vida. (sentirse)

4. Cuando llegaron los invitados, nosotros todavía no _____ la mesa. (poner)

5. Antes de esta tarde, ¿tú nunca _____ un juego de ajedrez? (perder)

2 Conversaciones Completa las conversaciones utilizando los verbos de la lista. Usa el pretérito, el pluscuamperfecto o el infinitivo. Los verbos se usan una sola vez. (8 x 1 pt. each = 8 pts.)

caminar	morirse
comenzar	oír
conseguir	pedirlo
llegar	ver

1. —¿Tu familia ya había recorrido las ruinas cuando _____ a llover?

   —Bueno... mi hermana y yo _____ por casi todo el lugar, pero mis padres aún

   no _____ el templo.

2. —Antes de _____ un puesto en este departamento, ¿por qué no había recibido

   usted un aumento?

   —Es que nunca _____.

3. —Yo nunca _____ algo tan triste.

   —¿Qué pasó?

   —Llevaban a mi vecino en ambulancia; cuando _____ al hospital,

   ya _____.

3 Oraciones Forma oraciones completas con los elementos dados. Usa el pluscuamperfecto y el pretérito y haz todos los cambios necesarios. (3 x 1 pt. each = 3 pts.)

1. el profesor / ya / explicarnos / el experimento / cuando / (él) / hacer / la demostración

   _____

2. tú / nunca / alojarse / en / este / albergue / antes / ¿verdad?

   _____

3. los estudiantes / todavía / no / resolver / alguno / problemas / cuando / el examen / terminar

   _____

4 Combinar Combina las oraciones usando el pluscuamperfecto. (4 x 1 pt. each = 4 pts.)

> *modelo*
>
> Los físicos formularon su teoría. Antes de eso, estudiaron los efectos del electromagnetismo.
> **Los físicos ya habían estudiado los efectos del electromagnetismo antes de formular su teoría.**

1. Leí que esos peces están en peligro de extinción. Antes, pesqué en el río.

   _____

2. Álvaro arregló su computadora por la tarde. Por la mañana, escribió en su blog.

   _____

3. Conociste a María Elena el año pasado. Hace dos años, viajaste a Barcelona.

   _____

4. Descubrimos la cura en febrero. Anteriormente, hicimos más de cien experimentos.

   _____

ESTRUCTURA 7.2   Lección 7

Quiz B

1 Conversaciones Completa las conversaciones utilizando los verbos de la lista. Usa el pretérito, el pluscuamperfecto o el infinitivo. Los verbos se usan una sola vez. (8 x 1 pt. each = 8 pts.)

caminar	morirse
comenzar	oír
conseguir	pedirlo
llegar	ver

1. —Yo nunca _____ algo tan triste.

   —¿Qué pasó?

   —Llevaban a mi vecino en ambulancia; cuando _____ al hospital,
   ya _____.

2. —¿Tu familia ya había recorrido las ruinas cuando _____ a llover?

   —Bueno... mi hermana y yo _____ por casi todo el lugar, pero mis padres
   aún no _____ el templo.

3. —Antes de _____ un puesto en este departamento, ¿por qué no había recibido
   usted un aumento?

   —Es que nunca _____.

2 Frases Completa las frases de manera lógica. Usa el pluscuamperfecto. (4 x 1 pt. each = 4 pts.)

1. Antes de este semestre, mi mejor amigo/a...

   _____

2. Antes de estudiar español, mis amigos/as y yo nunca...

   _____

3. Cuando terminaron las vacaciones...

   _____

4. Antes de tener hijos, mis padres ya...

   _____

3 Escribir Escribe cuatro cosas que ya habías hecho y cuatro que todavía no habías hecho antes del año pasado. (4 pts. for grammar + 4 pts. for style and creativity = 8 pts.)

_____

_____

_____

_____

_____

_____

_____

_____

_____

_____

_____

_____

_____

_____

_____

_____

_____

_____

_____

_____

_____

_____

_____

_____

_____

Quizzes

ESTRUCTURA 7.3   Lección 7

Quiz A

1 ¿Lógico o ilógico? Decide si cada oración es **lógica (L)** o **ilógica (I)**. (8 x 0.75 pt. each = 6 pts.)

_____ 1. Carlos y su hijo tienen el mismo nombre; al hijo le dicen Carlitos.

_____ 2. Los pasajeros del avión miran el paisaje por las ventanillas.

_____ 3. Si alguien te dice "cabezón" o "cabezona", quieren decir que eres muy inteligente.

_____ 4. Este apartamentito tiene un dormitorio y un baño.

_____ 5. Mi tía siempre usa un bolsón donde sólo caben sus llaves y la cartera.

_____ 6. El golf se juega con pelotitas.

_____ 7. Una palabrota es una palabra muy larga, con muchas sílabas.

_____ 8. El niñito se ve tan lindo con esos ojazos que tiene.

2 Opuestos Escribe el diminutivo o aumentativo que exprese la idea opuesta. (5 x 1 pt. each = 5 pts.)

1. la casita _____

2. chiquito _____

3. el cohetecillo _____

4. la sillita _____

5. estar muy lejos _____

3 Completar Completa las oraciones con el diminutivo o aumentativo que corresponde a la definición entre paréntesis. (9 x 1 pt. each = 9 pts.)

1. Esa computadora portátil costó un _____ (mucho dinero).

2. Mi _____ (hijo querido) toma su _____ (cantidad pequeña de leche) y su _____ (cantidad pequeña de agua) en una _____ (taza no muy grande).

3. La _____ (mujer que nunca se casará) vive sola en aquella casa, la que tiene _____ (flores pequeñas) en el jardín.

4. Jaime se cayó y se dio un _____ (golpe con la cabeza) contra el piso; como es un _____ (hombre valiente), no lloró ni dijo nada.

ESTRUCTURA 7.3   Lección 7

Quiz B

1 Completar Completa las oraciones con el diminutivo o aumentativo que corresponde a la definición
entre paréntesis. (10 x 0.5 pt. each = 5 pts.)

1. La _____ (mujer que nunca se casará) vive sola en aquella casa, la que

   tiene _____ (flores pequeñas) en el jardín.

2. Esa computadora portátil costó un _____ (mucho dinero).

3. Jaime se cayó y se dio un _____ (golpe con la cabeza) contra el piso;

   como es un _____ (hombre valiente), no lloró ni dijo

   _____ (palabras feas).

4. Mi _____ (hijo querido) toma su _____ (pequeña

   cantidad de leche) y su _____ (pequeña cantidad de agua) en

   una _____ (taza no muy grande).

2 Definir Escribe definiciones para estas palabras. (4 x 1 pt. each = 4 pts.)

1. un flechazo

   _____

2. ser un manazas

   _____

3. un asiento de la ventanilla

   _____

4. ser cabezón

   _____

Quizzes

3 Escribir Escribe un párrafo para describir el lugar donde vives y la gente que vive allí, utilizando formas diminutivas y aumentativas de por lo menos seis palabras de la lista. ¡Sé creativo/a!

(6 pts. for grammar + 5 pts. for style and creativity = 11 pts.)

casa	nariz
cerca	ojos
chico/a	pan
grande	perro/a
hermano/a	silla
luz	tienda

_____

_____

_____

_____

_____

_____

_____

_____

_____

_____

_____

_____

_____

_____

_____

_____

_____

_____

_____

| 108 | **Lección 7   Estructura 7.3**   Quiz B

CONTEXTOS   Lección 8

Quiz A

1 Ordenar Ordena estos hechos del 1 al 6. (6 x 0.5 pt. each = 3 pts.)

_____ a. Envió su currículum vitae a una empresa multinacional.

_____ b. Susana pensó que la entrevista fue un éxito y por eso renunció a su puesto.

_____ c. Solicitó ayuda financiera para desempleados.

_____ d. La gerente llamó a Susana para decirle que no consiguió el contrato.

_____ e. Susana ganaba el sueldo mínimo en su puesto como vendedora.

_____ f. Tuvo una entrevista con una gerente de la compañía.

2 Seleccionar Selecciona la palabra que no está relacionada con cada grupo. (5 x 1 pt. each = 5 pts.)

1. a. conferencia
   b. socio
   c. reunión
   d. entrevista

2. a. aumento
   b. prestado
   c. ganar bien
   d. sueldo

3. a. comercio
   b. globalización
   c. mercado
   d. presupuesto

4. a. cuenta
   b. ahorro
   c. cajero automático
   d. contador

5. a. ascender
   b. despedir
   c. renunciar
   d. contratar

| 109 | **Lección 8   Contextos**   Quiz A

3 Definiciones Escribe el nombre de cada cosa, acción o persona que se define, utilizando las palabras de la lista. (7 x 1 pt. each = 7 pts.)

asesor	exigir
bancarrota	huelga
capaz	impuesto de ventas
cobrar	prestar
comercio	sindicato

1. Es una cualidad de una persona exitosa. _____

2. Es la acción de recibir dinero por un servicio. _____

3. Cuando compras algo, es un dinero extra que pagas. _____

4. Es una entidad que protege los derechos de los empleados. _____

5. Es la acción de darle dinero a alguien por un tiempo determinado. _____

6. Es una persona que le da consejos al dueño de una empresa. _____

7. Cuando tienes demasiadas deudas, puedes llegar a esto. _____

4 Analogías Completa las analogías con las palabras apropiadas. (5 x 1 pt. each = 5 pts.)

1. exportar : importar :: pobreza : _____

2. ahorrar : ahorro :: invertir : _____

3. trabajo : empleo :: permanente : _____

4. vendedor : vender :: gerente : _____

5. depositar : cuenta corriente :: invertir : _____

CONTEXTOS

Quiz B

1 Definiciones Escribe el nombre de cada cosa, acción o persona que se define. (7 x 1 pt. each = 7 pts.)

1. Es una persona que le da consejos al dueño de una empresa. _____

2. Es una cualidad de una persona exitosa. _____

3. Cuando tienes demasiadas deudas, puedes llegar a esto. _____

4. Es una entidad que protege los derechos de los empleados. _____

5. Cuando compras algo, es un dinero extra que pagas. _____

6. Es la acción de darle dinero a alguien por un tiempo determinado. _____

7. Es la acción de recibir dinero por un servicio. _____

2 Preguntas Contesta las preguntas con oraciones completas. (4 x 1.25 pts. each = 5 pts.)

1. Imagina que tus padres te regalan diez mil dólares, pero te prohíben gastarlo hasta que tengas veintiún años. ¿Qué haces con el dinero?

   _____

   _____

2. ¿Qué piensas de la globalización? En general, ¿ha tenido un efecto positivo o negativo en el mundo?

   _____

   _____

3. Describe dos cosas que puede hacer una persona para evitar la bancarrota.

   _____

   _____

4. ¿Cómo te gustaría ganarte la vida? ¿Por qué?

   _____

   _____

3 Escribir Escribe el diálogo de una entrevista entre un ejecutivo/a y una persona que solicita un puesto en una compañía multinacional. Utiliza por lo menos cinco palabras de la lista.
(3 pts. for grammar + 5 pts. for vocabulary and style = 8 pts.)

a largo plazo	exigir
ascender	exitoso/a
el comercio	exportar
el contrato	la inversión (extranjera)
el currículum vitae	el puesto

_____

_____

_____

_____

_____

_____

_____

_____

_____

_____

_____

_____

_____

_____

_____

_____

_____

_____

ESTRUCTURA 8.1   Lección 8

Quiz A

1 Verbos Completa la tabla con la forma correcta de los verbos. (8 x 0.5 pt. each = 4 pts.)

Infinitivo	yo	nosotros	ellas
cobrar	cobraría	(1)	(2)
despedir	(3)	(4)	(5)
volverse	(6)	(7)	(8)

2 Transformar Escribe estos mandatos directos para que sean indirectos, usando el condicional. ¡Ojo! Los mandatos pueden ser formales o informales. (5 x 1 pt. each = 5 pts.)

> **modelo**
> Explíqueme su experiencia en el campo de las finanzas.
> **Por favor, ¿me explicaría su experiencia en el campo de las finanzas?**

1. Ven conmigo a la sala de conferencias.

   _____

2. Deme un aumento de sueldo.

   _____

3. Lee este currículum vitae.

   _____

4. Comprueben esta teoría.

   _____

5. Díganos por qué invirtió todo su dinero en esa empresa.

   _____

3 Completar Completa las oraciones con la forma correcta del condicional o del futuro.
(5 x 1 pt. each = 5 pts.)

1. No suponías que (yo) _____ contigo al circo. (ir)

2. El médico opina que esos pacientes no _____ del hospital esta semana. (salir)

3. Ernesto y yo les dijimos que (nosotros) _____ allí a las seis. (llegar)

4. Azucena imaginaba que usted _____ jubilarse. (querer)

5. Sé que ellos _____ muy felices juntos. (vivir)

4 Conversaciones Completa las conversaciones con la forma correcta del condicional del verbo
apropiado. (6 x 1 pt. each = 6 pts.)

1. —Nicolás va a caminar desde el aeropuerto hasta su casa. Me dijo que jamás

_____ (sacar/gastar) dinero en un taxi.

—Pues está loco. En mi vida yo _____ (hacer/poner) eso.

2. —¿(Nosotros) _____ (poder/tomar) ver la televisión un rato?

Quiero ver los resultados de las elecciones.

—No creo que gane la presidencia ese candidato. _____

(Ser/Caber) un milagro (*miracle*).

3. —Solicité un puesto de gerente en esa compañía, pero nunca me llamaron.

— _____ (Necesitar/Haber) muchos candidatos para el puesto y

(ellos) no _____ (tener/estar) tiempo de entrevistar a todo el mundo.

ESTRUCTURA 8.1 Lección 8

Quiz B

1 Conversaciones Completa las conversaciones con la forma correcta del condicional del verbo apropiado de la lista. No necesitas todos los verbos. (6 x 1 pt. each = 6 pts.)

caber	hacer
estar	poder
gastar	ser
haber	tener

1. —¿(Nosotros) _____ ver la televisión un rato? Quiero ver los resultados
   de las elecciones.

   —No creo que gane la presidencia ese candidato. _____ un milagro (*miracle*).

2. —Solicité un puesto de gerente en esa compañía, pero nunca me llamaron.

   —_____ muchos candidatos para el puesto y (ellos) no
   _____ tiempo de entrevistar a todo el mundo.

3. —Nicolás va a caminar desde el aeropuerto hasta su casa. Me dijo que jamás
   _____ dinero en un taxi.

   —Pues está loco. En mi vida yo _____ eso.

2 Combinar Combina elementos de las columnas para formar oraciones completas sobre lo que **no** harían estas personas durante su primer día de trabajo. Utiliza el condicional. (5 x 1 pt. each = 5 pts.)

Emilio y Julián	almorzar	¿?
tú	decir	
mi asistente/a y yo	leer	
usted	navegar	
la asesora	pedir	
ustedes	salir	

1. _____
2. _____
3. _____
4. _____
5. _____

3 Frases Completa las frases de manera lógica. Usa el condicional o el futuro, según corresponda. (3 x 1 pt. each = 3 pts.)

1. Mi mejor amigo/a imaginaba que nosotros/as...

   _____

2. Mis padres creían que yo...

   _____

3. Sé que este año...

   _____

3 Escribir Imagina que alguien de tu familia (tu padre, tu tío/a, etc.) tiene problemas con sus finanzas personales. Escríbele un correo electrónico en que le explicas qué harías tú para resolverlos. Dale por lo menos tres consejos. (3 pts. for grammar + 3 pts. for style and creativity = 6 pts.)

_____

_____

_____

_____

_____

_____

_____

_____

_____

_____

_____

_____

_____

_____

_____

_____

ESTRUCTURA 8.2

Lección 8

Quiz A

1 Emparejar Los empleados de una empresa acaban de pasar una semana muy dura. Empareja las frases de la columna A con las de la columna B para formar oraciones lógicas. (5 x 1 pt. each = 5 pts.)

A

_____ 1. Fue malo que los empleados

_____ 2. El gerente le exigió a la secretaria que

_____ 3. A todos nos pidieron que

_____ 4. Fue escandaloso que

_____ 5. El dueño de la compañía me prohibió que

B

a. llamara a todos los clientes en un día.

b. no descansaran durante la hora del almuerzo.

c. nos gritaran de esa forma durante la reunión.

d. saliera a pasear por unos minutos.

e. trabajáramos dos horas adicionales cada día.

2 Verbos Completa la tabla con la forma correcta de los verbos. (8 x 0.5 pt. each = 4 pts.)

Infinitivo	yo	nosotras	ustedes
olvidar	(1)	(2)	olvidaran
dormir	(3)	(4)	(5)
caerse	(6)	(7)	(8)

3 Escoger Selecciona la mejor opción para completar cada oración. (6 x 1 pt. each = 6 pts.)

1. Te recomendaron que no _____ el puesto.
   a. renunciaras
   b. renuncies

2. Tú y yo siempre coqueteamos como si _____ unos recién casados.
   a. seamos
   b. fuéramos

3. El señor Bolaños insiste en que ellos _____ en su casa a las diez en punto.
   a. estuvieran
   b. estén

4. Yo _____ que me des una oportunidad.
   a. quiera
   b. quisiera

5. Mis amigos esperan que la pobreza _____ del mundo.
   a. desaparezca
   b. desapareciera

6. ¿Dudabas que los sindicatos _____ sus objetivos?
   a. lograran
   b. logren

4 Completar Completa las oraciones con la forma correcta del imperfecto de subjuntivo del verbo apropiado. (5 x 1 pt. each = 5 pts.)

1. Deseaba unos padres que _____ en mí. (ir/creer)

2. En la fiesta no había nadie que _____ bailar como tú. (saber/comenzar)

3. Ana Sofía se vistió con mucha ropa, como si _____ una tormenta de nieve. (traer/haber)

4. ¿Quién te dijo que _____ esas mentiras? (repetir/conseguir)

5. El agente nos sugirió que _____ el cinturón de seguridad. (perder/ponerse)

     Lección 8 Estructura 8.2 Quiz A

ESTRUCTURA 8.2 Lección 8

Quiz B

1 Completar Completa las oraciones utilizando los verbos de la lista. Escribe la forma correcta del presente de subjuntivo o del imperfecto de subjuntivo, según corresponda. (8 x 0.75 pt. each = 6 pts.)

creer	ponerse
estar	repetir
haber	saber
querer	ser

1. El señor Bolaños insiste en que ellos _____ en su casa a las diez en punto.

2. ¿Quién te dijo que _____ esas mentiras?

3. Ana Sofía se vistió con mucha ropa, como si _____ una tormenta de nieve.

4. Yo _____ que me des una oportunidad.

5. Tú y yo siempre coqueteamos como si _____ unos recién casados.

6. El agente nos sugirió que _____ el cinturón de seguridad.

7. Deseaba unos padres que _____ en mí.

8. En la fiesta no había nadie que _____ bailar como tú.

2 Completar Completa las oraciones de forma lógica. Utiliza el imperfecto de subjuntivo o el pretérito, según corresponda. (3 x 2 pts. each = 6 pts.)

1. Yo quería que mi mejor amigo/a _____,

    pero _____.

2. El/La profesora de español nos recomendó que _____,

    pero _____.

3. Les dije a mis padres que _____,

    pero _____.

3 Escribir Piensa en tu niñez. Escribe lo que tú esperabas de los demás (tus padres, tus hermanos/as, tus amigos/as, tus maestros/as) y lo que ellos esperaban de ti. Puedes usar los verbos de la lista u otros. También utiliza como mínimo ocho formas del imperfecto de subjuntivo. (4 pts. for grammar + 4 pts. for style and creativity = 8 pts.)

aconsejar	pedir
desear	prohibir
esperar	recomendar
exigir	querer

_____
_____
_____
_____
_____
_____
_____
_____
_____
_____
_____
_____
_____
_____
_____
_____
_____
_____
_____

ESTRUCTURA 8.3   Lección 8

Quiz A

1 Emparejar Empareja las frases de la columna A con las de la columna B para formar oraciones lógicas. (5 x 1 pt. each = 5 pts.)

A

_____ 1. Si ella se jubilara,

_____ 2. Si mis padres me lo prohibían,

_____ 3. Si llamamos a Pablo,

_____ 4. Si se vuelve a casar,

_____ 5. Si me prestaras el dinero,

B

a. sus hijos no se lo perdonarán.

b. te lo daría.

c. no se lo tendría que pedir a mi padre.

d. le vamos a contar lo que pasó.

e. se sentiría muy sola.

f. no comía dulces.

2 ¿Lógico o ilógico? Alejandra es dueña de una empresa. Decide si lo que dice es **lógico (L)** o **ilógico (I)**. (5 x 1 pt. each = 5 pts.)

_____ 1. Si encuentro una secretaria capaz, la voy a contratar.

_____ 2. Ascendería a mis empleados si no trabajaran tan duro.

_____ 3. Los empleados no tendrán que ir al banco si el contador deposita los cheques automáticamente.

_____ 4. Si me quedaba dinero al final del año, lo invertía en la bolsa de valores.

_____ 5. Si recibiéramos las inversiones, acabaríamos en la bancarrota.

3 Completar Completa las oraciones con la respuesta apropiada. (6 x 1 pt. each = 6 pts.)

1. Si Jorge y Rocío _____ (consiguieran/consiguen) las entradas, estaremos en primera fila (*row*).

2. Si discutíamos, no _____ (había/habría) paz en la casa por días.

3. Si tú me _____ (propusieras/propones) matrimonio, te voy a decir que sí.

4. Si te gustaran las finanzas, ¿qué carrera _____ (seguirías/seguías)?

5. Si usted _____ (viera/ve) una flor exótica en la selva, no la toque.

6. Si yo _____ (conozco/conociera) a una persona famosa, le pediría su autógrafo.

4 Conversaciones Completa las conversaciones con la forma correcta de los verbos de la lista. No necesitas todos los verbos. (4 x 1 pt. each = 4 pts.)

comprar	ser
hacer	tener
llegar	venir

1. —Ustedes _____ tarde si _____ en bicicleta, ¿verdad?

   —Sí, y el jefe siempre nos regañaba (*scolded*).

2. —¿Qué _____ tú si _____ mucho tiempo libre y dinero ilimitado?

   —Viajaría y conocería todas las culturas del mundo.

ESTRUCTURA 8.3

Lección 8

Quiz B

1 Completar Completa las oraciones con la forma correcta del verbo apropiado de la lista. (6 x 1 pt. each = 6 pts.)

conseguir	proponer
encontrarse	seguir
haber	ver

1. Si te gustaran las finanzas, ¿qué carrera _____?

2. Si tú me _____ matrimonio, te voy a decir que sí.

3. Si discutíamos, no _____ paz en la casa por días.

4. Si Jorge y Rocío _____ las entradas, estaremos en primera fila (*row*).

5. Si usted _____ una flor exótica en la selva, no la toque.

6. Si yo _____ con una persona famosa, le pediría su autógrafo.

2 Frases Completa las frases de manera lógica, usando frases con **si**. (5 x 1 pt. each = 5 pts.)

1. ... mis amigos cambiarían de escuela.

_____

2. ... usted obtendrá el puesto de sus sueños.

_____

3. ... mis hermanos y yo caminábamos a la escuela.

_____

4. ... juegas al fútbol con tus amigos.

_____

5. ... no le den de comer.

_____

3 Situaciones Escribe una oración con **si** para describir lo que harías en cada una de estas situaciones. Usa el condicional y el imperfecto de subjuntivo. (5 pts. for grammar + 4 pts. for style and creativity = 9 pts.)

1. descubrir la cura contra el cáncer

   _____

2. ser acusado/a de un crimen por error

   _____

3. ver un ovni cerca de tu casa

   _____

4. ser empresario/a

   _____

5. tener una cita a ciegas hoy

   _____

CONTEXTOS

Lección 9

Quiz A

1 Seleccionar Selecciona la palabra que no está relacionada con cada grupo. (4 x 1 pt. each = 4 pts.)

1. a. sección de deportes
   b. titulares
   c. subtítulos
   d. sección de sociedad

2. a. grabar
   b. imprimir
   c. video musical
   d. rodar

3. a. parcialidad
   b. reportera
   c. periodista
   d. corresponsal

4. a. actualidad
   b. episodio
   c. acontecimiento
   d. en directo

2 ¿Cierto o falso? Decide si cada oración es **cierta** (**C**) o **falsa** (**F**). (4 x 1 pt. each = 4 pts.)

_____ 1. La portada es la sección del periódico donde suelen aparecer las tiras cómicas.

_____ 2. El público es la gente a quienes van dirigidos los medios de comunicación.

_____ 3. Una moda pasajera es una tendencia que se vuelve obsoleta en poco tiempo.

_____ 4. La banda sonora son las voces (*voices*) que se oyen en las películas dobladas.

3 Completar Completa el texto con las formas apropiadas de las palabras de la lista. No necesitas todas las palabras. (6 x 1 pt. each = 6 pts.)

actual	estrella pop
chisme	locutor(a)
de moda	oyente
emisora	redactor(a)
estar al tanto	tener buena fama

Buenas tardes. Soy Alfredo de Santos, su (1) _____ preferido, quien

les trae todos los (2) _____ sobre las vidas de las celebridades. Recuerden:

"Si quieres (3) _____, escucha a de Santos". Y ahora, mis queridos

(4) _____ , tengo una sorpresa para todos ustedes: la primera persona que

llame a nuestros estudios y que conteste correctamente la pregunta, ganará una cena con José Luis

Valdivieso. ¡Es cierto! Tendrás toda la noche para cenar y hablar con esta (5) _____,

en el restaurante (6) _____ Dos Palmares. Escuchen bien, la pregunta es...

4 Analogías Completa las analogías con las palabras apropiadas. (6 x 1 pt. each = 6 pts.)

1. documental : película :: anuncio : _____

2. revista : publicar :: cadena : _____

3. periódico : diario :: de último momento : _____

4. tira cómica : lector :: telenovela : _____

5. destacado : insignificante :: libertad de prensa : _____

6. televisión : canal :: radio : _____

CONTEXTOS

Lección 9

Quiz B

1 Identificar Escribe la palabra de vocabulario que mejor contesta cada pregunta. (8 x 0.75 pt. each = 6 pts.)

1. ¿Qué palabra describe a un reportero que no deja que sus opiniones influyan en sus reportajes?

   _____

2. ¿Quién es la persona que opina sobre la calidad de las películas? _____

3. ¿Cómo se llama la música que se oye en las películas y programas de televisión?

   _____

4. ¿Qué palabra describe una polémica que se debate mucho? _____

5. ¿Quién es la persona que revisa y corrige el texto de una revista? _____

6. ¿Cómo se llama una tendencia que se vuelve obsoleta en poco tiempo? _____

7. ¿Cómo se llama el medio de comunicación que publica chismes y noticias exageradas?

   _____

8. ¿Quién es la persona que se suscribe a un diario? _____

2 Tu opinión Contesta las preguntas con oraciones completas. (3 x 2 pts. each = 6 pts.)

1. Si te ofrecieran un trabajo bien pagado en una revista de la prensa sensacionalista,
   ¿lo aceptarías? ¿Por qué?

   _____

   _____

2. ¿Cuál es peor, la parcialidad o la censura? ¿Por qué?

   _____

   _____

3. Dentro de 50 años, ¿qué medio de comunicación será el más influyente? ¿Por qué?

   _____

   _____

3 Escribir Imagina que tienes la oportunidad de entrevistar a un(a) periodista controvertido/a. Escribe cuatro preguntas que le harías. Luego escribe las respuestas que crees que daría el/la periodista.
(3 pts. for grammar + 5 pts. for vocabulary and style = 8 pts.)

_____

_____

_____

_____

_____

_____

_____

_____

_____

_____

_____

_____

_____

_____

_____

_____

_____

_____

_____

_____

_____

_____

_____

ESTRUCTURA 9.1 Lección 9

Quiz A

1 Transformar Escribe las oraciones de nuevo para que expresen lo contrario. Usa el pretérito perfecto de indicativo o de subjuntivo, según corresponda. (4 x 1 pt. each = 4 pts.)

> **modelo**
> No es obvio que este juez haya sido imparcial.
> **Es obvio que este juez ha sido imparcial.**

1. Esteban cree que esos documentales han recibido buenas críticas.

   _____

2. Dudamos que el público se haya enterado del escándalo.

   _____

3. Es verdad que nosotros hemos estado al tanto de las elecciones.

   _____

4. No estoy seguro de que ustedes hayan entendido bien el mensaje.

   _____

2 Completar Completa las oraciones con la forma correcta del pretérito perfecto de subjuntivo del verbo apropiado. (5 x 1 pt. each = 5 pts.)

1. Siento que la empresa no te _____. (contratar/grabar)

2. Me molesta que tú _____ de vacaciones sin mí. (hacer/irse)

3. Mis padres dudan que yo _____ el balcón. (cerrar/barrer)

4. ¿Te alegra que nosotros _____ a verte? (venir/dar)

5. No es justo que Isabel y Gloria _____ mis regalos. (proteger/abrir)

3 Titulares Escribe oraciones para reaccionar a estos titulares. Usa el pretérito perfecto de subjuntivo. (5 x 1 pt. each = 5 pts.)

> **modelo**
> Niña de doce años recibe el Premio Nobel de Literatura (dudar que)
> **Dudo que una niña de doce años haya recibido el Premio Nobel de Literatura.**

1. Tigres atacan a reporteros durante noticiero en vivo (ser terrible que)

   _____

2. Muere un señor de 127 años (no creer que)

   _____

3. Estudiantes se hacen ricos vendiendo bolígrafos por Internet (ser posible que)

   _____

4. Imponen censura en la prensa rusa (no ser justo que)

   _____

5. Científicos descubren la cura contra el resfriado (esperar que)

   _____

4 Conversaciones Completa las conversaciones con la forma correcta del pretérito perfecto de indicativo o de subjuntivo. No repitas los verbos. (6 x 1 pt. each = 6 pts.)

acabar	estudiar
decir	hacer
encontrar	rodar

1. —Quiero renunciar a mi trabajo como periodista.

   —Me sorprende que tú _____ eso. Siempre me hablabas de lo bien que lo pasabas con tus compañeros.

   —Ellos siguen siendo mis amigos. ¡Pero nuestro jefe quiere que publiquemos mentiras! No es ético.

   —Pues hasta que (tú) no _____ otro empleo, no renuncies.

2. —¿Les molesta que _____ los pastelitos?

   —No, para nada. Nosotros los _____ para que los comas.

3. —Quiero conocer al director que _____ películas en nuestra ciudad.

   —Pues hoy es tu día de la suerte. Vi un anuncio en el periódico; buscan jóvenes que _____ actuación y danza.

ESTRUCTURA 9.1

Lección 9

Quiz B

1 Conversaciones Completa las conversaciones con la forma correcta del pretérito perfecto de indicativo o de subjuntivo. No necesitas todos los verbos. (6 x 1 pt. each = 6 pts.)

acabar	ir
buscar	rodar
decir	traer
estudiar	volver

1. —¿Les molesta que yo _____ los pastelitos?

   —No, para nada. Nosotros los _____ para que los comas.

2. —Quiero conocer al director que _____ películas en nuestra ciudad.

   —Pues hoy es tu día de la suerte. Vi un anuncio en el periódico; buscan jóvenes que
   _____ actuación y danza.

3. —Quiero renunciar a mi trabajo como periodista.

   —Me sorprende que tú _____ eso. Siempre me hablabas de lo bien que lo pasabas
   con tus compañeros.

   —Ellos siguen siendo mis amigos. ¡Pero nuestro jefe quiere que publiquemos mentiras!
   No es ético.

   —Pues hasta que (tú) no _____ otro empleo, no renuncies.

2 Titulares Escribe oraciones lógicas para reaccionar a estos titulares. Usa el pretérito perfecto de subjuntivo y las expresiones de la lista. (6 x 1 pt. each = 6 pts.)

dudar que	ser bueno que
esperar que	ser posible que
no creer que	ser terrible que
no ser justo que	sorprenderme que

modelo

Arrestan a viajeros por no llevar el cinturón de seguridad
Me sorprende que hayan arrestado a viajeros por no llevar el cinturón de seguridad.

1. Estudiantes se hacen ricos vendiendo bolígrafos por Internet

    _____

2. Científicos descubren la cura contra el resfriado

    _____

3. Tigres atacan a reporteros durante noticiero en vivo

    _____

4. Muere un señor de 127 años

    _____

5. Imponen censura en la prensa rusa

    _____

6. Niña de doce años recibe el Premio Nobel de Literatura

    _____

3 Escribir Imagina que tu mejor amigo/a está muy deprimido/a porque no lo/la han aceptado en la universidad donde quisiera estudiar. Escríbele un mensaje a tu amigo/a para animarlo/la. Usa como mínimo dos formas del pretérito perfecto de indicativo y dos formas del pretérito perfecto de subjuntivo. (4 pts. for grammar + 4 pts. for style and creativity = 8 pts.)

_____

_____

_____

_____

_____

_____

_____

_____

ESTRUCTURA 9.2   Lección 9

Quiz A

1 Escoger Selecciona la mejor opción para completar cada oración. (8 x 1 pt. each = 8 pts.)

1. ¿Dónde queda el edificio en _____ trabaja Ricardo?
   a. cuya
   b. el cual
   c. cual

2. Joaquín y Andrés, a _____ conocí el año pasado, trabajan para el canal 5.
   a. que
   b. quienes
   c. quien

3. Las asesoras con _____ almorzamos nos invitaron a un restaurante chino.
   a. las que
   b. quien
   c. los que

4. Busco a la señora _____ apellido es Duarte.
   a. cuya
   b. quien
   c. cuyo

5. Éste es el chico _____ te hablé.
   a. del que
   b. el que
   c. quien

6. Los documentales _____ hace ese director son muy controvertidos.
   a. los que
   b. los cuales
   c. que

7. El guía _____ le di los veinte dólares nunca me mostró las ruinas.
   a. quien
   b. al que
   c. a los que

8. Ayer entrevisté a las víctimas del terremoto, _____ destruyó las casas de la zona.
   a. el que
   b. las que
   c. quienes

2 Conversaciones Completa las conversaciones utilizando las palabras de la lista. No necesitas todas las palabras. Una se usa dos veces. (8 x 1 pt. each = 8 pts.)

con quienes	en el que
cuyas	para la cual
cuyos	que
de la que	quienes

1. —¿Por qué se canceló la rueda de prensa (*press conference*) con el presidente de la compañía?

   —Ah, porque los periodistas llegaron tarde por la tormenta, _____ causó accidentes y congestionamiento en toda la ciudad.

   —Entonces, ¿cuándo sabremos la opinión del presidente acerca de la contaminación?

   —Las personas _____ quieren enviarle preguntas lo pueden hacer por correo electrónico.

2. —Mira. Ese señor, _____ gafas son rosadas, está tomando un mate.

   —Y ¿cómo conoces tú el mate?

   —Mis vecinos, _____ visitan Buenos Aires todos los años, siempre me lo traen.

   —Y, ¿son ellos _____ lo tomas?

   —No, con los compañeros del trabajo. Ahora les fascina el mate.

3. —Conoces a Martín, ¿verdad?

   —Por supuesto. Es el chico _____ padres trabajan para la emisora.

   —No, hombre. Ése es Javier. La prensa sensacionalista _____ escriben los padres de Martín recibió diez demandas (*lawsuits*) el año pasado.

   —No me digas.

   —Sí. Creo que van a tener que buscar otro campo _____ puedan trabajar.

3 Emparejar Primero completa las oraciones con pronombres relativos. Luego empareja cada definición de la columna A con la palabra de la columna B. (4 x 1 pt. each = 4 pts.)

A

_____ 1. Es el documento _____ contiene el diálogo de una película.

_____ 2. Son las personas para _____ se escriben los artículos.

_____ 3. Son los cuartos _____ las estrellas se arreglan.

_____ 4. Es una persona _____ trabajo consiste en editar textos.

B

a. los lectores

b. la tira cómica

c. el guión

d. el redactor

e. los camerinos

f. los corresponsales

ESTRUCTURA 9.2

Lección 9

Quiz B

1 Conversaciones Completa las conversaciones utilizando las palabras de la lista. No necesitas todas las palabras. Una palabra se usa dos veces. (8 x 0.75 pt. each = 6 pts.)

con quienes	en el que
cuyas	para la cual
cuyos	que
de la que	quienes

1. —Conoces a Martín, ¿verdad?

   —Por supuesto. Es el chico _____ padres trabajan para la emisora.

   —No, hombre. Ése es Javier. La prensa sensacionalista _____ escriben

   los padres de Martín recibió diez demandas (*lawsuits*) el año pasado.

   —No me digas.

   —Sí. Creo que van a tener que buscar otro campo _____

   puedan trabajar.

2. —¿Por qué se canceló la rueda de prensa (*press conference*) con el presidente de la compañía?

   —Ah, porque los periodistas llegaron tarde por la tormenta, _____ causó

   accidentes y congestionamiento en toda la ciudad.

   —Entonces, ¿cuándo sabremos la opinión del presidente acerca de la contaminación?

   —Las personas _____ quieren enviarle preguntas lo pueden hacer por

   correo electrónico.

3. —Mira. Ese señor, _____ gafas son rosadas, está tomando un mate.

   —Y ¿cómo conoces tú el mate?

   —Mis vecinos, _____ visitan Buenos Aires todos los años, siempre me lo traen.

   —Y, ¿son ellos _____ lo tomas?

   —No, con los compañeros del trabajo. Ahora les fascina el mate.

2 Definir Escribe definiciones para estas palabras, usando pronombres relativos. (6 x 1 pt. each = 6 pts.)

1. el video musical

_____

2. los astronautas

_____

3. el público

_____

4. las vacas

_____

5. la sección de sociedad

_____

6. el corrector ortográfico

_____

3 Escribir Escribe un párrafo breve para describir una mañana típica en tu casa. Usa por lo menos seis pronombres relativos. (4 pts. for grammar + 4 pts. for style and creativity = 8 pts.)

_____

_____

_____

_____

_____

_____

_____

_____

_____

_____

_____

_____

_____

_____

ESTRUCTURA 9.3   Lección 9

Quiz A

1 Escoger Selecciona la mejor opción para completar cada oración. (6 x 1 pt. each = 6 pts.)

1. _____ me molesta del campo son los insectos.
   a. Lo que
   b. Qué
   c. Lo

2. Lo _____ de la fiesta fueron los regalos que recibí.
   a. que
   b. mejor
   c. interesantes

3. Me sorprende lo _____ que es Lourdes.
   a. autoritario
   b. bien
   c. autoritaria

4. Para mí, lo _____ urgente es quitar el polvo.
   a. menos
   b. que
   c. peor

5. _____ controvertido del documental es que acusa al presidente de ser corrupto.
   a. Qué
   b. Lo que
   c. Lo

6. Verás lo _____ funciona esta computadora.
   a. rápida que
   b. rápido que
   c. rápido

2 Transformar Escribe estas oraciones de nuevo, usando **lo que** o **lo** + [adjetivo/adverbio] + **que**.
(6 x 1 pt. each = 6 pts.)

1. No te puedes imaginar qué horrible me siento.

   _____

2. Dime qué pasó durante la reunión.

   _____

3. ¿No has visto qué delgadas están Gabriela y su hermana?

   _____

4. Me he dado cuenta de qué lento maneja Simón.

   _____

5. Ahora sabemos qué importantes son los estudios.

   _____

6. ¿No entiendes qué quiero decir?

   _____

3 En el gimnasio Completa la conversación utilizando las palabras de la lista. No vas a usar todas las
palabras de la lista. Escribe una **X** si no se necesita ninguna. (8 x 1 pt. each = 8 pts.)

ideal	lo que
lo bien	más importante
lo divertidas	que
lo	qué

ENTRENADOR Tomás, ¿ (1) _____ metas (*goals*) tienes este año?

TOMÁS Sinceramente, (2) _____ difícil para mí siempre ha sido bajar

de peso. Me gustaría perder unos ocho o diez kilos. Pero en realidad lo

(3) _____ es estar sano y estar en forma.

ENTRENADOR Pues, si quieres adelgazar, es cuestión de quemar más calorías de las que consumes.

TOMÁS Y, ¿cuántas calorías debo consumir cada día?

ENTRENADOR Para un hombre de tu edad y estatura, lo (4) _____ sería unas

dos mil calorías diarias. Y también (5) _____ hay que hacer

bastante ejercicio cardiovascular.

TOMÁS Ah, sí. Muchas veces no tengo ganas de correr, pero de verdad no sabes

(6) _____ que me siento después de hacerlo.

ENTRENADOR Pues, para que no te aburras corriendo en la cinta caminadora, ¿por qué no asistes a

algunas clases? Todo el mundo comenta (7) _____ que son.

TOMÁS Buena idea... ¿hay un costo adicional para las clases?

ENTRENADOR No, ninguno. (8) _____ tienes que hacer es apuntar tu nombre

(*sign up*) por lo menos un día antes.

ESTRUCTURA 9.3

Quiz B

Lección 9

1 En el gimnasio Completa la conversación utilizando las palabras de la lista. No vas a usar todas las palabras de la lista. Escribe una **X** si no se necesita ninguna. (8 x 0.75 pt. each = 6 pts.)

ideal	**lo que**
lo bien	**más importante**
lo divertidas	**que**
lo	**qué**

ENTRENADOR Tomás, ¿(1) _____ metas (*goals*) tienes este año?

TOMÁS Sinceramente, (2) _____ difícil para mí siempre ha sido bajar de peso. Me gustaría perder unos ocho o diez kilos. Pero en realidad lo (3) _____ es estar sano y estar en forma.

ENTRENADOR Pues, si quieres adelgazar, es cuestión de quemar más calorías de las que consumes.

TOMÁS Y, ¿cuántas calorías debo consumir cada día?

ENTRENADOR Para un hombre de tu edad y estatura, lo (4) _____ sería unas dos mil calorías diarias. Y también (5) _____ hay que hacer bastante ejercicio cardiovascular.

TOMÁS Ah, sí. Muchas veces no tengo ganas de correr, pero de verdad no sabes (6) _____ que me siento después de hacerlo.

ENTRENADOR Pues, para que no te aburras corriendo en la cinta caminadora, ¿por qué no asistes a algunas clases? Todo el mundo comenta (7) _____ que son.

TOMÁS Buena idea... ¿hay un costo adicional para las clases?

ENTRENADOR No, ninguno. (8) _____ tienes que hacer es apuntar tu nombre (*sign up*) por lo menos un día antes.

2 Conversaciones Escribe una oración o pregunta lógica para cada respuesta. Usa expresiones con **lo**. ¡Sé creativo/a! (4 x 1.25 pts. each = 5 pts.)

1. — _____
   — Pues, primero el jefe habló de las inversiones y luego su asesor hizo una presentación.

2. — _____
   — A nadie le importa lo trabajadoras que son; sólo se fijan en su belleza.

3. — _____
   — Cuéntame por qué te sientes así.

4. — _____
   — No, no entiendo nada. Explícamelo de otra forma.

| 139 | **Lección 9   Estructura 9.3**   Quiz B

3 Escribir Escribe un párrafo para describir tus opiniones acerca de tu escuela. Usa **lo** + [adjetivo], **lo** + [adjetivo/adverbio] + **que**, **lo que** y **qué**. (6 pts. for grammar + 3 pts. for style and creativity = 9 pts.)

CONTEXTOS

Quiz A

Lección 10

1 Clasificar Escribe cada palabra en la categoría apropiada. No necesitas dos de las palabras.
(6 x 0.5 pt. each = 3 pts.)

artesana	ensayista
autorretrato	hojear
costumbre	óleo
efectos especiales	policíaco

La literatura

_____

_____

Las bellas artes

_____

_____

La gente

_____

_____

2 ¿Cierto o falso? Decide si cada oración es **cierta (C)** o **falsa (F)**. (4 x 1 pt. each = 4 pts.)

_____ 1. Una novela rosa es una colección de poemas románticos.

_____ 2. En una naturaleza muerta suele aparecer el pintor de la obra.

_____ 3. Una acuarela es un tipo de cuadro.

_____ 4. El argumento de una obra es el momento de mayor conflicto entre los personajes.

3 Completar Completa el párrafo con las respuestas apropiadas. (6 x 1 pt. each = 6 pts.)

Acabo de empezar *Vivir para contarla*, la (1) _____ (naturaleza muerta/

autobiografía) del (2) _____ (novelista/muralista) y cuentista Gabriel

García Márquez. El comienzo del libro (3) _____ (se trata/se desarrolla)

en Aracataca, el lugar de nacimiento del autor. Lo intrigante es que el lector jamás se aburre, no sólo por

su (4) _____ (rima/prosa) opulenta, sino porque García Márquez utiliza

la misma técnica que emplea en su ficción: el (5) _____

(realismo/autorretrato) mágico. Este (6) _____ (gusto/estilo) literario, que muchas

veces se confunde con el surrealismo, presenta acontecimientos maravillosos como si fueran reales.

4 Analogías Completa las analogías utilizando las palabras de la lista. No necesitas todas las palabras.
(7 x 1 pt. each = 7 pts.)

corriente	llamativo
didáctico	narrar
esculpir	pincel
estrofas	punto de vista
infantil	tela

1. muralista : pintar :: escultor : _____

2. ciencia ficción : género :: cubismo : _____

3. escritor : bolígrafo :: muralista : _____

4. oscuro : luminoso :: aburrido : _____

5. entretener : humorístico :: enseñar : _____

6. obra de teatro : actos :: poema : _____

7. poeta : papel :: pintor : _____

CONTEXTOS

Quiz B

Lección 10

1 Analogías Completa las analogías con las palabras apropiadas. (7 x 1 pt. each = 7 pts.)

1. ciencia ficción : género :: cubismo : _____

2. oscuro : luminoso :: aburrido : _____

3. poeta : papel :: pintor : _____

4. muralista : pintar :: escultor : _____

5. obra de teatro : actos :: poema : _____

6. entretener : humorístico :: enseñar : _____

7. escritor : bolígrafo :: muralista : _____

2 Definir Escribe definiciones para estas palabras. (6 x 1 pt. each = 6 pts.)

1. protagonista

_____

2. naturaleza muerta

_____

3. argumento

_____

4. hojear

_____

5. dramaturgo

_____

6. novela rosa

_____

3 Escribir Piensa en una famosa obra de arte que encuentras intrigante o inquietante. Escribe un párrafo para explicar su corriente artística, el estilo del/de la artista, los elementos más destacados de la obra, por qué (no) te gusta y cuál crees que fue la intención del/de la artista al hacerla.

(2 pts. for grammar + 5 pts. for vocabulary and style = 7 pts.)

ESTRUCTURA 10.1   Lección 10

Quiz A

1 Completar Completa las oraciones con la forma correcta del futuro perfecto. (5 x 1 pt. each = 5 pts.)

1. Cuando regreses del supermercado, Diego y yo _____ los archivos. (descargar)

2. Para el fin de año, la escultora _____ sus obras en una exposición. (poner)

3. Ustedes _____ dentro de tres horas. (irse)

4. Antes de que me jubile, _____ al puesto de ejecutiva. (ascender)

5. Me imagino que tú ya _____ de lo que pasó ayer. (enterarse)

2 Transformar Diez años después de graduarte, asistes a la reunión para reencontrarte con tus ex compañeros de clase. Escribe las oraciones de nuevo, usando el futuro perfecto para hacer suposiciones. (5 x 1 pt. each = 5 pts.)

> *modelo*
> Patricia consiguió el puesto de sus sueños en una compañía de Internet.
> **Patricia habrá conseguido el puesto de sus sueños en una compañía de Internet.**

1. Yolanda y Luis se enamoraron y se fueron a vivir al Caribe.

   _____

2. Olvidé los apellidos de muchos compañeros de clase.

   _____

3. A Mauricio y a David se les cayó todo el pelo.

   _____

4. Ignacio le propuso matrimonio a Marlene.

   _____

5. Armando y yo no fuimos los únicos que se mantuvieron en contacto.

   _____

3 Conversaciones Completa las conversaciones con el futuro perfecto del verbo apropiado.
(6 x 1 pt. each = 6 pts.)

1. —Antes de cumplir los treinta años, ¿usted _____ (dejar/tener) hijos?

   —No creo. Para entonces mi esposo y yo apenas _____

   (establecer/reflejar) un hogar.

2. —¡Acabamos de ver a Cristina Aguilera en el supermercado!

   —No puede ser. Ustedes _____ (conocerla/confundirla) con otra.

3. —Me imagino que ya _____ (desarrollarse/enterarse) de lo que pasó

   ayer en la reunión.

   —No, no sabemos nada. ¡Cuéntanos todo!

   —El asesor dijo que dentro de dos meses todo el departamento _____

   (mudarse/caber) a la India.

   —¿Y eso?

   —Ah, no sé. El dueño _____ (valerlo/decidirlo) por la situación con los sindicatos.

4 Oraciones Forma oraciones completas con los elementos dados. Usa el futuro perfecto y haz todos los
cambios necesarios. (4 x 1 pt. each = 4 pts.)

1. para la semana que viene / yo / ahorrar / doscientos / dólares

   _____

2. Adrián y Natalia / hacerse / famoso / dentro de diez años

   _____

3. Piedad y yo / resolver / nuestro / problemas / para diciembre

   _____

4. dentro de seis meses / tú / romper / con / tu novia

   _____

ESTRUCTURA 10.1

Lección 10

Quiz B

1 Conversaciones Completa las conversaciones con el futuro perfecto del verbo apropiado de la lista. No necesitas todos los verbos. (6 x 1 pt. each = 6 pts.)

caber	establecer
confundirla	mudarse
conocerla	reflejar
decidirlo	tener
enterarse	valerlo

1. —Me imagino que tú ya _____ de lo que pasó ayer en la reunión

   —No, no sé nada. ¡Cuéntame todo!

   —El asesor dijo que dentro de dos meses todo el departamento _____ a la India.

   —¿Y eso?

   —Ah, no sé. El dueño _____ por la situación con los sindicatos.

2. —¡Acabamos de ver a Cristina Aguilera en el supermercado!

   —No puede ser. Ustedes _____ con otra.

3. —Antes de cumplir los treinta años, ¿usted _____ hijos?

   —No creo. Para entonces mi esposo y yo apenas _____ un hogar.

2 Suposiciones Lee estos titulares internacionales y, para cada uno, escribe una suposición lógica usando el futuro perfecto. ¡Sé creativo/a! (4 x 1 pt. each = 4 pts.)

> **modelo**
>
> Erradican la pobreza en país africano
>
> **El gobierno habrá aumentado el sueldo mínimo.**

1. Informe ecológico: 90% de los ríos estadounidenses están contaminados

   _____

2. Erupción del Monte Vesubio cubre a Nápoles en lava volcánica

   _____

3. Pequeña acuarela de Picasso se vende por $2 millones

   _____

4. Ranas de árbol desaparecen misteriosamente de la selva amazónica

   _____

3 Escribir Imagina que ya han pasado diez años desde que te graduaste y vas a la reunión para verte con tus ex compañeros/as de clase. Escribe un párrafo describiendo lo que tú (no) habrás hecho para esa fecha. Luego escribe suposiciones sobre lo que (no) habrán hecho tus ex compañeros/as. Utiliza el futuro perfecto y por lo menos ocho verbos de la lista.

(5 pts. for grammar + 5 pts. for style and creativity = 10 pts.)

aprender	irse
casarse	mantenerse
conocer	romper
conseguir	tener
descubrir	viajar
enamorarse	vivir
hacerse	

_____

_____

_____

_____

_____

_____

_____

_____

_____

_____

_____

_____

_____

_____

_____

_____

_____

_____

ESTRUCTURA 10.2   Lección 10

Quiz A

1 ¿Quién lo dice? Ayer llovió muchísimo y se canceló la feria de arte al aire libre. Decide si quien dice cada frase es **artesano/a (A)** o alguien del **público (P)**. Si puede ser un comentario de **ambos** (*both*), escribe **AP**. (5 x 1 pt. each = 5 pts.)

Si la feria no se hubiera cancelado (*hadn't been canceled*), ...

_____ 1. mis compañeros y yo habríamos vendido las esculturas abstractas.

_____ 2. yo habría conseguido el óleo que hace falta en mi sala.

_____ 3. mi familia y yo habríamos tenido que levantarnos más temprano.

_____ 4. no habría perdido lo que gasté en los boletos.

_____ 5. habría explicado las fuentes de mi inspiración artística.

2 Completar Completa las oraciones con el condicional perfecto de los verbos entre paréntesis. (5 x 1 pt. each = 5 pts.)

1. Ustedes _____ imparciales. (ser)

2. Yo, en su lugar, _____ el vestido antes de comprarlo. (probarse)

3. De no ser cantante, tú _____ famosa en el cine. (hacerse)

4. Sin tu ayuda, nosotros nunca _____. (terminarlo)

5. ¿_____ usted vivir en otra ciudad? (preferir)

3 Oraciones España vivió una larga dictadura bajo Francisco Franco. De no haber vivido con tanta censura cultural, mucha gente habría hecho cosas de distinta manera. Forma oraciones completas con los elementos dados. Usa el condicional perfecto y haz todos los cambios necesarios.
(4 x 1.25 pt. each = 5 pts.)

1. las editoriales (*publishers*) / publicar / más / libros / en / catalán

   _____

2. el poeta / Pedro Salinas / no / morirse / en / el exilio

   _____

3. mis hermanos y yo / leer / más / novelas / extranjero

   _____

4. haber / menos / películas / doblado

   _____

4 Situaciones Después de que se canceló por la lluvia, la feria de arte al aire libre se reprogramó para otra fecha, pero a mucha gente no le gustó. Lee lo que dice el director de la feria y escribe lo que tú habrías hecho de manera diferente. (4 x 1.25 pts. each = 5 pts.)

> **modelo**
> Mi esposa y yo preparamos los refrigerios (*refreshments*). (contratar un servicio de banquetes)
> **Yo habría contratado un servicio de banquetes.**

1. Cada artesano me tuvo que pagar 300 dólares para participar. (no cobrarles nada)

   _____

2. Decidí no reembolsar (*reimburse*) al público por los boletos que habían comprado.
   (devolverle el dinero)

   _____

3. Mis amigos me aconsejaron que sólo incluyera arte realista. (exponer arte de todas
   las corrientes artísticas)

   _____

4. Vinieron unos locutores de radio. (invitar a fotógrafos de la prensa)

   _____

ESTRUCTURA 10.2   Lección 10

Quiz B

1 Oraciones España vivió una larga dictadura bajo Francisco Franco. De no haber vivido con tanta censura cultural, mucha gente habría hecho cosas de distinta manera. Forma oraciones completas con los elementos dados. Usa el condicional perfecto y haz todos los cambios necesarios.
(6 x 1 pt. each = 6 pts.)

1. mis hermanos y yo / leer / más / novelas / extranjero

_____

2. las editoriales (*publishers*) / publicar / más / libros / en / catalán

_____

3. haber / menos / películas / doblado

_____

4. tú / escribir / artículos / para / el periódico / liberal

_____

5. ustedes / estudiar / gallego / en / la escuela

_____

6. el poeta / Pedro Salinas / no / morirse / en / el exilio

_____

2 Opinar Para cada una de estas categorías, piensa en dos ejemplos artísticos y escribe tus opiniones de cómo se podrían haber hecho mejor. Usa el futuro perfecto. (3 x 2 pts. each = 6 pts.)

> **modelo**
> las películas de ciencia ficción
> **Peter Jackson habría dirigido *La guerra de las galaxias* mejor que George Lucas. Prim habría sobrevivido al final de *Los juegos del hambre*.**

1. las novelas

_____

_____

2. la música pop

_____

_____

3. la pintura

_____

_____

Quizzes

3 Una niñez diferente ¿Cómo habría sido diferente tu niñez si hubieras crecido en otro país? Escoge un país específico y describe cómo el vivir allí habría afectado tu vida: tu nombre, las comidas, los idiomas, los gustos y los pasatiempos, la relación entre tú y tus padres, etc. Escribe un párrafo breve para explicar tu respuesta. ¡Sé creativo/a! (4 pts. for grammar + 4 pts. for style and creativity = 8 pts.)

_____

_____

_____

_____

_____

_____

_____

_____

_____

_____

_____

_____

_____

_____

_____

_____

_____

_____

_____

_____

_____

_____

_____

| 152 |

ESTRUCTURA 10.3 Lección 10

Quiz A

1 Emparejar Empareja las frases de la columna A con las de la columna B para formar oraciones lógicas. (6 x 0.5 pt. each = 3 pts.)

A	B
_____ 1. Me habrías visto	a. ustedes habrían apreciado las obras en persona.
_____ 2. No era verdad que	b. si nuestras clases hubieran terminado a la misma hora.
_____ 3. Si me hubiera mantenido en contacto con él,	c. nos habríamos casado.
_____ 4. Me alegró que	d. hubieras pensado en mí.
_____ 5. No habríamos dicho nada	e. si hubiéramos sabido que te iba a ofender.
_____ 6. Si hubieran conseguido las entradas,	f. se hubiera perdido para siempre la última estrofa del poema.
	g. se me habría olvidado su nombre.

2 Transformar Escribe estas oraciones de nuevo, usando el pluscuamperfecto del subjuntivo. (5 x 1 pt. each = 5 pts.)

> **modelo**
> Dudo que María Luz haya borrado los archivos.
> **Dudaba que María Luz hubiera borrado los archivos.**

1. Ustedes no creen que yo lo haya construido.

   _____

2. Me molesta que ustedes hayan usado el auto sin consultarme.

   _____

3. No es posible que hayamos recorrido todo el pueblo.

   _____

4. Susana se alegra de que le hayan dado el premio.

   _____

5. Dudamos que hayas estado tan enfermo.

   _____

3 Completar Completa las oraciones con la forma correcta del pluscuamperfecto del subjuntivo del verbo apropiado. (6 x 1 pt. each = 6 pts.)

1. —No era cierto que los novios _____ en un crucero. (extinguirse/conocerse)

2. —¿Les sorprendió que yo _____ eso? (jubilarse/decir)

3. —Si _____, ellos habrían cancelado el viaje. (nevar/traer)

4. —Mis padres se alegraron de que nosotros _____ bien. (llevarse/odiar)

5. —A usted le habrían dado la patente si la _____. (soñar/pedir)

6. —No había nadie que _____ traducir ese poema. (poder/comenzar)

4 Conversación Completa las oraciones con la forma correcta del pluscuamperfecto del subjuntivo del verbo apropiado. (6 x 1 pt. each = 6 pts.)

buscar	hacer
despedir	negar
haber	prender

CATALINA ¿Supiste algo de la huelga?

MATÍAS No, no sé nada.

CATALINA Si (1) _____ la televisión al mediodía, habrías visto las imágenes

en vivo.

MATÍAS Pero, dime, ¿era verdad que la empresa (2) _____ el pago

(*pay*) a sus trabajadores contratados a corto plazo?

CATALINA Eso todavía no se ha confirmado. Me sorprendió que (3) _____

tanta gente a favor de los trabajadores. Hasta los periodistas parecían haber perdido

la imparcialidad.

MATÍAS ¿Dijeron algo los representantes de la empresa?

CATALINA No. Pero te digo que si ellos (4) _____ comentarios desde

el principio, la empresa habría parecido menos culpable.

ESTRUCTURA 10.3   Lección 10

Quiz B

1 Completar Completa las oraciones con la forma correcta del verbo apropiado de la lista. Usa el pluscuamperfecto del subjuntivo. No necesitas todos los verbos. (6 x 1 pt. each = 6 pts.)

conocerse	nevar
decir	pedir
jubilarse	saber
llevarse	

1. A usted le habrían dado la patente si la _____.

2. Si _____, ellos habrían cancelado el viaje.

3. ¿Les sorprendió que yo _____ eso delante del profesor?

4. No había nadie que _____ traducir el poema.

5. No era cierto que los novios _____ en un crucero.

6. Mis padres se alegraron de que nosotros _____ bien.

2 Frases Completa las frases de manera lógica, usando el pluscuamperfecto del subjuntivo. (4 x 1.25 pts. each = 5 pts.)

1. A mis padres les molestó que...

   _____

2. La semana pasada mis amigos/as y yo habríamos ido a... si...

   _____

3. Mi hermano/a dudaba que...

   _____

4. Mi novio/a se habría enojado si...

   _____

3 Escribir Piensa en el verano pasado y escribe un párrafo para describir tus reacciones a lo que pasó y lo que habrías hecho de manera distinta. Usa el pluscuamperfecto del subjuntivo, el condicional perfecto y expresiones como **alegrarse de que, molestar que, ser imposible que, no creer que,** etc.
(6 pts. for grammar + 3 pts. for style and creativity = 9 pts.)

_____

_____

_____

_____

_____

_____

_____

_____

_____

_____

_____

_____

_____

_____

_____

_____

_____

_____

_____

_____

_____

_____

_____

Quizzes

TEST A   Lección 1

Las relaciones personales

1 ¡Un divorcio que funciona! Alberto y Elena están divorciados. Escucha su historia e indica si lo que afirman las oraciones es **cierto** o **falso**. (8 x 2 pts. each = 16 pts.)

Cierto	Falso	
_____	_____	1. Alberto es mentiroso e irresponsable.
_____	_____	2. Alberto y Elena se divorciaron hace cuatro años.
_____	_____	3. Ellos tienen tres hijos.
_____	_____	4. A Alberto y a Elena no les gusta discutir delante de sus hijos.
_____	_____	5. Los niños son cariñosos y responsables.
_____	_____	6. Alberto vive en las afueras de la ciudad.
_____	_____	7. Los fines de semana, Alberto va al zoológico con los niños.
_____	_____	8. Alberto y Elena se sienten muy orgullosos de sus hijos.

2 Esteban y su esposa Completa el texto utilizando palabras y frases de la lista. (9 x 2 pts. each = 18 pts.)

cariñosa	flexibles	rompe con
desánimo	le hacemos caso	se llevan
discuten	lo pasan bien	se siente agobiado
enamorados	marido	sueña con
está muy orgulloso de	mujer	tacaña

Esteban y su esposa son muy (1) _____, y por eso (2) _____ tan bien.
Ellos son marido y (3) _____ y se conocen desde hace muchos años. Pocas veces
(4) _____ y cuando lo hacen casi siempre es porque Esteban (5) _____ por el trabajo.
Esteban (6) _____ su esposa porque ella tiene mucha paciencia y es muy
(7) _____. La verdad es que los dos (8) _____ juntos y están muy
(9) _____.

3 Busco una cita Completa el párrafo que Paula escribió con las formas apropiadas de **ser** y **estar**.
(9 x 2 pts. each = 18 pts.)

Me llamo Paula y (1) _____ muy buena estudiante. (2) _____ en la escuela
secundaria. (3) _____ una joven atractiva y simpática. Mis amigos piensan que
(4) _____ un poco insegura, pero eso no (5) _____ verdad. Por lo general,
(yo) (6) _____ una persona muy alegre, pero (7) _____ harta de no tener pareja. Si
(tú) (8) _____ simpático, cariñoso y maduro, y no (9) _____ con nadie,
escríbeme una carta. ¡Me encantaría conocerte!

Tests

4 Conocer gente nueva Lee este anuncio de un periódico de Barcelona. Completa el texto con la forma apropiada del presente de los verbos entre paréntesis. (6 x 2 pts. each = 12 pts.)

¿(1) _____ (tú, ser) nuevo en la ciudad y (2) _____ (necesitar) conocer gente? Estamos aquí para ayudarte. Somos un grupo de chicos extranjeros que se reúne una vez a la semana para compartir las experiencias de ser nuevo en un lugar. Nosotros (3) _____ (venir) de diferentes países. En una ciudad tan grande y poblada como Barcelona, a veces es difícil encontrar nuevos amigos. Cada semana, una persona (4) _____ (elegir) el lugar de la reunión. Si (5) _____ (tú, querer) saber más de nosotros, (6) _____ (poder) visitar nuestra página web: www.clubinternacionalbcn.com. ¡Ánimo!

5 ¿Qué están haciendo? Escribe dos oraciones sobre lo que ocurre en cada imagen. Usa el presente progresivo. (6 x 2 pts. each = 12 pts.)

estudiar	comer	llorar
discutir	leer	pensar

1.   2.   3.

Los niños les están pidiendo a los padres ir al parque. _____

1. _____

2. _____

3. _____

6 Para pensar Lee el texto y responde las preguntas.

"El número de parejas interculturales está en marcado aumento. ¿A qué se debe esta tendencia? Entre las causas más importantes están la globalización, la asimilación de los hijos de inmigrantes a la cultura estadounidense y el aumento en la edad promedio de las parejas al casarse".

¿Estás de acuerdo con esta cita (quote)? ¿Conoces ejemplos de parejas interculturales? Escribe seis oraciones como mínimo y expresa tu opinión con ejemplos.

(8 pts. for grammar + 8 pts. for vocabulary + 8 pts. for style = 24 pts.)

_____

_____

_____

_____

_____

_____

TEST B   Lección 1

Las relaciones personales

1 Una pareja en la universidad Amanda y Raúl son novios, pero estudian en ciudades distintas. Escucha su historia e indica si lo que afirman las oraciones es **cierto** o **falso**. (8 x 2 pts. each = 16 pts.)

Cierto   Falso

_____ _____ 1. Amanda es cariñosa, sensible y madura.

_____ _____ 2. Raúl es serio y mentiroso.

_____ _____ 3. Raúl y Amanda llevan un año de novios.

_____ _____ 4. Ellos se mantienen en contacto casi todos los días.

_____ _____ 5. Raúl y Amanda llevan separados dos años.

_____ _____ 6. Raúl quiere proponerle matrimonio a Amanda.

_____ _____ 7. Amanda cree que sus estudios son más importantes.

_____ _____ 8. Raúl y Amanda discuten cuando hablan de matrimonio.

2 Sara y su esposo Completa este párrafo utilizando las palabras de la lista. No necesitas todas las palabras. (9 x 2 pts. each = 18 pts.)

adora	falsa	odian
cita	graciosa	sensatos
discuten	lo pasan	se llevan
triste	matrimonio	sueñan
educan	mentirosos	tacaña

Sara y su esposo son muy diferentes, pero (1) _____ muy bien; los dos son muy

(2) _____ y maduros, y por eso (3) _____ pocas veces. De hecho, los dos

(4) _____ discutir. Se conocen desde hace 20 años. Antes de casarse con Sara, él se sentía (*was*

feeling) solo y (5) _____, pero ahora está muy feliz con su esposa. Él (6) _____ a

Sara porque es una mujer muy fuerte y muy (7) _____. Ellos (8) _____ muy bien

juntos y (9) _____ a sus hijos con mucho amor.

3 Busco una cita Completa el párrafo con las formas apropiadas de **ser** y **estar**. (9 x 2 pts. each = 18 pts.)

Me llamo Juan Pablo y (1) _____ de Miami. Mis amigos (2) _____ orgullosos

de mí porque (yo) (3) _____ muy sensato y maduro. Ellos (4) _____ ansiosos

por verme con una novia porque ahora (5) _____ un poco deprimido. ¿Crees que tú y

yo (6) _____ una buena pareja? Si (tú) (7) _____ simpática, cariñosa

y madura, y (8) _____ sola, ¡ésta (9) _____ tu oportunidad de conocerme!

4 Conocer gente nueva Lee este anuncio que fue enviado a una revista por estudiantes de una escuela secundaria de Boston. Completa el texto con la forma apropiada del presente de los verbos entre paréntesis. (6 x 2 pts. each = 12 pts.)

¡Nuevo Club de español! (1) ¿ _____ (Tener) problemas para practicar tu español fuera de clase? (2) ¿ _____ (Necesitar) hablar más español para sacar mejores notas en tus clases? (3) ¿ _____ (Querer) conocer a amigos nuevos? A partir de la próxima semana, (4) _____ (comenzar) las reuniones del Club de español. Todos los jueves a las cinco de la tarde, nosotros nos (5) _____ (juntar) para conversar en español, escuchar música latina, comer deliciosa comida de los países hispanos y, lo más importante, ¡divertirnos mucho! ¿Por qué no (6) _____ (llamar) por teléfono o visitas nuestro sitio de Internet (www.elclublatino.com) para más información?

5 ¿Qué están haciendo? Escribe dos oraciones sobre lo que ocurre en cada imagen. Usa el presente progresivo. (6 x 2 pts. each = 12 pts.)

cantar	discutir	mirar
decir	escuchar	pedir

1.   2.   3.

El hombre está mirando a la mujer. _____

1. _____
2. _____
3. _____

6 Para pensar Contesta las preguntas.

¿Existe en tu cultura la tradición del día de los enamorados? ¿Cómo se celebra? ¿Cuáles son las costumbres?

Escribe seis oraciones como mínimo. (8 pts. for grammar + 8 pts. for vocabulary + 8 pts. for style = 24 pts.)

_____
_____
_____
_____
_____
_____

TEST C

Lección 1

Las relaciones personales

1 El nuevo profesor César es un joven profesor que acaba de llegar a una universidad en Filadelfia para estudiar y aún no conoce a nadie. Escucha su primera conversación con Ana, una compañera de trabajo, y después responde a las preguntas usando oraciones completas. (7 x 2 pts. each = 14 pts.)

1. ¿De dónde viene César?_____

2. ¿Por qué César va a Filadelfia?_____

3. Según Ana, ¿cómo es la relación entre los profesores?_____

4. ¿Cuántos años llevan casados el señor y la señora Jiménez?_____

5. ¿Cómo es la personalidad del doctor Pacheco?_____

6. ¿Hay profesores jóvenes en la escuela?_____

7. ¿Qué piensa Ana del profesor Roberto Uría? ¿Por qué?_____

2 ¿Cómo son César y Ana? Describe las personalidades de César y de Ana de acuerdo con lo que escuchaste en la actividad anterior y con la información del cuadro. Escribe como mínimo siete oraciones completas. (7 x 2 pts. each = 14 pts.)

César	Ana
1. Se pone nervioso cuando conoce a personas nuevas.	1. Quiere ser comediante.
2. Quiere tener una familia con muchos hijos.	2. Le gusta ir a fiestas y salir con amigos.
3. No le gusta hablar en público.	3. Piensa que ella es muy joven para el matrimonio.

Creo que César es muy tímido porque... _____

_____

_____

_____

_____

3 El primer día En su primer día de clases, Javier se está familiarizando con sus compañeros y la escuela. Completa cada oración de la primera columna de forma lógica con la información de la segunda columna. Haz los cambios necesarios. (4 x 3 pts. each = 12 pts.)

1. La verdad es que los compañeros de clase _____.   a. estar / enferma
_____

2. Laura no puede venir mañana a clase porque _____.   b. ser / personas aburridas
_____

3. Simón y Adriana dicen que el profesor _____.   c. ser / interesante / pero / muy larga
_____

4. La clase de matemáticas _____.   d. ser / flexible y sensato
_____

Nombre _____ Fecha _____

4 La música Catalina ha escrito este artículo sobre el grupo de rock Las Almas. Completa el párrafo con la forma apropiada del verbo en el presente. (12 x 1.5 pts. each = 18 pts.)

Carlos, Lucas y Gustavo (1) _____ (ser) tres amigos que (2) _____ (formar) el grupo Las Almas. Los tres (3) _____ (llevarse bien) y (4) _____ (tener) muchos planes musicales para el futuro. Sus canciones (5) _____ (hablar) de temas universales como el amor, la inmigración y el racismo. Ellos (6) _____ (tocar) con pasión y entusiasmo y su banda (7) _____ (representar) la unión entre trabajo y amistad. Los tres miembros de Las Almas (8) _____ (decir) que el secreto de su éxito (9) _____ (ser) que ellos siempre (10) _____ (tener) tiempo para conversar. Además, con frecuencia (11) _____ (escuchar) música y (12) _____ (ir) juntos a los conciertos. ¡Mucha suerte para Las Almas!

5 Problemas de parejas Ana está muy enojada con su novio Pablo. Mira la fotografía y describe dónde están y qué están haciendo utilizando elementos de la lista. Usa el presente progresivo y haz los cambios que sean necesarios. Escribe siete oraciones como mínimo. ¡Sé creativo/a! (7 x 3 pts. = 21 pts.)

aburrido/a	mirar la televisión todo el tiempo
autoritario/a	(no) hacer planes los fines de semana
discutir	pasarlo bien/mal
mentiroso/a	

_____
_____
_____
_____

6 Una declaración de amor Imagina que Danielito está enamorado de Susanita y quiere enviarle una carta de amor. Escribe una carta en la que Danielito le dice a Susanita lo que siente por ella. Utiliza el vocabulario de la lección y los verbos **ser** y **estar**. Escribe siete oraciones como mínimo. (7 pts. for grammar + 7 pts. for vocabulary + 7 pts. for style = 21 pts.)

_____
_____
_____
_____
_____
_____
_____
_____

TEST D

Lección 1

Las relaciones personales

1 El nuevo estudiante Tito es un estudiante puertorriqueño que acaba de llegar a una universidad en Washington D.C. para estudiar y aún no conoce a nadie. Escucha su primera conversación con Marta, otra estudiante, en el pasillo (*corridor*) de su residencia y después responde a las preguntas usando oraciones completas. (7 x 2 pts. each = 14 pts.)

1. ¿De dónde viene Tito? _____

2. ¿Por qué va a Washington D.C.? _____

3. Según Marta, ¿cómo es la universidad? _____

4. ¿Quiénes son Luis Menéndez y Marta Riesgo? _____

5. ¿Cómo son Luis Menéndez y Marta Riesgo? _____

6. ¿Qué piensa Marta de Miguel? ¿Por qué? _____

7. ¿Cómo se siente ahora Tito? _____

2 ¿Cómo son Tito y Marta? Describe las personalidades de cada uno de estos jóvenes estudiantes de acuerdo con lo que escuchaste en la actividad anterior y con la información del cuadro. Escribe como mínimo siete oraciones completas. (7 x 2 pts. each = 14 pts.)

Tito	Marta
1. Se pone incómodo cuando habla con chicas. 2. Quiere sacar buenas notas y estudia todo el tiempo. 3. Se pone nervioso cuando tiene que hablar en la clase.	1. Quiere ser actriz cuando termine la universidad. 2. Pasa muchas horas mirando televisión. 3. No hace las tareas con frecuencia.

Creo que Tito es muy inseguro porque... _____

_____

_____

_____

_____

3 El primer día En su primer día de clase, Bruno se está familiarizando con sus compañeros y la escuela. Completa cada oración de la primera columna de forma lógica con la información de la segunda columna. Haz los cambios necesarios. (4 x 3 pts. each = 12 pts.)

1. Tomás tiene un almuerzo que _____.   a. ser / muy rico

_____

2. Creo que a Ana no le gustan las   b. estar / muy / aburrida
matemáticas porque _____.

_____

3. La profesora manda tarea muy difícil   c. su hija mayor / estar / enferma
porque _____.

4. La directora de la escuela no puede   d. los estudiantes / ser / muy inteligentes
venir mañana porque _____.

_____

    | **163** |

Nombre _____ Fecha _____

4 La música Celia ha escrito este artículo sobre el grupo Los Cisnes. Completa el párrafo con la forma apropiada del verbo en el presente. (12 x 1.5 pts. each = 18 pts.)

Carlos, Lucas y Gustavo (1) _____ (ser) tres latinoamericanos que (2) _____ (formar) parte del grupo Los Cisnes. Ellos (3) _____ (sentir) pasión y entusiasmo por la música y (4) _____ (querer) seguir tocando juntos en el futuro. Sus canciones (5) _____ (tratar) de temas sociales comprometidos. Ellos (6) _____ (decir) que el trabajo y la amistad a veces (7) _____ (ir) juntos. Los tres miembros de Los Cisnes (8) _____ (contar) que el secreto de su éxito (9) _____ (ser) que ellos siempre (10) _____ (conversar) mucho y con frecuencia (11) _____ (salir) juntos para pasarlo bien y no (12) _____ (hablar) del trabajo. ¡Mucha suerte para Los Cisnes!

5 Problemas de parejas Eva está muy enojada con su novio Miguel. Mira la imagen y describe dónde están y qué están haciendo utilizando elementos de la lista. Usa el presente progresivo y haz los cambios que sean necesarios. Escribe siete oraciones como mínimo. ¡Sé creativo/a! (7 x 3 pts. = 21 pts.)

aburrido/a	hablar con los/las amigos/as por
deprimido/a	teléfono todo el tiempo
solo/a	no acordarse de su aniversario
discutir	sentirse fatal

_____

_____

_____

_____

6 Una declaración de amor Después de muchos años juntos, Carlos y Matilde todavía están enamorados. Escribe una carta en la que Matilde le declara a Carlos el amor que todavía siente por él. Utiliza el vocabulario de la lección y los verbos **ser** y **estar**. Escribe siete oraciones como mínimo. (7 pts. for grammar + 7 pts. for vocabulary + 7 pts. for style = 21 pts.)

_____

_____

_____

_____

_____

_____

_____

_____

Nombre _____   Fecha _____

TEST A   Lección 2

Las diversiones

1 Marco y sus actividades Vas a escuchar a Marco hablar sobre sus actividades. Indica si lo que dicen las oraciones es **cierto** o **falso**. (6 x 2 pts. each = 12 pts.)

Cierto	Falso	
_____	_____	1. Marco es un chico muy activo.
_____	_____	2. Marco es miembro del club de béisbol.
_____	_____	3. Los sábados por la mañana va a ver un partido de fútbol.
_____	_____	4. Marco y sus amigos a veces juegan al billar.
_____	_____	5. Los sábados por la noche, Marco vuelve a casa temprano.
_____	_____	6. Cuando vuelve al trabajo el lunes por la mañana, está cansado.

2 Vocabulario Empareja cada palabra de la primera columna con la frase de la segunda columna con la que mejor se relaciona. (8 x 1.5 pts. each = 12 pts.)

1. ___ el circo
2. ___ el espectador
3. ___ las entradas
4. ___ el escenario
5. ___ el zoológico
6. ___ perder un partido
7. ___ aburrirse
8. ___ aficionado

a. el admirador de un cantante o actor
b. lo contrario de pasarlo bien
c. un lugar donde actúan payasos y trapecistas (*trapeze artists*)
d. lo contrario de ganar un partido
e. las compro para entrar al cine o al teatro
f. la persona que va al cine o al teatro
g. el lugar donde actúan los artistas
h. en este lugar hay muchos animales

3 Oraciones Escribe cinco oraciones originales combinando los elementos de las tres columnas. (5 x 3 pts. each = 15 pts.)

yo	aburrir	mis/tus/sus amigos
tú	encantar	ganar/perder
los deportistas	importar	divertirse
mis amigos y yo	hacer falta	hacer cola
Salma Hayek	molestar	jugar billar

1. _____
2. _____
3. _____
4. _____
5. _____

4 Complementos directo e indirecto Contesta las preguntas sustituyendo las palabras subrayadas con pronombres de complemento directo e indirecto. (6 x 2 pts. each = 12 pts.)

> *modelo*
>
> ¿Me prestas el libro?
>
> Sí, **te lo presto**.

1. ¿Quieren ganar ustedes este partido? Sí, _____.

2. ¿Vas a comprarle esos videojuegos a Emilia? Sí, _____.

3. ¿Me das tu opinión sobre el espectáculo? Sí, _____.

4. ¿Nos va a recomendar Marta estas películas? No, no _____.

5. ¿Siempre celebran tus padres su aniversario? Sí, siempre _____.

6. ¿Tiene Gabriel que ver esa obra de teatro? No, no _____.

5 Tu rutina Escribe una composición sobre tu rutina diaria. Usa oraciones completas con al menos seis verbos reflexivos distintos. (6 x 4 pts. = 24 pts.)

_____

_____

_____

_____

_____

_____

6 Para pensar Lee el texto y contesta las preguntas.

> "Gael García Bernal es una de las figuras más representativas del cine mexicano contemporáneo… participa en algunas de las películas más emblemáticas del cine en español de los últimos años: *Amores perros, Y tu mamá también* y *Diarios de motocicleta*. Actualmente, Gael trabaja también del otro lado de las cámaras como director y productor".

¿Quién es tu artista favorito? ¿En qué tipo de películas trabaja? ¿Qué otras actividades hace además de hacer películas? Escribe seis oraciones como mínimo.

(8 pts. for grammar + 8 pts. for vocabulary + 9 pts. for style = 25 pts.)

_____

_____

_____

_____

_____

_____

_____

_____

_____

TEST B   Lección 2

Las diversiones

1 Roberto y sus actividades Vas a escuchar a Roberto hablar sobre sus actividades. Indica si lo que dicen las oraciones es **cierto** o **falso**. (6 x 2 pts. each = 12 pts.)

Cierto   **Falso**

_____   _____   1. A Roberto no le gusta estar tranquilo.

_____   _____   2. Roberto es miembro del club de béisbol.

_____   _____   3. Roberto mira partidos de tenis cuando termina de estudiar.

_____   _____   4. Roberto y sus amigos a veces van al cine.

_____   _____   5. Los sábados por la noche, Roberto vuelve a casa muy tarde.

_____   _____   6. Los domingos, Roberto va a la biblioteca.

2 Vocabulario Empareja cada palabra de la primera columna con la frase de la segunda columna con la que mejor se relaciona. (8 x 1.5 pts. each = 12 pts.)

1. ___ el cantante   a. dar una fiesta o reunirse para una ocasión especial

2. ___ el deportista   b. pasarlo bien

3. ___ el festival de cine   c. una persona que da conciertos y es popular

4. ___ brindar   d. lo contrario de perder un partido

5. ___ el club deportivo   e. se proyectan muchas películas interesantes

6. ___ ganar un partido   f. practica deportes y es atlético

7. ___ divertirse   g. levantar una copa (*glass*) en honor a alguien

8. ___ celebrar   h. los socios pueden practicar deportes y nadar en la piscina

3 Oraciones Escribe cinco oraciones originales combinando los elementos de las tres columnas.
(5 x 3 pts. each = 15 pts.)

yo	disgustar	ver películas tontas *(silly)*
tú	fascinar	mis/tus/sus amigos
los cantantes	importar	participar en festivales de cine
mi padre y yo	interesar	divertirse
Gael García Bernal	hacer falta	ir a conciertos

1. _____

2. _____

3. _____

4. _____

5. _____

| **167** | **Lección 2**   Test B

4 Complementos directo e indirecto Contesta las preguntas sustituyendo las palabras subrayadas con pronombres de complemento directo e indirecto. (6 x 2 pts. each = 12 pts.)

> **modelo**
>
> ¿Me prestas el libro?
>
> Sí, **te lo presto**.

1. ¿Quieren perder ustedes este partido? No, no _____.

2. ¿Le compran sus padres esos discos a María? Sí, _____.

3. ¿Les vas a dar tu opinión sobre el espectáculo? Sí, _____.

4. ¿Nos va a recomendar Diana estas películas? No, no _____.

5. ¿Siempre celebran ustedes su cumpleaños aquí? Sí, siempre _____.

6. ¿Le cuentas esos chistes a Pedro? No, no _____.

5 La rutina Escribe una composición sobre la rutina diaria del fin de semana de alguien a quien conoces bien. Usa al menos seis verbos reflexivos distintos. (6 x 4 pts. each = 24 pts.)

_____

_____

_____

_____

_____

_____

6 Para pensar Lee el texto y contesta las preguntas.

> "México vivió la época dorada de su cine en los años cuarenta. Pasada esa etapa (*era*), la industria cinematográfica mexicana perdió fuerza. Ha tardado casi medio siglo en volver a brillar (*shine*), hace una década volvió al panorama internacional con gran vigor (*energy*)... En 2014, Alfonso Cuarón se convirtió en el primer director mexicano en ganar un premio Óscar con la aventura espacial *Gravity*".

¿Te gusta el cine mexicano? ¿De dónde provienen la mayoría de las películas que tú miras? ¿Te gusta ver películas en otros idiomas a pesar de (*despite*) los subtítulos? ¿Por qué? ¿Cuál es tu película extranjera favorita? Escribe seis oraciones como mínimo.

(8 pts. for grammar + 8 pts. for vocabulary + 9 pts. for style = 25 pts.)

_____

_____

_____

_____

_____

_____

_____

_____

Tests

TEST C   Lección 2

Las diversiones

1 Una chica muy ocupada Amanda es una joven muy activa. Escucha lo que nos dice de sus actividades y después responde a las preguntas con oraciones completas. (7 x 2 pts. each = 14 pts.)

1. ¿Cuántos años tiene Amanda? _____
2. ¿Qué cosas le encanta hacer? _____
3. ¿A qué hora se levanta normalmente? _____
4. ¿Qué deportes practica? _____
5. ¿Qué actividades tiene Amanda por las tardes? _____
6. ¿Para qué quiere aprender francés? _____
7. ¿Qué hace Amanda los fines de semana? _____

2 Vocabulario Completa las oraciones con la palabra correcta. (8 x 2 pts. each = 16 pts.)

aficionado/a	cantante	empatar	taquilla
ajedrez	cartas	entradas	teatro
animado/a	discos	parque de atracciones	torneo

1. El partido estuvo muy _____. La gente no paraba de gritar.
2. Hoy es el estreno. Debemos llegar pronto o no vamos a conseguir _____.
3. Marta es una gran _____ al fútbol y siempre va a todos los partidos.
4. Me encanta visitar la casa del terror en el _____.
5. No me gusta hacer cola, excepto para ver a mi _____ favorita.
6. Mi pasatiempo preferido es jugar a las _____.
7. El _____ es un juego de concentración.
8. Al chico de la _____ ya no le quedaban entradas.

3 Preguntas Escribe preguntas lógicas para estas respuestas. El significado de los pronombres subrayados debe estar claro en tus preguntas. (8 x 2 pts. each = 16 pts.)

> **modelo**
> Se lo presté a mi hermano.
> **¿A quién le prestaste el libro?**

1. Los vi en una tienda. _____
2. No, mi hermano nunca me lo presta. _____
3. Los alquilo siempre en el videoclub. _____
4. Sí, te los recomiendo. _____
5. Tengo que comprarla mañana. _____
6. Me la contó Juan. _____
7. No, no te la recomiendo. _____
8. Les compré boletos para el partido. _____

4 Los estereotipos Existen estereotipos culturales sobre lo que les gusta o no les gusta a diferentes personas, nacionalidades, profesiones, sexos, etc. Escribe siete oraciones lógicas combinando los elementos de las dos columnas. (7 x 2 pts. each = 14 pts.)

los mexicanos	gustar
los estadounidenses	encantar
los deportistas	importar
los profesores	interesar
los adolescentes	preocupar
los periodistas	hacer falta
los músicos de bandas de rock	caer bien/mal

1. _____
2. _____
3. _____
4. _____
5. _____
6. _____
7. _____

5 La rutina diaria de un famoso Imagina la rutina diaria de un personaje famoso. Escribe un párrafo de ocho oraciones utilizando al menos seis verbos reflexivos distintos. (8 x 2 pts. each = 16 pts.)

_____
_____
_____
_____
_____
_____
_____
_____

6 Tu opinión Lee este fragmento del artículo "El toreo: ¿Cultura o tortura?".

"…a algunas personas les indigna la idea machista de que sólo un hombre tiene la fuerza y el coraje para lidiar (*bullfight*). Las toreras pioneras como Juanita Cruz tuvieron que coserse (*sew*) su propio traje de luces (*bullfighter's outfit*), con falda en vez de pantalón (…) Incluso en tiempos recientes, algunos toreros célebres como el español Jesulín de Ubrique se han negado a lidiar junto a una mujer".

Piensa en estas preguntas: ¿Crees que hay deportes o formas artísticas que son sólo para hombres o sólo para mujeres? ¿Cuál es la situación de la mujer en el deporte en tu país? Escribe una composición sobre este tema en una hoja aparte. Expresa tu opinión y da ejemplos.
(8 pts. for grammar + 8 pts. for vocabulary + 8 pts. for style = 24 pts.)

Lección 2 Test C

Tests

TEST D   Lección 2

Las diversiones

1 Sandra siempre está ocupada Sandra es una joven muy dinámica. Escucha lo que cuenta sobre su vida diaria y después responde a las preguntas con oraciones completas. (7 x 2 pts. each = 14 pts.)

1. ¿Cuántos años tiene Sandra? _____

2. ¿Qué cosas le encanta hacer? _____

3. ¿Qué tipo de música le gusta bailar? _____

4. ¿Qué deportes practica? _____

5. ¿Qué actividades tiene Sandra por las tardes? _____

6. ¿Para qué quiere aprender alemán? _____

7. ¿Qué hace Sandra los fines de semana para relajarse? _____

2 Vocabulario Completa las oraciones con la palabra correcta. (8 x 2 pts. each = 16 pts.)

aficionado/a	concierto	equipo	parque de atracciones
animado/a	dar un paseo	estreno	pasatiempo
brindar	dardos	hacer cola	teatro

1. El partido estuvo muy _____. La gente no paraba de gritar.

2. Hoy es el _____ de la película y todo el mundo quiere verla.

3. Mari es aficionada al fútbol y va a todos los partidos de su _____ favorito.

4. Me encanta visitar la casa del terror en el _____.

5. Para conseguir entradas para el concierto, Estela tuvo que _____.

6. Mi _____ preferido es jugar a las cartas.

7. Me encanta _____ por el parque los domingos.

8. ¡Ya tengo entradas para el _____ de rock!

3 Preguntas Escribe preguntas lógicas para estas respuestas. El significado de los pronombres subrayados debe estar claro en tus preguntas. (8 x 2 pts. each = 16 pts.)

> **modelo**
>
> Se <u>lo</u> presté a mi hermano.
>
> **¿A quién le prestaste el libro?**

1. <u>Los</u> vi en una tienda. _____

2. No, mi hermano nunca me <u>los</u> presta. _____

3. <u>Los</u> alquilo siempre en el videoclub. _____

4. Sí, te <u>la</u> recomiendo. _____

5. Tengo que depositar<u>lo</u> en el banco. _____

6. Me <u>la</u> contó Guillermo. _____

7. Sí, te <u>lo</u> recomiendo. _____

8. <u>Les</u> compré un libro. _____

| 171 | **Lección 2**   Test D

Tests

4 Los estereotipos Existen estereotipos culturales sobre lo que les gusta o no les gusta a diferentes personas, nacionalidades, profesiones, sexos, etc. Escribe siete oraciones lógicas combinando los elementos de las dos columnas. (7 x 2 pts. cach = 14 pts.)

los americanos	gustar
los españoles	encantar
los italianos	importar
los profesores	interesar
mi madre/mi padre	preocupar
los políticos	hacer falta
los ecologistas	caer bien/mal

1. _____
2. _____
3. _____
4. _____
5. _____
6. _____
7. _____

5 La rutina diaria de un famoso Imagina la rutina diaria de un personaje famoso. Escribe un párrafo de ocho oraciones utilizando al menos seis verbos reflexivos distintos. (8 x 2 pts. each = 16 pts.)

_____
_____
_____
_____
_____
_____
_____
_____

6 Para pensar Lee este fragmento del artículo "El nuevo cine mexicano".

"En 1992, *Como agua para chocolate* de Alfonso Arau batió récords de taquilla. Esta película, que puso en imágenes el realismo mágico (*magic realism*) que tanto éxito tenía en la literatura, despertó el interés por el cine mexicano. Las películas empezaron a disfrutar de una mayor distribución, y muchos directores y actores se convirtieron en estrellas internacionales".

Piensa en estas preguntas: ¿Qué piensas de la industria cinematográfica de tu país? ¿Es popular en tu país? ¿Y en el resto del mundo? ¿Qué tipos de películas son populares en tu cultura? Escribe una composición sobre este tema en una hoja aparte. Expresa tu opinión y da ejemplos. (8 pts. for grammar + 8 pts. for vocabulary + 8 pts. for style = 24 pts.)

TEST A

Lección 3

La vida diaria

1 Un anuncio Alejandra ha escrito un anuncio clasificado para buscar una empleada o un empleado doméstico. Escucha el anuncio y después indica la respuesta correcta para cada pregunta. (4 x 3 pts. each = 12 pts.)

1. ¿Cuántas personas hay en la familia de Alejandra?

    a. dos   b. cuatro   c. seis

2. ¿Qué tareas domésticas debe hacer la persona que va a trabajar para la familia?

    a. hacer la limpieza y cocinar   b. enseñarles a los niños   c. limpiar los cristales

3. ¿Cómo debe ser la personalidad de la persona?

    a. tolerante y abierta   b. responsable y flexible   c. poco sociable

4. ¿Qué horario va a tener el/la empleado/a?

    a. veinte horas a la semana   b. treinta horas a la semana   c. cuarenta horas a la semana

2 Vocabulario Empareja los elementos de las dos columnas para formar expresiones lógicas. (7 x 2 pts. = 14 pts.)

_____ 1. pasar   a. la escalera

_____ 2. barrer   b. el polvo

_____ 3. acostumbrarse   c. el agua

_____ 4. tocar   d. a la rutina diaria

_____ 5. quitar   e. el timbre

_____ 6. hervir   f. mandados

_____ 7. hacer   g. la aspiradora

3 Un día accidentado Completa este mensaje telefónico con la forma correcta del pretérito de los verbos entre paréntesis. (7 x 2 pts. each = 14 pts.)

Hola cariño, soy mamá. ¿Cómo estás? ¿Ya (1) _____ (tú, llegar) del colegio? Te llamo para

decirte que no (2) _____ (yo, poder) hacer la cena porque (3) _____ (yo, tener)

que llevar a la abuelita al hospital. Esta tarde ella (4) _____ (caerse) y

(5) _____ (hacerse) daño (*hurt*) en el pie. Ella está bien, no te preocupes, pero nosotras

(6) _____ (pensar) que era buena idea ir al doctor. Y ¿cómo te (7) _____ (ir)

el examen de matemáticas? Espero que muy bien; sé que es una materia muy difícil. Hay pizza en el

refrigerador. De postre, puedes comer un plátano y una manzana. Te veo a las siete, hijo. ¡Besos!

   | **173** |

Tests

4 Cuando era niño Elige el verbo adecuado para completar cada oración. (9 x 2 pts. each = 18 pts.)

1. Cuando era niño, me (iba / fui) _____ a la cama a las 8 de la noche.

2. Una vez, a los ocho años, me (caía / caí) _____ de un árbol.

3. Cuando era niño, me (despertaba / desperté) _____ temprano.

4. Cuando era niño, (jugaba / jugué) _____ con mis amigos.

5. Cuando era niño, (ganaba / gané) _____ una medalla.

6. Cuando era niño, no me (gustaban / gustaron) _____ los vegetales.

7. ¡Una vez, me (escondía / escondí) _____ para no comer espinacas!

8. Un verano (íbamos / fuimos) _____ a España.

9. Todos los inviernos, mis padres (iban/fueron) _____ a esquiar.

5 Oraciones Completa las frases de manera lógica. Usa el pretérito o el imperfecto según corresponda.
(6 x 3 pts. each = 18 pts.)

1. De niño/a, todos los veranos yo _____

2. En la escuela primaria mis compañeros/as y yo _____

3. El fin de semana pasado, mis amigos/as _____

4. Esta mañana, antes de salir de casa, tú _____

5. Ayer en el centro comercial _____

6. Cuando tenía diez años, Letizia Ortiz _____

6 Para pensar Lee este fragmento sobre la familia real española.

Gracias al carisma de Juan Carlos I, y a su protagonismo en el camino hacia la libertad, la Corona tuvo un gran respaldo popular. (...) Casi cuarenta años después de que Juan Carlos fue coronado rey, su hijo Felipe VI se enfrenta a una segunda transición: dar sentido a la monarquía en la era de Internet. (...) La sociedad española parece haber recibido bien esta renovación en la familia real, formada por Juan Carlos I, doña Sofía, los reyes Felipe y Letizia, y las hijas de éstos, la princesa Leonor y la infanta Sofía.

Piensa en estas preguntas: ¿Qué opinión tienes tú sobre la familia real española? ¿Crees que la realeza es una institución del pasado y debe dejar de existir? Expresa tu opinión dando ejemplos. Escribe una composición de seis oraciones como mínimo.

(8 pts. for grammar + 8 pts. for vocabulary + 8 pts. for style = 24 pts.)

_____

_____

_____

_____

_____

_____

_____

_____

_____

TEST B
Lección 3

La vida diaria

1 Un anuncio Claudia ha escrito un anuncio clasificado para buscar una niñera. Escucha el anuncio y después indica la respuesta correcta para cada pregunta. (4 x 3 pts. each = 12 pts.)

1. ¿Cuántas personas hay en la familia de Claudia?

   a. dos   b. cuatro   c. cinco

2. ¿Qué tareas debe hacer la persona que va a trabajar para la familia?

   a. lavar la ropa y cocinar   b. enseñarles a las niñas   c. limpiar los baños

3. ¿Cómo debe ser la niñera?

   a. tolerante y abierta   b. responsable y seria   c. muy sociable

4. ¿Qué horario va a tener la niñera?

   a. veinte horas a la semana   b. treinta horas a la semana   c. cuarenta horas a la semana

2 Vocabulario Empareja los elementos de las dos columnas para formar expresiones lógicas. (7 x 2 pts. = 14 pts.)

_____ 1. acostumbrarse   a. mandados

_____ 2. hervir   b. el timbre

_____ 3. hacer   c. la aspiradora

_____ 4. barrer   d. el polvo

_____ 5. pasar   e. el agua

_____ 6. tocar   f. a la rutina diaria

_____ 7. quitar   g. la escalera

3 Un día accidentado Completa este mensaje telefónico con la forma correcta del pretérito de los verbos en paréntesis. (7 x 2 pts. each = 14 pts.)

Hola cariño, soy mamá. ¿Cómo estás? ¿Qué tal tu hermano? Te cuento que papá y yo (1) _____ (llegar) a Santiago a las cuatro y media de la tarde. No (2) _____ (nosotros, poder) llamarte antes porque (3) _____ (haber) un problema en el hotel. Resulta que tu padre (4) _____ (pedir) la cena al servicio de habitaciones y el camarero (5) _____ (caerse) con la bandeja (*tray*) de la comida y (6) _____ (ellos, tener) que limpiar la habitación. Pero todo está bien, no te preocupes. Y tú, ¿ya (7) _____ (hacer) la tarea de historia? Oye, ahora que me acuerdo, ¡no te olvides de pasar la aspiradora y de quitar el polvo a los muebles! Nos vemos el sábado, hijo. ¡Besos!

4 Pasado Elige el verbo adecuado para completar cada oración. (9 x 2 pts. each = 18 pts.)

1. La semana pasada (tomé / tomaba) _____ un examen de computación.

2. Cuando era niño, (salí / salía) _____ a jugar con mis vecinos.

3. Mi madre siempre (hizo / hacía) _____ limonada con hielo.

4. Hace dos años, (fui / iba) _____ a Brasil.

5. Cuando llovía, (jugué / jugaba) _____ todos los días a los videojuegos.

6. Los días soleados, me (gustó / gustaba) _____ correr por la playa.

7. Antes, mis padres (prefirieron / preferían) _____ ir a lugares exóticos.

8. Una vez, mi familia y yo (salimos / salíamos) _____ a acampar.

9. Cuando volvíamos de las vacaciones, yo siempre me (sentí / sentía) _____ nostálgico.

5 Oraciones Completa las frases de manera lógica. Usa el pretérito o el imperfecto según corresponda. (6 x 3 pts. each = 18 pts.)

1. Cuando era joven, Carlos I _____

2. El último día de clase, los profesores _____

3. El año pasado, tú _____

4. Este semestre, antes de tener el primer examen, yo _____

5. De niño/a, todos los fines de semana mis padres y yo _____

6. Ayer _____

6 Para pensar Lee el texto sobre las compras diarias.

"En España, las pequeñas tiendas y también muchas grandes cierran los domingos. Por eso, los españoles realizan todas sus compras durante el resto de la semana. En algunos casos, las grandes tiendas, como El Corte Inglés, abre un domingo al mes".

¿Cuáles son los horarios de las tiendas y supermercados en tu país? ¿En qué se diferencian de los horarios de España? ¿Piensas que las tiendas en España deben abrir todos los domingos? Contesta estas preguntas en una composición expresando tu opinión y dando ejemplos. Escribe seis oraciones como mínimo. (8 pts. for grammar + 8 pts. for vocabulary + 8 pts. for style = 24 pts.)

_____

_____

_____

_____

_____

_____

_____

_____

_____

_____

Tests

TEST C   Lección 3

La vida diaria

1 El apartamento nuevo Ana María le cuenta a su amiga sobre su apartamento nuevo. Escucha la historia y
después responde a las preguntas usando oraciones completas. (6 x 2 pts. each = 12 pts.)

1. ¿Por qué está Ana María tan contenta? _____

2. ¿Cómo pasó Ana María el primer día en el apartamento? _____

3. ¿Qué fue lo primero que hizo? _____

4. ¿Por qué tuvo que barrer? _____

5. ¿Quién tocó el timbre? _____

6. ¿Por qué vino esta persona al apartamento? _____

2 Vocabulario Cristina y Elsa conversan sobre las tareas domésticas que les gustan y sobre las que odian.
Escribe ocho oraciones completas en las que describes la vida diaria en el hogar de Cristina y Elsa.
Utiliza las palabras que aparecen en la lista. (8 x 2 pts. each = 16 pts.)

aspiradora	cocinar	limpiar	polvo
barrer	horario	muebles	supermercado

_____

_____

_____

_____

_____

_____

_____

_____

3 Organizar el horario Carlos tuvo ayer un día muy ocupado. Primero, escribe la forma apropiada del
pretérito de los verbos en paréntesis. Después, ordena cronológicamente sus actividades del 1 al 8.
(8 x 2 pts. each = 16 pts.)

_____ a. Carlos _____ (hacer) el desayuno para su familia.

_____ b. _____ (salir) pronto del trabajo para hacer unos mandados.

_____ c. A las nueve de la mañana _____ (ir) al supermercado para comprar pan
y leche para el desayuno.

_____ d. A la hora del almuerzo _____ (pasar) la aspiradora.

_____ e. Había un atasco cerca del colegio y por eso _____ (llegar) tarde al trabajo.

_____ f. Después de desayunar _____ (llevar) a sus hijos al colegio.

_____ g. Después de almorzar _____ (preparar) un café.

_____ h. Carlos _____ (levantarse) muy temprano.

Tests

4 Caperucita Roja (*Little Red Riding Hood*) Completa esta versión del cuento de Caperucita Roja utilizando la forma apropiada de los verbos (pretérito, imperfecto o presente). (18 x 1 pt. each = 18 pts.)

Aquel día (1) _____ (hacer) muy buen tiempo y la mamá de Caperucita le

(2) _____ (pedir) que llevara algunos dulces a la abuelita porque

(3) _____ (estar) muy sola y (4) _____ (vivir) en un sitio donde no

(5) _____ (haber) supermercados. La mamá le (6) _____ (preparar) algunas

cosas para comer en una cesta (*basket*) y Caperucita (7) _____ (salir) para la casa de su

abuela. En el camino, Caperucita (8) _____ (encontrarse) con el lobo, que

(9) _____ (querer) robarle la cesta. Caperucita (10) _____ (ser) una niña

muy inteligente y (11) _____ (saber) que el lobo siempre (12) _____ (sentirse)

muy solo, así que lo (13) _____ (invitar) a merendar a casa de la abuelita. Cuando la abuela

(14) _____ (saber) que el lobo se sentía solo, le (15) _____ (pedir) que se

quedara a vivir con ella y él (16) _____ (aceptar). Ahora el lobo y la abuelita

(17) _____ (ser) felices, y Caperucita los (18) _____ (visitar) a menudo.

5 Letizia Ortiz: periodista y reina Antes de casarse con el entonces príncipe Felipe, Letizia Ortiz era periodista. Escribe oraciones en las que compares su horario cuando era periodista con el que tiene ahora como reina. ¡Sé creativo/a! (7 x 2 pts. each = 14 pts.)

> **modelo**
> Cuando era periodista, se levantaba temprano para
> ir a trabajar; ahora se despierta un poco más tarde.

1. _____

2. _____

3. _____

4. _____

5. _____

6. _____

7. _____

6 Tu opinión Lee el siguiente fragmento del artículo "La Familia Real".

La sociedad española parece haber recibido bien esta renovación en la familia real, formada por Juan Carlos I, doña Sofía, los reyes Felipe y Letizia, y las hijas de éstos, la princesa Leonor y la infanta Sofía. Según las encuestas, (...) la popularidad de la Corona aumentó y la monarquía empezó a recuperar su prestigio.

Piensa en estas preguntas: ¿Qué opinas de que todavía existan reyes en Europa?¿Qué papel tienen en la sociedad de hoy? ¿Te parece fácil o difícil el trabajo de los reyes? Escribe una composición sobre este tema en una hoja aparte.Expresa tu opinión dando ejemplos. Escribe por lo menos ocho oraciones.

(8 pts. for grammar + 8 pts. for vocabulary + 8 pts. for style = 24 pts.)

| 178 | **Lección 3** Test C

TEST D   Lección 3

La vida diaria

1 Una vida nueva Mabel le cuenta a su amiga sobre su experiencia en un país extranjero. Escucha la historia y después contesta las preguntas usando oraciones completas. (6 x 2 pts. each = 12 pts.)

1. ¿Por qué está Mabel agobiada? _____

2. ¿Qué aspectos de su vida cambiaron recientemente?

   _____

3. ¿Qué pasó el otro día cuando estaba comprando comida?

   _____

4. ¿Por qué le sorprendió a Mabel ver a una señora regatear (*bargaining for something*)?

   _____

5. ¿Adónde fue Mabel ayer? _____

6. ¿Cómo pagó? ¿Por qué? _____

2 Vocabulario Miguel y Mari conversan sobre los quehaceres que les gustan y sobre los que odian. Escribe ocho oraciones completas hablando de la vida diaria en el hogar de Miguel y en el de Mari. Utiliza las palabras que aparecen en la lista. (8 x 2 pts. each = 16 pts.)

barrer	hacer mandados	limpieza	quitar el polvo
freír	ir de compras	pasar la aspiradora	rutina

_____

_____

_____

_____

_____

_____

3 Organizar el horario Daniela tuvo ayer un día muy ocupado. Primero, escribe la forma apropiada del pretérito de los verbos en paréntesis. Después, ordena cronológicamente sus actividades del 1 al 8. (8 x 2 pts. each = 16 pts.)

_____ a. Luego, _____ (preparar) el desayuno para su familia.

_____ b. Por la tarde, _____ (salir) pronto del trabajo para ir de compras.

_____ c. A las ocho de la mañana _____ (ir) al supermercado para comprar café para el desayuno.

_____ d. A la hora del almuerzo _____ (comprar) dulces para todos.

_____ e. Había un atasco cerca del colegio y por eso _____ (llegar) tarde al trabajo.

_____ f. Después del desayuno, _____ (llevar) a sus hijos al colegio.

_____ g. Al levantarse, _____ (arreglarse) para salir.

_____ h. Daniela _____ (levantarse) a las seis y media.

Tests

4 Caperucita Roja (*Little Red Riding Hood*) Completa esta versión del cuento de Caperucita Roja utilizando la forma apropiada de los verbos (pretérito, imperfecto o presente). (18 x 1 pt. each = 18 pts.)

Aquel día (1) _____ (llover) mucho y la mamá de Caperucita le (2) _____ (pedir) que llevara un poco de comida a la abuelita porque (3) _____ (estar) enferma y no (4) _____ (poder) cocinar. La mamá le (5) _____ (preparar) algunas cosas de comer y Caperucita (6) _____ (caminar) a la casa de su abuela. Caperucita (7) _____ (cantar) mientras (8) _____ (caminar), para no aburrirse. Por el camino, Caperucita (9) _____ (conocer) al lobo y (10) _____ (hablar) con él. Caperucita (11) _____ (ser) una persona muy sensible y (12) _____ (pensar) que el lobo (13) _____ (estar) muy solo, así que lo (14) _____ (invitar) a comer en casa de la abuelita. Cuando la abuela (15) _____ (saber) que el lobo también (16) _____ (vivir) solo, lo (17) _____ (adoptar) para hacerse compañía el uno al otro. Hoy el lobo y la abuelita (18) _____ (ser) muy felices en su casa.

5 Letizia Ortiz: la nueva reina Antes de casarse con el entonces príncipe Felipe, Letizia Ortiz vivía en un apartamento. Escribe oraciones en las que comparas sus quehaceres y obligaciones cuando vivía sola con los de ahora que es una reina. ¡Sé creativo/a! (7 x 2 pts. each = 14 pts.)

> **modelo**
> Cuando vivía sola Letizia Ortiz limpiaba la casa;
> ahora tiene diez empleados para limpiar la casa.

1. _____
2. _____
3. _____
4. _____
5. _____
6. _____
7. _____

6 Tu opinión Lee el siguiente fragmento del artículo "La Familia Real".

Casi cuarenta años después de que Juan Carlos fue coronado rey, su hijo Felipe VI se enfrenta a una segunda transición: dar sentido a la monarquía en la era de Internet. Su esposa, doña Letizia, que fue periodista antes que reina, lo está ayudando a conseguirlo: aunque Felipe VI no tiene el carisma natural de su padre, es un comunicador mucho más eficaz.

¿Crees que ser rey es un trabajo fácil o difícil? ¿Qué papeles o actividades pueden hacer los reyes hoy en día? ¿Te gustaría ser rey o reina? Escribe una composición sobre este tema en una hoja aparte. Expresa tu opinión dando ejemplos. Escribe por lo menos ocho oraciones.

(8 pts. for grammar + 8 pts. for vocabulary + 8 pts. for style = 24 pts.)

TEST A   Lección 4

La salud y el bienestar

1 Alberto no está bien (6 x 2 pts. each = 12 pts.)

Parte A Alberto está en cama en su casa y recibe un mensaje de correo electrónico de su amiga Lucía. Escucha lo que dice el mensaje y después indica si lo que dicen las oraciones es **cierto** o **falso**.

Cierto   Falso

_____ _____ 1. Alberto está muy enfermo.

_____ _____ 2. Es importante que Alberto tome muchas aspirinas.

_____ _____ 3. Para la tos, Lucía aconseja tomar un té.

Parte B Días más tarde, Alberto le escribe a Lucía. Escucha lo que responde Alberto y después indica si lo que dicen las oraciones es **cierto** o **falso**.

Cierto   Falso

_____ _____ 1. Alberto sigue enfermo.

_____ _____ 2. A Alberto le va muy bien en la universidad.

_____ _____ 3. Miguel es un amigo de la universidad.

2 La salud Completa cada oración con la palabra correcta de la lista, haciendo los cambios que sean necesarios. (8 x 2 pts. each = 16 pts.)

ánimo	calmantes	descansar	recuperarse	sano/a
aspecto	consultorio	mareado/a	resfriado	toser

1. Silvia va a _____ de la operación muy pronto.

2. Miguel tiene un _____ muy fuerte. Es mejor que se quede en casa.

3. El médico le dio unos _____ para los nervios.

4. ¡Manolo, no puedes seguir así! Tienes que dormir más y _____.

5. El _____ del Dr. López está en el tercer piso.

6. Tienes mal _____. ¿Te sientes bien?

7. Desde que hago ejercicio a diario mi estado de _____ es mucho mejor.

8. Estoy _____. Es mejor que me acueste un rato.

3 ¿Por o para? Completa las oraciones con la respuesta apropiada. (7 x 2 pts. each = 14 pts.)

1. El médico se prepara ____ (a. para / b. para colmo / c. por) sus consultas del día.

2. No estoy ____ (a. por fin / b. por siempre / c. para bromas), Carlitos. No juegues con la comida.

3. ____ (a. Por supuesto / b. Por lo general / c. Para siempre), ya tomé las pastillas. ¡Espero curarme cuanto antes!

4. No pudo hacer su trabajo ____ (a. para / b. por / c. por cierto) el dolor.

5. Me gusta correr ____ (a. para / b. por / c. por ahora) las tardes.

6. Lo mejor ____ (a. para / b. por / c. para mí) la tos es el té.

7. Tengo que estar en la cama, pero, ____ (a. por lo tanto / b. por si acaso / c. por lo menos), no tengo dolor.

| 181 | **Lección 4** Test A

4 Subjuntivo Completa estas oraciones de forma lógica. Usa el presente de subjuntivo.
(8 x 2 pts. each = 16 pts.)

1. Para mejorar la tos es necesario que (yo/beber) _____.

2. Dudo que las pastillas (ser) _____.

3. Los médicos quieren que todos nosotros (comer) _____.

4. Me alegro de que por fin (tú/sentirse) _____.

5. Es ridículo que más y más gente (tener) _____.

6. Para curarte, es mejor que tú (quedarse) _____.

7. No es bueno que las personas (trabajar) _____.

8. No creemos que Juan y su esposa (llevar) _____.

5 En el hospital Un chico enfermo y sus padres están en el hospital, y hoy se van a casa. Escribe tres mandatos que el médico les da a los padres para ayudar al hijo a recuperarse (usa mandatos formales) y tres mandatos que el médico le da al hijo (usa mandatos informales). (6 x 3 pts. each = 18 pts.)

A los padres:

1. _____
2. _____
3. _____

Al hijo:

4. _____
5. _____
6. _____

6 Para pensar Lee el texto y contesta las preguntas.

"Hoy en día, estudios científicos demuestran que muchas enfermedades graves están directamente relacionadas con la nutrición y el estilo de vida. Sin embargo, las ventas de comida rápida siguen aumentando. El sedentarismo —estilo de vida caracterizado por la ausencia de ejercicio— de la población es generalizado y millones de personas continúan fumando, a pesar de la probada relación causa-efecto entre el tabaco y el cáncer de pulmón (lung)".

¿Estás de acuerdo con este texto? ¿Crees que hay muchas personas que llevan estos estilos de vida, en perjuicio (harm) de su salud? ¿Por qué? ¿Qué estilo de vida llevas tú?

Escribe seis oraciones como mínimo y explica con ejemplos.

(8 pts. for grammar + 8 pts. for vocabulary + 8 pts. for style = 24 pts.)

_____
_____
_____
_____
_____
_____
_____
_____

| **182** | **Lección 4** Test A

TEST B   Lección 4

La salud y el bienestar

1 Amalia no está bien (6 x 2 pts. each = 12 pts.)

Parte A Amalia está enferma en casa. Hoy se siente mejor y le escribe un mensaje de correo electrónico a su amiga Elena. Escucha lo que dice el mensaje y después indica si lo que dicen las oraciones es **cierto** o **falso**.

Cierto	Falso	
_____	_____	1. El otro día, Amalia se desmayó.
_____	_____	2. El médico dijo que Amalia tiene la presión alta.
_____	_____	3. Amalia tiene mucho trabajo últimamente.

Parte B Días más tarde, Elena le escribe a Amalia. Escucha su respuesta y después indica si lo que dicen las oraciones es **cierto** o **falso**.

Cierto	Falso	
_____	_____	1. Elena cree que para estar sano es importante hacer ejercicio.
_____	_____	2. Elena quiere que Amalia duerma más.
_____	_____	3. Elena se compró un vestido verde.

2 La salud Completa cada oración con la palabra correcta de la lista. (8 x 2 pts. each = 16 pts.)

adelgazar	empeorar	fiebre	lastimarse	prevenir
dejar de fumar	engordar	herida	mejorar	tratamientos

1. Mi mamá está a dieta porque quiere _____ cinco kilos.
2. Con este jarabe, tu tos va a _____.
3. Juan Martín no puede correr por tres semanas para no _____ el pie (*foot*) otra vez.
4. _____ no es fácil, pero es necesario para estar sano.
5. Paquito tiene una _____ muy alta. Es mejor que lo lleves al hospital.
6. Estoy mejor, pero voy a quedarme en casa. No quiero _____.
7. No me gusta tomar pastillas. Prefiero los _____ naturales.
8. Tienes que cuidarte esta _____. Necesitas una venda.

3 ¿*Por* o *para*? Completa las oraciones con la respuesta apropiada. (7 x 2 pts. each = 14 pts.)

1. ¿_____ (a. Por supuesto / b. Por ejemplo / c. Por casualidad) tienes un calmante aquí?
2. Miguel y Cristina cambiaron los chocolates _____ (a. para / b. por / c. por lo tanto) fruta.
3. _____ (a. Por ejemplo / b. Por fin / c. Para siempre) le mejoró la fiebre, pero todavía se siente mal.
4. Compré verduras _____ (a. para / b. por / c. para colmo) hacer una ensalada.
5. Me gusta caminar _____ (a. para / b. por / c. por lo visto) el parque.
6. El médico sale _____ (a. para / b. por / c. por allí) el hospital a las 7 de la mañana.
7. No me duele, pero no voy a correr _____ (a. por otro lado / b. por supuesto / c. por si acaso).

4 Subjuntivo Completa estas oraciones de forma lógica. Usa el presente de subjuntivo.
(8 x 2 pts. each = 16 pts.)

1. El médico insiste en que yo (hacer) _____.
2. Para estar sano es importante que tú (comer) _____.
3. No es verdad que todos los calmantes (ser) _____.
4. Los padres quieren que sus hijos (estar) _____.
5. Para curarte la gripe es mejor que (quedarse) _____.
6. Mis padres me prohíben que yo (fumar) _____.
7. Preferimos que el médico nos (dar) _____.
8. Me molesta que la gente no (comer) _____.

5 La alimentación Cristian quiere mejorar su alimentación. Escribe tres mandatos informales afirmativos y tres mandatos informales negativos aconsejándole qué hacer y qué no hacer. (6 x 3 pts. each = 18 pts.)

Afirmativos:

1. _____
2. _____
3. _____

Negativos:

4. _____
5. _____
6. _____

6 Para pensar Lee el texto y contesta las preguntas.

"El gobernador del estado de Arkansas, EE.UU., quiere que los ciudadanos (*citizens*) de su estado que tengan problemas de obesidad mejoren su salud poniéndose a dieta y haciendo más ejercicio. Para conseguirlo, él mismo se puso a dieta para servir de modelo y adelgazó cien libras (*pounds*) en tres años. También, impuso (*imposed*) nuevas normativas para regular el valor nutritivo de la comida en las escuelas. Pero no todos están a favor. Muchos ciudadanos protestan, explicando que no todos quieren bajar de peso en una región donde la comida es parte central de la tradición cultural".

¿Qué piensas tú de los esfuerzos (*efforts*) del gobernador para mejorar la salud de la gente? ¿Tienen razón los ciudadanos que protestan? ¿Qué recomendaciones tienes tú para concienciar (*make aware*) a la población? Escribe seis oraciones como mínimo. Expresa tu opinión con ejemplos.
(8 pts. for grammar + 8 for vocabulary + 8 pts. for style = 24 pts.)

_____
_____
_____
_____
_____
_____
_____
_____

TEST C   Lección 4

La salud y el bienestar

1 Estar como un roble (*Healthy as an oak*) Telmo es instructor de yoga. Escucha lo que dice y responde a las preguntas con oraciones completas. (7 x 2 pts. each = 14 pts.)

1. ¿Qué tipo de dieta sigue Telmo? _____.
2. ¿Qué cosas suele comer? _____.
3. ¿Por qué evita consumir mucha sal? _____.
4. ¿Qué hace Telmo cuando está resfriado? _____.
5. ¿Qué consejo da Telmo para prevenir enfermedades? _____.
6. ¿Dónde vive Telmo? ¿Por qué? _____.
7. Según (*According to*) Telmo, ¿qué busca el yoga? _____.

2 Vocabulario Completa las oraciones con la forma apropiada de las palabras de la lista. Haz los cambios que sean necesarios. (6 x 2 pts. each = 12 pts.)

médico	pastilla	resfriado	vacuna
no tener buen aspecto	receta	tos	virus

Andrés (1) _____ y tiene mucha (2) _____.
Emilia cree que debe ir al (3) _____ para que le receten unas
(4) _____. Lo primero que el médico le pregunta a Andrés es si este año se puso
la (5) _____ contra la gripe. Andrés responde que sí. Por eso, el doctor piensa
que es sólo un (6) _____.

3 Mandatos para Hilda Hilda se siente deprimida y agotada. Debes darle recomendaciones para mejorar su estado de ánimo y su autoestima. Escribe mandatos con los verbos de la lista. (7 x 2 pts. each = 14 pts.)

bailar	relajarse	tener
comer	salir	tomar
descansar	ser	viajar

1. _____
2. _____
3. _____
4. _____
5. _____
6. _____
7. _____

4 Medicina natural Imagina que eres un(a) curandero/a que sabe mucho sobre plantas medicinales, alimentos saludables y medicina alternativa. Escribe siete recomendaciones o consejos para una amiga que siempre se enferma. En cada oración, utiliza un elemento de la **columna 1** y otro de la **columna 2**. (7 x 3 pts. each = 21 pts.)

proponer	té de hierbas
prohibir	trasnochar
recomendar	jugo de naranja
sugerir	grasas y dulces
es necesario	vitaminas y minerales
es importante	relajarse
rogar	desayunar bien
es urgente	practicar yoga

1. _____

2. _____

3. _____

4. _____

5. _____

6. _____

7. _____

5 ¿*Por o para*? Completa estas oraciones de forma lógica usando **por** o **para**. (8 x 2 pts. each = 16 pts.)

1. A mi profesor(a) de español le gusta pasear _____.

2. Mis padres una vez estuvieron en _____.

3. Yo cambiaría un regalo _____.

4. Mis compañeros de clase hablan muchas veces _____.

5. Miguel y Mari fueron a Bogotá _____.

6. El año pasado mi tío Adriano trabajó _____.

7. Mi abuelo era un investigador que descubrió un tratamiento _____.

8. Una vez, tío Carlos llevó a su hijo al médico _____.

6 Tu opinión Lee este fragmento del artículo "De abuelos y chamanes".

"En Colombia, al igual que en otros países, hay un renovado interés por conocer las propiedades medicinales de las plantas que se han usado durante siglos. Instituciones gubernamentales, universidades y organizaciones ecologistas intentan recuperar y conservar estos conocimientos".

¿Qué opinas de la medicina natural y las plantas medicinales? ¿Las has utilizado alguna vez? ¿Crees que el gobierno debe apoyar (*to support*) la investigación sobre medicina natural o piensas que el sistema sanitario que tenemos es bastante bueno? En una hoja aparte, escribe una composición contestando estas preguntas. Escribe ocho oraciones como mínimo y explica con ejemplos. (8 pts. for grammar + 8 pts. for vocabulary + 7 pts. for style = 23 pts.)

Tests

TEST D   Lección 4

La salud y el bienestar

1 Estar como un roble (*Healthy as an oak*) Ivonne es instructora de taichi. Escucha lo que dice y responde a las preguntas con oraciones completas. (7 x 2 pts. each = 14 pts.)

    1. ¿Qué tipo de alimentos consume Ivonne habitualmente? _____

    2. ¿Qué es lo que no come? ¿Por qué? _____

    3. ¿Qué le gusta beber a Ivonne? _____

    4. ¿Qué hace Ivonne cuando está enferma? _____

    5. ¿Por qué no le gusta trasnochar a Ivonne? _____

    6. ¿Qué consejo da Ivonne para prevenir enfermedades? _____

    7. Según (*According to*) Ivonne, ¿qué busca el taichi? _____

2 Vocabulario Completa las oraciones con la forma apropiada de las palabras de la lista. Haz los cambios que sean necesarios. (6 x 2 pts. each = 12 pts.)

consultorio	gripe	medicina	recuperarse
descansar	jarabe	médico	tener mal aspecto

Manuel (1) _____ y probablemente tiene (2) _____,
pero no quiere ir al (3) _____ del médico. Carla cree que debería irse a casa
para (4) _____ y (5) _____. En general, a Manuel
no le gustan las (6) _____ porque cuando era niño tomó muchos antibióticos.

3 Mandatos para Regina Regina está resfriada y tiene fiebre. Debes darle recomendaciones para que se cuide y se cure. Escribe mandatos con los verbos de la lista. (7 x 2 pts. each = 14 pts.)

beber	hacer	salir
descansar	ir	tomar
dormir	quedarse en la cama	trabajar

    1. _____

    2. _____

    3. _____

    4. _____

    5. _____

    6. _____

    7. _____

Tests

4 Medicina natural Imagina que dos amigas tuyas tienen un estilo de vida poco saludable: miran televisión seis horas por día y sólo comen comida basura. Escribe siete recomendaciones o consejos para ellas. En cada oración, utiliza un elemento de la **columna 1** y otro de la **columna 2.**
(7 x 3 pts. each = 21 pts.)

aconsejar	pescado y verduras
querer	hamburguesas con papas fritas
recomendar	caminar
sugerir	pizzas
es necesario	frutas y verduras
es importante	consumir lácteos en lugar de grasas
es urgente	mirar televisión

1. _____
2. _____
3. _____
4. _____
5. _____
6. _____
7. _____

5 ¿Por o para? Completa estas oraciones de forma lógica usando **por** o **para**. (8 x 2 pts. each = 16 pts.)

1. Miguel, el señor de la limpieza, fue al médico _____.
2. Los médicos descubrieron una cura _____.
3. Cristina vivió en Monterrey _____.
4. Yo reviso mi correo electrónico tres veces _____.
5. A mí me gustaría cambiar mi rutina _____.
6. A las personas adultas les gusta pasear _____.
7. Una vez, mis padres estuvieron en _____.
8. Mi plan es vivir en un país extranjero _____.

6 Tu opinión Lee este fragmento del artículo "De abuelos y chamanes".

"Muchos de estos remedios caseros son más que simples 'recetas de la abuela'. Su uso proviene de los conocimientos milenarios que los curanderos y chamanes han ido pasando de generación en generación […] A pesar de la llegada de la medicina científica, muchas comunidades indígenas siguen practicando su medicina tradicional".

¿Eres partidario (*supporter*) de las plantas medicinales y la medicina natural? ¿Piensas que las plantas medicinales pueden sustituir a los medicamentos y a los productos farmacéuticos? En una hoja aparte, escribe una composición contestando estas preguntas. Escribe ocho oraciones como mínimo y explica con ejemplos. (8 pts. for grammar + 8 pts. for vocabulary + 7 pts. for style = 23 pts.)

TEST A   Lección 5

Los viajes

1 Preparativos Escucha la conversación entre Éric y Fabiola sobre los preparativos de su viaje. Escribe **Sí** al lado de los preparativos que ya están listos. Escribe **No** al lado de los que todavía no están listos e indica quién los va a hacer. (8 x 1.5 pts. each = 12 pts.)

Preparativos	¿Listos? Sí o No	Si no, ¿quién va a hacerlo? Fabiola	Éric
1. Itinerario			
2. Pasajes del aeropuerto al hotel			
3. Reservar las habitaciones del hotel			
4. Comprar guía turística			
5. Pasaportes			
6. Comprar mapas			
7. Las maleta de Fabiola			
8. Las maletas de Éric			

2 Definiciones Empareja cada palabra con su definición. (8 x 2 pts. each =16 pts.)

1. _____ que puede causar daño
2. _____ no llegar a tiempo para tomar un avión
3. _____ objeto que sujeta al viajero a su asiento para prevenir daño en caso de accidente
4. _____ a mucha distancia
5. _____ resultado de venir a un lugar
6. _____ anuncio o mensaje para informar
7. _____ división entre países
8. _____ acto de decir adiós

a. aviso
b. cinturón de seguridad
c. despedida
d. frontera
e. lejano/a
f. llegada
g. peligroso/a
h. perder el vuelo

3 Preguntas Contesta estas preguntas con la forma negativa de las palabras subrayadas. (6 x 2 pts. each = 12 pts.)

> **modelo**
> ¿Vas a visitar algun museo en Guatemala?
> **No, no voy a visitar ningún museo en Guatemala.**

1. ¿Sabes <u>algo</u> sobre este crucero? No, _____.
2. ¿Conoces <u>algún</u> lugar con playas bonitas? No, _____.
3. ¿Le dijiste a <u>alguien</u> adónde íbamos? No, _____.
4. ¿Vas <u>siempre</u> solo de vacaciones? No, _____.
5. ¿Quieres viajar en tren <u>o</u> en autobús? No, _____.
6. ¿Tú vas al hotel <u>también</u>? Éric no va. No, _____.

4 ¿Indicativo o subjuntivo? Completa las oraciones de forma lógica. Usa un verbo distinto en cada oración. (6 x 3 pts. each = 18 pts.)

1. Queremos una guía turística que _____ .

2. Estamos esperando el tren que _____ .

3. Espero encontrar un crucero que _____ .

4. Necesito unas vacaciones que _____ .

5. Van a visitar un país que _____ .

6. ¿Hay habitaciones aquí que _____ ?

5 Turismo Escribe frases usando comparativos o superlativos o superlativos absolutos. Usa las palabras que están en paréntesis. (6 x 3 pts. each = 18 pts.)

1. (pasaje / barato)

_____

2. (crucero / lujoso)

_____

3. (restaurante / elegante)

_____

4. (vuelo / retrasado)

_____

5. (hotel / cómodo)

_____

6. (guía turístico / amable)

_____

6 Para pensar Lee el texto y contesta las preguntas.

"El turismo ecológico o el ecoturismo consiste en viajes o actividades turísticas centrados en la preservación y la apreciación del medio ambiente, tanto natural como cultural. Implica (*implies*) un viaje a ciertas regiones para disfrutar del medio natural y de su cultura, para promover su apreciación y para concienciar tanto a los lugareños (*locals*) como a los visitantes sobre la importancia de la conservación de sus recursos".

¿Qué opinión tienes tú del ecoturismo? ¿Te gustaría practicarlo? ¿Qué lugar o lugares son, en tu opinión, buenos destinos para un viaje de turismo ecológico?

Escribe un párrafo de seis oraciones como mínimo, expresando tu opinión con ejemplos.
(8 pts. for grammar + 8 pts. for vocabulary + 8 pts. for style = 24 pts.)

_____
_____
_____
_____
_____

TEST B

Los viajes

Lección 5

1 Preparativos Escucha la conversación entre Diana y Johnny sobre los preparativos de su viaje. Escribe **Sí** al lado de los preparativos que ya están listos. Escribe **No** al lado de los que todavía no están listos e indica quién los va a hacer. (8 x 1.5 pts. each = 12 pts.)

Preparativos	¿Listos? Sí o No	Si no, ¿quién va a hacerlo? Diana	Johnny
1. Itinerario			
2. Pasajes del aeropuerto al hotel			
3. Reservación de hotel			
4. Maletas de Johnny			
5. Maletas de Diana			
6. Pasaporte de Johnny			
7. Pasaporte de Diana			
8. Comprar guía turística			

2 Definiciones Empareja cada palabra con su definición. (8 x 2 pts. each = 16 pts.)

1. _____ quedarse en un lugar a pasar la noche
2. _____ dentro de un barco, tren, avión, autobús
3. _____ palabras para recibir la llegada de un visitante
4. _____ deporte submarino
5. _____ pasada la fecha límite de un documento
6. _____ período de tiempo con mayor número de turistas
7. _____ tipo de hotel más barato y, generalmente, con menos comodidades
8. _____ billete que permite viajar a un destino y regresar al punto de salida

a. a bordo
b. albergue
c. alojarse
d. bienvenida
e. buceo
f. pasaje de ida y vuelta
g. temporada alta
h. vencido

3 Preguntas Reescribe estas oraciones transformando las afirmativas en negativas y viceversa. Usa el opuesto de las palabras subrayadas. (6 x 2 pts. each = 12 pts.)

> **modelo**
>
> Ella no conoce a <u>ningún</u> guía turístico.
>
> **Ella conoce a algunos guías turísticos.**

1. Yo <u>siempre</u> viajo en avión. _____.
2. Yo compré <u>algo</u> durante mis vacaciones. _____.
3. Tú <u>tampoco</u> usas el cinturón de seguridad _____.
4. Ellos conocen <u>algunas</u> islas del Caribe. _____.
5. No le dije el precio del hotel a <u>nadie</u>. _____.
6. No me gusta viajar <u>ni</u> en noviembre <u>ni</u> en diciembre. _____.

4 ¿Indicativo o subjuntivo? Completa las oraciones de forma lógica. Usa un verbo distinto en cada oración. (6 x 3 pts. each = 18 pts.)

1. Buscamos una agencia de viajes que _____ .

2. Estamos esperando el tren que _____ .

3. Esperan conocer un lugar que _____ .

4. Necesitas un hotel que _____ .

5. Van a visitar una ciudad que _____ .

6. ¿Conoces una guía turística que _____ ?

5 Turismo Escribe frases usando comparativos o superlativos o superlativos absolutos. Usa las palabras que están en paréntesis. (6 x 3 pts. each = 18 pts.)

1. (excursión / costosa)

   _____

2. (edificio / viejo)

   _____

3. (museo / grande)

   _____

4. (playa / bonita)

   _____

5. (tren / rápido)

   _____

6. (comida / deliciosa)

   _____

6 Para pensar Lee el texto y contesta las preguntas.

"Perú ofrece dos tipos principales de turismo: el turismo vivencial y el turismo de aventura. El primero se caracteriza por alojar al viajero con una familia local que le enseña sus hábitos y costumbres. El turismo de aventura responde al interés en practicar diferentes clases de deportes, como escalar montañas, navegar en canoa, hacer ciclismo en la nieve (*snow*) y *surfing*, entre otros".

¿Qué opinión tienes tú de estos dos tipos de turismo? En tu opinión, ¿qué tipo de viajero crees tú que está más interesado en cada uno de estos dos tipos de turismo? ¿Cuál prefieres tú?

Escribe un párrafo de seis oraciones como mínimo, expresando tu opinión con ejemplos.
(8 pts. for grammar + 8 pts. for vocabulary + 8 pts. for style = 24 pts.)

_____

_____

_____

_____

_____

_____

TEST C

Lección 5

Los viajes

1 Unas vacaciones inolvidables El año pasado la familia de Adriana no se ponía de acuerdo en sus planes de vacaciones. Escucha lo que pasó y contesta las preguntas. (7 x 2 pts. each = 14 pts.)

1. ¿Dónde quería ir el padre de Adriana? _____

2. ¿Dónde quería ir su madre? _____

3. ¿Qué tipo de viajes le gustan a Adriana? _____

4. ¿Qué hicieron al final? _____

5. ¿Lo pasaron bien? ¿Por qué? _____

6. ¿Qué problema tuvieron? _____

7. ¿Qué medio de transporte utilizaron Adriana y su madre para volver a casa? _____

2 Una tarjeta postal Adriana le escribe una tarjeta postal a su mejor amigo. Escribe el texto de la postal utilizando al menos seis de las palabras de la lista. (6 x 2 pts. each = 12 pts.)

a bordo	habitación	olas
aventura	itinerario	popa
crucero	navegar	puerto

_____

_____

_____

_____

_____

_____

3 ¡Las comparaciones son odiosas! Algunas personas siempre están haciendo comparaciones. Imagina que eres una de esas personas y compara los elementos de cada par utilizando las construcciones comparativas que has aprendido. (6 x 3 pts. each = 18 pts.)

1. Nueva York / Buenos Aires _____

2. viajar en avión / viajar en tren _____

3. un crucero por el Adriático / unas vacaciones en la selva _____

_____

4. mis padres / yo _____

5. un hotel de cinco estrellas / una casa rural _____

_____

6. las vacaciones / la vida cotidiana _____

| **193** | **Lección 5** Test C

4 Un viaje al Orinoco Susana y Miguel van a viajar a Venezuela para escribir un reportaje sobre ecoturismo. Completa estas oraciones de forma lógica utilizando el subjuntivo cuando sea necesario. ¡Sé creativo/a! (8 x 2.5 pts. each = 20 pts.)

1. Miguel y Susana tienen un guía que _____.
2. Miguel y Susana necesitan un libro que _____.
3. Susana quiere hacer un reportaje que _____.
4. Miguel busca ropa que _____.
5. En Venezuela, Susana y Miguel no conocen a nadie que _____.
6. Miguel conoce a alguien en el hotel que _____.
7. Susana tiene una prima en Venezuela que _____.
8. Miguel quiere tomar unas fotos que _____.

5 Llevar la contraria Has ido de viaje a Guatemala con tu mejor amigo y, de repente, descubres que no están de acuerdo en casi nada. Responde a sus comentarios o preguntas usando el opuesto de las palabras subrayadas. (8 x 2 pts. each = 16 pts.)

1. ¿No tienes nada de hambre? _____
2. ¿Conoces a alguien en Antigua? _____
3. Siempre me gusta desayunar en una terraza. _____
4. ¿Vamos a la playa de Monterrico o a Las Lisas? _____
5. También quiero ir a ver el volcán Tajumulco. _____
6. ¿Hay alguna excursión que te interese? _____
7. ¿Quieres comprar algo de recuerdo? _____
8. Siempre viajo con mucho equipaje. _____

6 Tu opinión Lee este fragmento del artículo "La ruta del café".

"Los precios bajos del café de los últimos años han llevado a los productores centroamericanos a diversificar sus actividades: han iniciado el cultivo de café orgánico, han creado cooperativas de comercio justo (*fair trade*) que buscan alcanzar precios más equitativos para productores y consumidores...".

¿Qué opinas de la idea del "comercio justo"? ¿Crees que puede contribuir a un mundo también más justo? En una hoja aparte, escribe una composición contestando a estas preguntas. Escribe ocho oraciones como mínimo y expresa tu opinión con ejemplos.

(7 pts. for grammar + 7 pts. for vocabulary + 6 pts. for style = 20 pts.)

Nombre _____   Fecha _____

Tests

TEST D

Lección 5

Los viajes

1 Unas vacaciones inolvidables Julio y su familia tenían ideas muy diferentes para las vacaciones de verano. Escucha lo que pasó y contesta las preguntas. (7 x 2 pts. each = 14 pts.)

1. ¿Adónde quería ir el padre de Julio? _____

2. ¿Adónde quería ir su madre? _____

3. ¿Qué sitios le gustan a Julio? _____

4. ¿Qué hicieron al final? _____

5. ¿Lo pasaron bien? ¿Por qué? _____

6. ¿Qué problema tuvieron? _____

7. ¿Qué medio de transporte utilizaron Julio y su padre para volver a casa? _____

2 Una tarjeta postal Julio le escribe una tarjeta postal a su mejor amigo. Escribe el texto de la postal utilizando al menos seis de las palabras de la lista. (6 x 2 pts. each = 12 pts.)

alojamiento	guía turístico	pasaje
aventura	hotel	ruinas
campamento	maletas	selva

_____

_____

_____

_____

_____

_____

3 ¡Las comparaciones son odiosas! Algunas personas siempre están haciendo comparaciones. Imagina que eres una de esas personas y compara los elementos de cada par utilizando las construcciones comparativas que has aprendido. (6 x 3 pts. each = 18 pts.)

1. Toronto / Miami _____

2. viajar en avión / viajar en barco _____

3. un crucero por el Mediterráneo / unas vacaciones de ecoturismo _____

    _____

4. mis amigos / yo _____

5. la temporada alta / la temporada baja _____

    _____

6. un hotel de lujo / una tienda de campaña (*tent*) _____

    _____

Tests

4 Un viaje a la ruta Maya Susana y Miguel van a viajar a Centroamérica para sacar fotos de la Ruta Maya. Completa estas oraciones de forma lógica, utilizando el subjuntivo cuando sea necesario. ¡Sé creativo/a! (8 x 2.5 pts. each = 20 pts.)

1. Miguel conoce a alguien en la selva que _____.
2. Miguel y Susana necesitan un guía que _____.
3. Miguel y Susana tienen unas maletas que _____.
4. Susana quiere sacar unas fotos que _____.
5. Miguel y Susana buscan a una persona que _____.
6. En Centroamérica, Susana y Miguel no conocen a nadie que _____.
7. Susana tiene una tía en Guatemala que _____.
8. Miguel quiere ver un sitio arqueológico que _____.

5 Todo lo contrario Has ido de viaje a Costa Rica con tu mejor amigo y, de repente, descubres que no están de acuerdo en casi nada. Responde a sus comentarios o preguntas usando el opuesto de las palabras subrayadas. (8 x 2 pts. each = 16 pts.)

1. ¿Tienes algo de hambre? _____
2. ¿Conoces a alguien en Sarapiquí? _____
3. Siempre me gusta desayunar en la cama. _____
4. ¿Vamos a Puerto Limón o a Isla del Coco? _____
5. También quiero ir a San José. _____
6. ¿Hay alguna ruta histórica que te interese? _____
7. ¿Quieres comprar algo para llevarle a tu madre? _____
8. Siempre viajo con muchas maletas. _____

6 Tu opinión Lee la cita del escritor español Enrique Jardiel Poncela.

"Viajar es imprescindible y la sed de viaje, un síntoma neto de inteligencia" .

¿Estas de acuerdo con esta cita? ¿Por qué crees que el autor hace una distinción entre viajar y la sed de viaje? ¿Cómo deben sentirse las personas que no pueden viajar porque no tienen dinero? En una hoja aparte, escribe una composición contestando a estas preguntas. Escribe ocho oraciones como mínimo y expresa tu opinión con ejemplos.

(7 pts. for grammar + 7 pts. for vocabulary + 6 pts. for style = 20 pts.)

TEST A

Lección 6

La naturaleza

1 Imágenes de la naturaleza Escucha la descripción que hace Laura de cinco fotografías que seleccionó para un proyecto escolar. Ordena las imágenes de acuerdo con la descripción. (5 x 3 pts. each = 15 pts.)

a. _____ b. _____ c. _____ d. _____ e. _____

2 Vocabulario Selecciona la palabra que no está relacionada con cada grupo. (6 x 1.5 pt. each = 9 pts.)

1. desierto	cordillera	montaña	húmedo
2. trueno	relámpago	seco	tormenta
3. paisaje	conejo	serpiente	rana
4. terremoto	combustible	inundación	huracán
5. agotar	destruir	resolver	desaparecer
6. prevenir	proteger	conservar	amenazar

3 ¿Indicativo o subjuntivo? Completa las oraciones con la forma correcta del verbo entre paréntesis. (8 x 2 pts. each = 16 pts.)

1. Tan pronto como todos nosotros _____ (empezar) a conservar combustible, el aire estará menos contaminado.

2. Debemos conservar energía para que los recursos no _____ (agotarse).

3. Mientras la gente _____ (seguir) usando vasos y platos desechables, el problema de la basura no se va a resolver.

4. Cuando los carros híbridos _____ (salir) al mercado, costaban mucho dinero.

5. Antes de que los abuelos le _____ (comprar) un perrito a mi hijo, vamos a enseñarle muy bien a cuidarlo.

6. El calentamiento global sigue avanzando sin que nadie _____ (poder) hacer nada.

7. No les regales un gato a tus amigos, en caso de que _____ (ellos, ser) alérgicos.

8. Compraré los peces cuando _____ (ir) al centro.

4 Preposiciones Completa las oraciones con palabras de la lista. Escribe **X** si no se necesita preposición. (8 x 2 pts. each = 16 pts.)

a	con	hacia
al	conmigo/contigo/consigo	

A. Perdona que te escriba en lugar de hablar (1) _____ personalmente. Cuando vengo (2) _____ tu casa, siento que tienes una actitud negativa (3) _____ mí. ¿No quieres hablar (4) _____? ¡(5) _____ lo que yo te aprecio!

B. —¿Sabes (6) _____ qué hora es el concierto?

—No estoy seguro, pero pienso ir (7) _____ teatro ahora.

¿Quieres (8) _____ acompañarme?

5 Un mundo mejor Piensa en las cosas que tú puedes hacer para proteger el medio ambiente. Escribe seis oraciones, combinando elementos de las dos columnas, para decir qué harás y qué no harás. Usa el futuro. (6 x 3 pts. each = 18 pts.)

conservar	(el) agua
contaminar	(los) árboles
cuidar	(los) bosques
destruir	(el) combustible
malgastar	(la) electricidad
proteger	(las) especies en peligro de extinción
usar	(los) productos desechables

1. _____
2. _____
3. _____
4. _____
5. _____
6. _____

6 Para pensar Lee el texto y contesta las preguntas.

El ecólogo español Ramón Margalef dijo: "El hombre no sólo es un problema para sí mismo, sino también para la biosfera en que le ha tocado vivir". ¿Estás de acuerdo con esta afirmación? ¿Crees que los seres humanos se causan tanto daño a ellos mismos como al medioambiente? ¿Piensas que el hombre causa más daño o más beneficio al medioambiente? Expresa tu opinión con detalles. Escribe seis oraciones como mínimo. (9 pts. for grammar + 9 pts. for vocabulary + 8 pts. for style = 26 pts.)

_____
_____
_____
_____
_____
_____
_____

TEST B

La naturaleza

Lección 6

1 Imágenes de la naturaleza Escucha la descripción que hace Laura de cinco fotografías que seleccionó para un proyecto escolar. Ordena las imágenes de acuerdo con la descripción. (5 x 3 pts. each = 15 pts.)

a. _____ b. _____ c. _____ d. _____ e. _____

2 Vocabulario Selecciona la palabra que no está relacionada con cada grupo. (6 x 1.5 pt. each = 9 pts.)

1. inundación	terremoto	cordillera	incendio
2. vaca	oveja	cerdo	pájaro
3. proteger	extinguirse	desaparecer	agotar
4. tóxico	renovable	dañino	venenoso
5. erosión	deforestación	desarrollo	calentamiento global
6. arrecife	costa	mar	montaña

3 ¿Indicativo o subjuntivo? Completa las oraciones con la forma correcta del verbo entre paréntesis. (8 x 2 pts. each = 16 pts.)

1. No le regales peces a Sara, a menos que ella te los _____ (pedir).

2. Cuando vamos a la ciudad, siempre _____ (visitar) el zoológico.

3. Existe un programa de conservación para que los ciudadanos _____ (aprender) todo sobre el reciclaje.

4. Prometo decirte la verdad, siempre que tú me _____ (prometer) mantenerla en secreto.

5. Las calles se inundaron (*flooded*) en cuanto _____ (empezar) la tormenta.

6. Puedes ducharte en mi casa, con tal de que no _____ (usar) demasiada agua.

7. Aunque el agua _____ (parecer) limpia, tiene sustancias tóxicas.

8. En cuanto _____ (llegar) a casa, llamaré a María.

Tests

4 Preposiciones Completa las oraciones con las palabras de la lista. Escribe **X** si no se necesita preposición. (8 x 2 pts. each = 16 pts.)

a	con	hacia
al	conmigo/contigo/consigo	

A. —¿Viste (1) _____ Pedro, mi gatito? Oí su voz (2) _____ abrir la puerta y, cuando empecé a caminar (3) _____ la habitación, desapareció.

— (4) _____ mí no me preguntes. Sólo sé que debes abrir la puerta (5) _____ cuidado.

B. Busco (6) _____ amigos para ir (7) _____ cine juntos. ¿Quieres ver una película (8) _____?

5 Un mundo mejor Piensa en lo que tú puedes hacer para cuidar el medio ambiente. Escribe seis oraciones con elementos de las dos columnas para decir qué harás y qué no harás. Usa el futuro.
(6 x 3 pts. each = 18 pts.)

conservar	agua
cuidar	animales
destruir	árboles
malgastar	bosques
proteger	combustible
reciclar	especies en peligro de extinción
usar	plásticos y papel

1. _____
2. _____
3. _____
4. _____
5. _____
6. _____

6 Para pensar Lee el texto y contesta las preguntas.

El ecólogo español Ramón Margalef dijo: "El hombre no sólo es un problema para sí, sino también para la biosfera en que le ha tocado vivir". ¿Estás de acuerdo con esta afirmación? ¿Cómo se causa el hombre problemas a sí mismo? ¿De qué manera causa problemas al medio ambiente? Expresa tu opinión con detalles. Escribe seis oraciones como mínimo.

(9 pts. for grammar + 9 pts. for vocabulary + 8 pts. for style = 26 pts.)

_____
_____
_____
_____
_____
_____
_____

Tests

TEST C   Lección 6

La naturaleza

1 Entrevista con la doctora Carvajal Una especialista en temas del medio ambiente va a hablar en la radio. Escucha lo que dice y contesta las preguntas con oraciones completas. (5 x 3 pts. each = 15 pts.)

1. ¿Por qué está hablando en la radio la doctora?
_____

2. ¿Qué tipo de libro escribió?
_____

3. ¿Cuál es el formato del manual?
_____

4. ¿Qué cree la doctora Carvajal sobre el futuro del planeta?
_____

5. ¿Qué quiere la doctora que aprendan los niños y jóvenes de esta predicción?
_____

2 Descripciones Escribe una descripción del lugar que aparece en la fotografía para un folleto turístico. Usa al menos seis de las palabras de la lista. (6 x 2 pts. each = 12 pts.)

a orillas de	arrecife	mar	pez
al aire libre	costa	palmera	playa

_____
_____
_____
_____
_____

3 La ecología Completa las oraciones utilizando la forma adecuada del verbo entre paréntesis. (6 x 3 pts. each = 18 pts.)

1. A menos que (cambiar) _____ de hábitos, agotaremos los recursos naturales.
2. Debemos ahorrar agua antes de que (agotarse) _____.
3. Siempre que (tener) _____ tiempo, voy al trabajo en bicicleta.
4. Cuando nosotros (reciclar) _____ toda nuestra basura, el mundo estará más limpio.
5. Los ecologistas lucharán para que los animales no _____ (extinguirse).
6. Aunque nosotros (ahorrar) _____ energía, no es suficiente; es preciso utilizar energía limpia.

4 Historias de ciencia ficción En el año 2150 los seres humanos vivirán en contacto con la naturaleza, respetando el medio ambiente. Imagina cómo será la vida de tus descendientes y haz predicciones contestando estas preguntas. (7 x 3 pts. each = 21 pts.)

1. ¿Qué harán y dónde vivirán tus descendientes?

   _____

2. ¿Cómo serán los bosques?

   _____

3. ¿Qué pasará con los peces, los ríos y el mar?

   _____

4. ¿Qué ocurrirá en las ciudades?

   _____

5. ¿Cómo se transportarán las personas?

   _____

6. ¿Qué comerán las personas?

   _____

7. ¿Cómo vivirán los animales?

   _____

5 Instrucciones Daniel se va unos días a acampar a un parque natural y necesita dejar a su mascota en la oficina. Imagina que eres Daniel. Escribe una nota con instrucciones para tus compañeros. Usa las palabras y frases de la lista. (7 x 2 pts. each = 14 pts.)

a	conmigo	hacia las cinco
a las ocho	con cariño	hacia la ventana
con		

_____

_____

_____

_____

6 Tu opinión Lee esta cita y contesta las preguntas.

"El hombre no sólo es un problema para sí, sino también para la biosfera en que le ha tocado vivir" (Ramón Margalef, ecólogo español).

¿Estás de acuerdo con esta afirmación de Ramón Margalef? ¿En qué aspectos piensas que el hombre es un peligro para la biosfera y el medio ambiente? ¿Qué soluciones se te ocurren al respecto?

En una hoja aparte, expresa tu opinión con detalles. Escribe ocho oraciones como mínimo.
(7 pts. for grammar + 7 pts. for vocabulary + 6 pts. for style = 20 pts.)

TEST D   Lección 6

La naturaleza

1 Entrevista con la doctora Carvajal Una especialista en el medio ambiente va a hablar en la radio. Escucha lo que dice y contesta las preguntas con oraciones completas. (5 x 3 pts. each = 15 pts.)

1. ¿En qué consiste el último libro de la doctora?

   _____

2. ¿Qué dice la doctora Carvajal sobre el futuro del mundo animal?

   _____

3. ¿Cómo empieza la historia?

   _____

4. ¿Sobre qué habla el cuento número tres?

   _____

5. Según esta predicción, ¿qué les va a pasar a los pájaros?

   _____

2 Descripciones Escribe una descripción atractiva del lugar que aparece en la fotografía para un folleto turístico. Usa al menos seis de las palabras de la lista. (6 x 2 pts. each = 12 pts.)

al aire libre	desierto	paisaje	serpiente
cielo	montaña	seco/a	venenoso/a

_____

_____

_____

_____

_____

3 La ecología Completa las oraciones utilizando la forma adecuada del verbo entre paréntesis. (6 x 3 pts. each = 18 pts.)

1. A menos que (ahorrar) _____ agua, tendremos problemas de sequía.
2. Debemos utilizar energías renovables antes de que (agotarse) _____ los recursos naturales.
3. Siempre que (tener) _____ tiempo, voy al trabajo caminando.
4. Cuando nosotros (proteger) _____ a las especies en peligro, estaremos contribuyendo a la biodiversidad.
5. La organización *Greenpeace* lucha para que las ballenas no (extinguirse) _____.
6. Aunque nosotros (reciclar) _____, no es suficiente; es preciso consumir menos.

4 Historias de ciencia ficción En el año 2150 los seres humanos vivirán en contacto con la naturaleza, respetando el medio ambiente. Imagina la vida de tus descendientes y haz predicciones contestando estas preguntas. (7 x 3 pts. each = 21 pts.)

1. ¿Qué harán y dónde vivirán los seres humanos?
   _____

2. ¿Cómo estarán los campos y los árboles?
   _____

3. ¿Qué ocurrirá con las playas y el mar?
   _____

4. ¿Qué pasará con el tráfico en las ciudades?
   _____

5. ¿Qué medio de transporte utilizarán las personas?
   _____

6. ¿Cómo serán las casas?
   _____

7. ¿Qué relación tendrá el hombre con los animales?
   _____

5 Instrucciones Estela se va unos días de vacaciones a la montaña y necesita dejar a su perrita Lulú con sus compañeros de trabajo. Imagina que eres Estela. Escribe una nota con instrucciones para tus compañeros. Usa las palabras y frases de la lista. (7 x 2 pts. each = 14 pts.)

a la mesa	con cuidado	hacia las cinco
a las siete	conmigo	hacia otros perros
con		

_____
_____
_____
_____
_____
_____

6 Tu opinión Lee este fragmento del artículo "Los bosques del mar" y contesta las preguntas.

"Lamentablemente, los arrecifes están en peligro por culpa de la mano del hombre. La construcción desmedida en las costas y la contaminación de las aguas por los desechos (*waste*) de las alcantarillas (*sewers*) provocan una sedimentación que enturbia el agua y mata el coral [...] La pesca descontrolada, el exceso de turismo y la recolección de coral por parte de los buceadores son otros de sus grandes enemigos".

¿Conoces alguna otra especie animal o vegetal que esté en peligro de extinción? ¿Por qué se produce la extinción de las especies? ¿Qué podemos hacer nosotros para proteger a las especies en peligro?

En una hoja aparte, expresa tu opinión con detalles. Escribe ocho oraciones como mínimo.
(7 pts. for grammar + 7 pts. for vocabulary + 6 pts. for style = 20 pts.)

Tests

TEST A   Lección 7

La tecnología y la ciencia

1 Un gran invento Walter es un científico excéntrico que siempre está inventando cosas extrañas. Escucha su conversación con un amigo científico y escribe el nombre de cada invento. Después, decide si los inventos de Walter son realmente útiles (*useful*) o simples tonterías (*nonsense*). (5 x 3 pts. each = 15 pts.)

1. _____   útil   tontería
2. _____   útil   tontería
3. _____   útil   tontería
4. _____   útil   tontería
5. _____   útil   tontería

2 Definiciones Empareja cada definición con la palabra correcta. (6 x 2 pts. each = 12 pts.)

____ 1. conocimiento de algo antes desconocido
____ 2. la palabra secreta para entrar en tu correo electrónico
____ 3. el instrumento para poder ver las estrellas de cerca
____ 4. criatura que vive en un planeta diferente a la Tierra
____ 5. la fuerza que atrae todo al centro de la Tierra
____ 6. analizar o estudiar algo para confirmar si es correcto

a. comprobar
b. contraseña
c. descubrimiento
d. experimento
e. extraterrestre
f. gravedad
g. inalámbrico/a
h. telescopio

3 ¿Qué han hecho? Mira las fotos y describe qué ha pasado en cada una. Usa las palabras que están entre paréntesis y el pretérito perfecto sin repetir verbos. (5 x 3 pts. each = 15 pts.)

1. (teléfono) _____

2. (enojarse) _____

3. (puesto de trabajo) _____

4. (película) _____

5. (buenas noticias) _____

Tests

4 ¿Qué había ocurrido? Combina los elementos para formar oraciones completas. Usa el pluscuamperfecto y haz los cambios necesarios. (6 x 3 pts. each = 18 pts.)

> **modelo**
> Yo terminé el artículo a las 5:00. Tú me llamaste a las 5:15.
> *Yo ya había terminado el artículo cuando me llamaste.*

1. Ana patentó su invento en abril. Miguel descubrió la fórmula en junio.

   _____

2. Nosotros recibimos el mensaje de texto a las 8:15. Anabel llamó a las 9.

   _____

3. Yo estudié informática hace tres años. Me contrataron en la empresa hace un mes.

   _____

4. Yo guardé los documentos por la mañana. Se fue la luz al mediodía.

   _____

5. Ellos enviaron todos los mensajes a las 10:05. La batería del celular se gastó a las 10:15.

   _____

6. Tú viste una estrella fugaz a las 5:50. Yo me compré el telescopio a las 6:00.

   _____

5 Aumentativos y diminutivos Usa diminutivos y aumentativos para escribir una palabra que corresponda a cada descripción. (7 x 2 pts. each = 14 pts.)

1. una prenda de vestir para dormir: _____
2. una flor pequeña y bonita: _____
3. un golpe dado con la rodilla: _____
4. una mujer muy grande: _____
5. una persona que nunca cambia de opinión: _____
6. una palabra fea y desagradable: _____
7. una luz pequeña: _____

6 Para pensar Lee el texto y contesta las preguntas.

"El uso generalizado del teléfono celular nos ha obligado a crear nuevas normas de conducta para asegurar que nuestra conversación privada no moleste a los que están a nuestro alrededor. Por ejemplo, ya hay muchos restaurantes en donde está prohibido hablar por teléfono celular".

¿Qué otras normas de etiqueta sobre el uso de los teléfonos celulares conoces o crees que son necesarias? ¿Te molesta oír las conversaciones de otras personas? ¿O crees que todo el mundo debería poder usar su teléfono celular en cualquier lugar? Escribe seis oraciones como mínimo y expresa tu opinión con ejemplos. (9 pts. for grammar + 9 pts. for vocabulary + 8 pts. for style = 26 pts.)

_____

_____

_____

_____

_____

_____

_____

_____

Tests

TEST B   Lección 7

La tecnología y la ciencia

1 Un gran invento Cecilia es una científica excéntrica que siempre está inventando cosas extrañas. Escucha su conversación con un amigo científico y escribe el nombre de cada invento. Después, decide si los inventos de Cecilia son realmente útiles (*useful*) o simples tonterías (*nonsense*). (5 x 3 pts. each = 15 pts.)

1. _____ útil tontería
2. _____ útil tontería
3. _____ útil tontería
4. _____ útil tontería
5. _____ útil tontería

2 Definiciones Empareja cada definición con la palabra correcta. (6 x 2 pts. each = 12 pts.)

____ 1. incluir un documento en un mensaje electrónico

____ 2. un estudio para comprobar si una teoría es cierta o falsa

____ 3. de un planeta diferente a la Tierra

____ 4. documento oficial en el que se le reconoce a alguien una invención y sus derechos derivados

____ 5. página web para encontrar información

____ 6. vehículo volador de origen desconocido, observado desde la Tierra

a. adjuntar
b. buscador
c. célula
d. descargar
e. experimento
f. extraterrestre
g. ovni
h. patente

3 ¿Qué han hecho? Mira las fotos y describe qué ha pasado en cada una. Usa las palabras que están entre paréntesis y el pretérito perfecto sin repetir ningún verbo. (5 x 3 pts. each = 15 pts.)

1. (recordar) _____
2. (dulce) _____
3. (enfermarse) _____
4. (brazo) _____
5. (en la ciudad) _____

Tests

4 ¿Qué había ocurrido? Combina los estos elementos para formar oraciones completas. Usa el pluscuamperfecto y haz los cambios necesarios. (6 x 3 pts. each = 18 pts.)

> **modelo**
> Yo terminé el artículo a las 5:00. Tú me llamaste a las 5:15.
> **Yo ya había terminado el artículo cuando me llamaste.**

1. Ana se compró una computadora en mayo. Miguel se registró en Twitter en julio.
   _____

2. Yo estudié física hace un año. Patenté mi invento hace cinco meses.
   _____

3. Nosotros mandamos un mensaje de texto a las 10:15. Anabel llegó a las 10:45.
   _____

4. Ellos vieron un ovni el mes pasado. Yo viajé a la Luna hace dos semanas.
   _____

5. Yo envié los correos electrónicos al mediodía. Me contrataron en la empresa por la tarde.
   _____

6. El biólogo descubrió la teoría en mayo. El artículo sobre la clonación se publicó en agosto.
   _____

5 Aumentativos y diminutivos Usa diminutivos y aumentativos para escribir una palabra que corresponda a cada descripción. (7 x 2 pts. each = 14 pts.)

1. una pantalla grandísima: _____
2. un amor a primera vista: _____
3. un gato pequeño y bonito: _____
4. una casa muy grande: _____
5. una ventana de carro: _____
6. una tela para el teatro: _____
7. un poco de agua: _____

6 Para pensar Lee el texto y contesta las preguntas.

"Hoy en día no es extraño ver titulares (*headlines*) que ofrecen consejos para combatir la adicción al correo electrónico o para evitar navegar en la red en horas de trabajo. El correo electrónico, la red, los mensajes instantáneos y Facebook han transformado nuestra vida cotidiana, y se han convertido para algunos en una obsesión difícil de controlar".

¿Por qué crees que esto es así? ¿Notas los efectos de esa obsesión en tu vida (o en las vidas de amigos/as)? ¿De qué manera te han afectado estos medios de comunicación? Escribe seis oraciones como mínimo y expresa tu opinión con ejemplos. (9 pts. for grammar + 9 pts. for vocabulary + 8 pts. for style = 26 pts.)

_____
_____
_____
_____
_____
_____
_____
_____

Tests

TEST C   Lección 7

La tecnología y la ciencia

1 Inventos extraordinarios Escucha una narración sobre un invento y después responde a las preguntas usando oraciones completas. (6 x 3 pts. each = 18 pts.)

1. ¿Qué dijo Charles Duell sobre los inventos?

   _____

2. ¿Cuándo se inventó el teléfono? _____

3. Según el texto, ¿por qué el teléfono celular es considerado un invento revolucionario?

   _____

4. ¿Qué sector de la población usa el teléfono celular?

   _____

5. Según la narración, ¿en qué se ha convertido el teléfono celular?

   _____

6. ¿Qué tienen los teléfonos celulares de tecnología más avanzada?

   _____

2 Definiciones Elige cinco de las palabras de la lista, indícalas con un círculo y luego escribe una definición para cada una de ellas. ¡Sé creativo/a! (5 x 3 pts. each = 15 pts.)

arroba	**científico**	**extraterrestre**	**ovni**
célula	**estrella fugaz**	**invento**	**teléfono celular**

1. _____
2. _____
3. _____
4. _____
5. _____

3 ¿Alguna vez lo has hecho? Escribe preguntas y respuestas usando esta información y la forma adecuada del verbo en pretérito perfecto. (5 x 3 pts. each = 15 pts.)

1. (viajar alguna vez a un país extranjero / tus abuelos) _____

   _____

2. (mentir alguna vez / tú) _____

   _____

3. (llorar al ver una película de terror / ustedes) _____

   _____

4. (suspender un examen / Juan y Daniel) _____

   _____

5. (hablar español con un hablante nativo / tú) _____

   _____

Tests

4 ¡Se había roto! Hace quince días Marta se fue de vacaciones y cuando volvió se encontró con muchos problemas en su casa. Describe qué había pasado con los objetos de la lista. Utiliza en cada oración un objeto de la **columna 1** y un verbo de la **columna 2.** ¡Sé creativo/a! (6 x 3 pts. each = 18 pts.)

pantalla de televisor	quemarse
teléfono inalámbrico	desconectarse
computadora	romperse
refrigerador	robar
reproductor de MP3	entrar un virus
teléfono fijo	caerse al suelo

1. _____
2. _____
3. _____
4. _____
5. _____
6. _____

5 Lenguaje infantil Juanito tiene cinco años y siempre habla utilizando diminutivos. Su primo Pepote tiene catorce y siempre utiliza aumentativos. Escribe una conversación entre los dos chicos utilizando al menos un aumentativo o un diminutivo en cada oración. (7 x 2 pts. each = 14 pts.)

JUANITO ¡Hola, primito! ¿Cómo estás? _____

PEPOTE _____

JUANITO _____

PEPOTE _____

JUANITO _____

PEPOTE _____

JUANITO _____

6 Tu opinión Lee esta cita y contesta las preguntas.

"Los inventos han alcanzado ya su límite, y no veo esperanzas de que se mejoren en el futuro".
(Julius Sextus Frontinus, ingeniero romano del siglo I).

¿Qué opinas de esta afirmación? ¿Cuáles han sido para ti los tres inventos más revolucionarios de la historia del hombre? ¿Por qué? Escribe un párrafo de por lo menos ocho oraciones. Expresa tu opinión con ejemplos. (7 pts. for grammar + 7 pts. for vocabulary + 6 pts. for style = 20 pts.)

_____
_____
_____
_____
_____
_____
_____

| 210 |

Tests

TEST D   Lección 7

La tecnología y la ciencia

1 Inventos extraordinarios Escucha una narración sobre un invento y después responde a las preguntas usando oraciones completas. (6 x 3 pts. each = 18 pts.)

1. Según el texto, ¿cuál es uno de los grandes inventos de la vida moderna antes del invento del correo electrónico?
_____

2. ¿Cuándo empezó a generalizarse el uso del correo electrónico?
_____

3. ¿Qué es lo que nadie pensaba que iba a ocurrir con el correo electrónico?
_____

4. ¿Qué práctica se ha vuelto normal hoy en día gracias al uso del correo electrónico?
_____

5. ¿Por qué el texto dice que los empleados no necesitan estar en la oficina?
_____

6. Según el texto, ¿qué acciones se pueden realizar con el teléfono celular?
_____

2 Definiciones Elige cinco de las palabras de la lista, indícalas con un círculo y luego escribe una definición para cada una de ellas. ¡Sé creativo/a! (5 x 3 pts. each = 15 pts.)

astronauta	experimento	matemático	telescopio
estrella fugaz	informática	patente	teoría

1. _____
2. _____
3. _____
4. _____
5. _____

3 ¿Alguna vez lo has hecho? Haz preguntas usando la información y el sujeto que aparecen entre paréntesis y luego respóndelas usando la forma adecuada del verbo en pretérito perfecto. (5 x 3 pts. each = 15 pts.)

1. (bailar salsa / tus amigos) _____
_____

2. (tener un accidente automovilístico / tú) _____
_____

3. (sacar la calificación más alta en un examen / tu hermana) _____
_____

4. (cambiarse de escuela / ustedes) _____
_____

5. (probar un plato exótico / María) _____
_____

4 ¿Qué había pasado? Cuando Marcos regresó a su casa ayer por la noche, se encontró con muchos problemas. Describe qué había pasado con los objetos de la lista. Utiliza en cada oración un objeto de la **columna 1** y un verbo de la **columna 2**. ¡Sé creativo/a! (6 x 3 pts. each = 18 pts.)

señal de la radio satelital	quemarse
lavadora	caerse al suelo
baño	inundarse
teléfonos	robar
reproductor de DVD	romperse
pantalla	desaparecer

1. _____

2. _____

3. _____

4. _____

5. _____

6. _____

5 Lenguaje infantil Luisita tiene cuatro años y siempre habla utilizando diminutivos. Su prima Pepona tiene doce y siempre utiliza aumentativos. Escribe una conversación entre las dos niñas utilizando al menos un aumentativo o un diminutivo en cada oración. (7 x 2 pts. each = 14 pts.)

LUISITA ¡Hola, Pepita! ¿Qué estás haciendo? _____

PEPONA _____

LUISITA _____

PEPONA _____

LUISITA _____

PEPONA _____

LUISITA _____

6 Tu opinión Lee esta cita y contesta las preguntas.

"Los mensajes de texto causan gran controversia por su ortografía (*spelling*). Por ejemplo, en lugar de escribir 'estamos abajo', es probable que alguien escriba 'tamos abj'. Los opositores dicen que esta práctica afecta negativamente la habilidad de escritura y el desarrollo lingüístico".

¿Qué opinas de la ortografía de los mensajes de texto? ¿Por qué? ¿Cómo escribes tú los mensajes de texto? Escribe un párrafo de por lo menos ocho oraciones.

(7 pts. for grammar + 7 pts. for vocabulary + 6 pts. for style = 20 pts.)

_____

_____

_____

_____

_____

_____

_____

TEST A

Lección 8

La economía y el trabajo

1 Problemas en el banco Anita fue ayer al banco para hacer unas transacciones y tuvo bastantes problemas. Escucha su narración y ordena cronológicamente las cosas que le sucedieron. (6 x 3 pts. each = 18 pts.)

_____ a. Tuvo una entrevista de trabajo.

_____ b. Pudo cobrar un cheque.

_____ c. En el banco no pudo sacar dinero de su cuenta corriente.

_____ d. Llegó tarde al trabajo.

_____ e. El cajero automático no funcionaba.

_____ f. Su hermano le recomendó que invirtiera en la bolsa.

2 Una oferta Completa esta conversación con palabras de la lista. (10 x 1 pt. each = 10 pts.)

currículum vitae	**exportaciones**	**jubilarse**	**reunión**
deuda	**gerente**	**presupuesto**	**sindicato**
empresa	**impuestos**	**puesto**	**sueldo**

MANOLO Hola, Marta, ¿sigues pensando en cambiar de (1) _____ de trabajo?

MARTA Pues, la verdad es que sí, no me gusta lo que hago.

MANOLO Mira, mi padre ya no quiere trabajar. Él quiere (2) _____ y en nuestra

(3) _____ necesitamos otro (4) _____ ¿Por qué no me mandas

tu (5) _____ y yo hablo con mis socios? Tengo una (6) _____

hoy por la tarde con ellos.

MARTA Muy bien, ahora mismo te lo mando.

MANOLO Necesitamos a alguien para las importaciones y (7) _____. Tú hablas varios

idiomas, ¿verdad?

MARTA Sí, y estoy muy interesada en ese puesto. ¿Sabes cuál sería el (8) _____?

MANOLO Necesito mirar bien el (9) _____ del próximo año, pero no creo que sea menos

de 70.000 dólares, sin descontar (*deduct*) los (10) _____.

3 ¿Qué harías? Contesta estas preguntas con el condicional de los verbos. (5 x 2 pts. each = 10 pts.)

1. ¿Qué harías tú en una situación laboral injusta? (renunciar a mi puesto)

   _____

2. ¿Qué harían tus jefes (*bosses*) con una clienta difícil? (hacerle un regalo)

   _____

3. ¿Qué haría Diego en una entrevista? (intentar ser más serio)

   _____

4. ¿Qué harían ustedes con sus ahorros? (invertirlos en la bolsa)

   _____

5. ¿Qué haríamos nosotros para contratar un nuevo empleado? (poner un anuncio en el periódico)

   _____

4 Oraciones incompletas Completa las oraciones con el imperfecto del subjuntivo. No repitas los verbos. (6 x 3 pts. each = 18 pts.)

modelo

Le recomendé que **cambiara de trabajo**.

1. Mi hermano dudaba que yo _____.

2. Yo temía que el entrevistador _____.

3. El presidente les pidió a los desempleados que _____.

4. Era ridículo que todos los bancos _____.

5. Nadie conocía ninguna compañía que _____.

6. El ministro de economía habló como si _____.

5 Buscando trabajo Completa las oraciones condicionales de esta conversación con la forma correcta de los verbos. (8 x 3 pts. each = 24 pts.)

ALEJANDRA Estoy pensando en cambiar de trabajo.

JORGE Si decidieras dejar tu puesto, ¿qué (1) _____ (gustar) hacer?

ALEJANDRA Si (2) _____ (poder) elegir, trabajaría en una galería de arte. Si (3) _____ (conocer) alguna que esté buscando empleados, dímelo.

JORGE Pues, no conozco ninguna. Pero si oigo de alguna, (4) _____ (decírtelo). Y ¿qué vas a hacer si no (5) _____ (encontrar) un trabajo en una galería de arte?

ALEJANDRA No estoy segura. Supongo que si no (6) _____ (tener) otra opción, seguiría trabajando en la cafetería.

JORGE Y si (ellos) (7) _____ (ofrecerte) un aumento de sueldo, ¿te quedarías?

ALEJANDRA Me quedaré sólo si el aumento (8) _____ (ser) muy grande.

6 Para pensar Contesta las preguntas.

¿Qué debe tener en cuenta una persona que busca empleo para asegurarse de conseguir un puesto que le dé satisfacción? ¿Qué aspectos o condiciones harían que un empleo fuera inadecuado para ti? ¿Un buen ambiente de trabajo es más importante que un salario alto? ¿Por qué? Escribe seis oraciones como mínimo y expresa tu opinión con ejemplos. (7 pts. for grammar + 7 pts. for vocabulary + 6 pts. for style = 20 pts.)

_____
_____
_____
_____
_____
_____

TEST B   Lección 8

La economía y el trabajo

1 Problemas en el banco Simón fue ayer al banco para abrir una cuenta y tuvo bastantes problemas. Escucha su narración y ordena cronológicamente las cosas que le sucedieron. (6 x 3 pts. each = 18 pts.)

_____ a. Llegó tarde a una entrevista de trabajo.

_____ b. Volvió a casa por el carnet.

_____ c. Le abrieron una cuenta corriente.

_____ d. Fue al consulado por una carta.

_____ e. Llegó al banco y se dio cuenta de que no tenía su carnet de identidad.

_____ f. Le dijeron que tardaría cinco semanas en recibir su tarjeta de crédito.

2 Una oferta Completa la conversación con palabras de la lista. (10 x 1 pt. each = 10 pts.)

bancarrota	currículum vitae	deuda	importar
bolsa de valores	empresa	gastar	inversiones
capaz	exitoso	gerente	solicitar

JEFE Gracias por (1) _____ nuestro puesto de (2) _____.

CANDIDATO Gracias a usted por seleccionar mi (3) _____.

JEFE ¿Por qué está interesado en nuestra (4) _____?

CANDIDATO En primer lugar, estoy interesado porque me gustan mucho sus productos y he oído que la empresa está al borde de la (5) _____. Con mi experiencia financiera, creo que soy el candidato ideal para atraer las (6) _____ necesarias para salvar la compañía. La solución está en atraer más dinero y (7) _____ menos.

JEFE Me gusta su estrategia. Si su plan es (8) _____ podremos pagar la (9) _____ a fin de año. Parece usted un candidato muy (10) _____.

3 ¿Qué harías? Contesta estas preguntas con el condicional de los verbos. (5 x 2 pts. each = 10 pts.)

1. ¿Qué harían ustedes para ganar más? (pedir un aumento de sueldo)

_____

2. ¿Qué harías tú durante una huelga? (ir a las reuniones del sindicato)

_____

3. ¿Qué haría Eva para trabajar menos? (salir de la oficina antes)

_____

4. ¿Qué haría yo sin un trabajo? (buscar uno cuanto antes)

_____

5. ¿Qué harías tú en una entrevista de trabajo? (hablar de mis cualidades)

_____

Tests

4 Oraciones incompletas Completa las oraciones con el imperfecto del subjuntivo. No repitas los verbos. (6 x 3 pts. each = 18 pts.)

> **modelo**
>
> Mi jefe me pidió que **trabajara hasta las ocho**.

1. Mi jefe no quería que yo _____.

2. Era importante que todos los empleados _____.

3. El sindicato recomendó que todas las compañías _____.

4. Todos se alegraron de que la huelga _____.

5. Ustedes no creían que las cuentas de ahorros _____.

6. Buscaban un candidato que _____.

5 Buscando trabajo Completa las oraciones condicionales de esta conversación con la forma correcta de los verbos. (8 x 3 pts. each = 24 pts.)

LUCÍA Maite, mis padres quieren que deje mi puesto de vendedora y continúe mis estudios.

MAITE A mí me parece una buena idea. Si tú (1) _____ (seguir) trabajando aquí mucho tiempo, volver a estudiar será más difícil para ti.

LUCÍA Si dejo mi trabajo ahora, no (2) _____ (tener) dinero para mis estudios.

MAITE Pero tus padres (3) _____ (ayudarte) si lo necesitaras, ¿verdad?

LUCÍA Sí, claro. Les encantaría ayudarme, pero no tienen muchos ahorros y la verdad es que yo tampoco. Si tuviera más ahorros no (4) _____ (estar) trabajando en este lugar.

MAITE Y ¿qué harías si tú no (5) _____ (tener) que trabajar aquí?

LUCÍA Si (6) _____ (poder), me iría de viaje para conocer sitios nuevos.

MAITE Si quieres viajar y a la vez ganar dinero, (7) _____ (poder) trabajar de guía turística. Conozco una agencia que busca empleados.

LUCÍA ¡Qué buena idea! Si me contratan, ¿qué les (8) _____ (decir) a mis padres?

6 Para pensar Contesta las preguntas.

¿Qué características tendría el puesto ideal para ti? ¿Qué tipo de trabajo te haría feliz? ¿Qué pasos tomarías tú para encontrar tu trabajo ideal? Escribe seis oraciones como mínimo y expresa tu opinión con ejemplos. (7 pts. for grammar + 7 pts. for vocabulary + 6 pts. for style = 20 pts.)

_____

_____

_____

_____

_____

_____

_____

TEST C

Lección 8

La economía y el trabajo

1 Cambio de empleo Escucha esta conversación y contesta las preguntas con oraciones completas. (6 x 3 pts. each = 18 pts.)

1. ¿Por qué le pide un consejo David a Lidia? _____

2. ¿Por qué no le gusta su trabajo actual? _____

3. ¿Por qué David no cree que vaya a recibir un aumento de sueldo? _____

4. ¿Qué le gustaría hacer a David? _____

5. ¿Qué le aconseja Lidia? _____

6. ¿Qué va a necesitar David? _____

2 ¿Quién lo dijo? Varios profesionales están haciendo comentarios. Empareja los comentarios con la persona que los hace. (6 x 3 pts. each = 18 pts.)

asesora	empleado	socia
dueño	gerente	vendedor

_____ 1. "Soy propietario de un negocio y tengo muchas responsabilidades".

_____ 2. "Me dedico a aconsejar a las empresas y es un poco estresante".

_____ 3. "Tengo un negocio con otras cinco personas".

_____ 4. "Mi trabajo es vender libros en un centro comercial".

_____ 5. "Me gustaría tener mi propia empresa, pero por ahora trabajo para otra persona".

_____ 6. "Soy el responsable de la empresa y tengo un equipo a mi cargo".

3 Lo que harías y lo que no Imagina que tienes un(a) hermano/a menor que tiene su primera entrevista de trabajo. Escribe una lista con cuatro cosas que tú harías y otras cuatro cosas que nunca harías antes o durante una entrevista de trabajo. (8 x 1.5 pts. each = 12 pts.)

Lo que haría	Lo que no haría

| 217 | **Lección 8** Test C

Tests

4 ¿Qué harías tú en su lugar? José Luis ha tenido una semana terrible. Mira estas ilustraciones y escribe cuatro oraciones contando qué harías tú si estuvieras en la misma situación.
(4 x 4 pts. each = 16 pts.)

1.　　　　　　2.　　　　　　3.　　　　　　4.

1. **Si estallara una tormenta terrible,...** _____

2. _____

3. _____

4. _____

5 Hipótesis Completa las oraciones de forma creativa (6 x 3 pts. each = 18 pts.)

1. Si hoy hace buen tiempo, _____

2. Si fueras millonario, _____

3. Si invirtiera en la bolsa, _____

4. Si mis hermanos estudiaran más, _____

5. Si hoy llueve, _____

6. Si viviéramos en Venezuela, _____

6 Las telenovelas Lee esta cita y contesta las preguntas.

"Como las telenovelas son un trabajo de equipo, su producción implica la creación de numerosos puestos de trabajo para actores, escritores, productores, directores, escenógrafos, vestuaristas, maquilladores, etc. A eso se agrega la etapa de posproducción y finalmente la de la exportación".

Si trabajaras en una telenovela, ¿qué puesto de trabajo preferirías tener? ¿Qué trabajo no te gustaría hacer? ¿Cuál crees que es el más difícil? Redacta un pequeño argumento de una telenovela en la que te gustaría trabajar. Escribe seis oraciones como mínimo.

(6 pts. for grammar + 6 pts. for vocabulary + 6 pts. for style = 18 pts.)

_____

_____

_____

_____

_____

_____

　　|　**218**　|　　**Lección 8**　Test C

TEST D   Lección 8

La economía y el trabajo

1 La entrevista de Paco Escucha esta historia y contesta las preguntas con oraciones completas. (6 x 3 pts. each = 18 pts.)

1. ¿Qué le pasó a Paco la semana pasada? _____

2. ¿Por qué dice el gerente que la revista ha cerrado? _____

3. ¿Qué hizo Paco cuando supo que iban a despedirlo? _____

4. ¿Qué tipo de empleado están buscando para el puesto? _____

5. ¿Por qué le gustaría a Paco conseguir este puesto? _____

6. ¿Qué le gustaría hacer a Paco en el futuro? _____

2 ¿Quién lo dijo? Empareja los comentarios con la persona que los hace. (6 x 3 pts. each = 18 pts.)

contador	jubilado	sindicalista
desempleado	mujer de negocios	vendedora

_____ 1. "En estos momentos no tengo trabajo, pero espero encontrarlo pronto".

_____ 2. "Mi trabajo tiene mucha responsabilidad y es muy estresante porque tengo que viajar continuamente y siempre visto ropa formal".

_____ 3. "Como tengo sesenta y cinco años, ya no voy a trabajar y espero hacer muchas cosas en mi tiempo libre".

_____ 4. "Con mis compañeros defiendo los derechos de los trabajadores".

_____ 5. "Trabajo en la tienda de ropa de Carolina Herrera en Oviedo, España".

_____ 6. "Soy responsable de las cuestiones financieras de la empresa".

3 Lo que harías y lo que no Imagina que un compañero de clase ha obtenido una beca (*fellowship*) durante seis meses. Escribe una lista con cuatro cosas que harías y otras cuatro cosas que no harías si estuvieras en su lugar. (8 x 1.5 pts. each = 12 pts.)

Lo que haría	Lo que no haría

4 ¿Qué harías tú en su lugar? Fernanda ha tenido una semana terrible. Mira estas ilustraciones y escribe cuatro oraciones contando qué harías tú si estuvieras en la misma situación. (4 x 4 pts. each = 16 pts.)

1.   2.   3.   4.

1. **Si estuviera sola en una manifestación,...** _____

2. _____

3. _____

4. _____

5 Hipótesis Completa las oraciones de forma lógica. (6 x 3 pts. each = 18 pts.)

1. Si mañana tengo tiempo, _____

2. Si fueras una diseñadora de moda famosa, _____

3. Si tuviera una tarjeta de crédito sin límite de crédito, _____

4. Si mis hermanos trabajaran más, _____

5. Si hoy hace sol, _____

6. Si viviéramos en Argentina, _____

6 Las telenovelas Lee esta cita y contesta las preguntas.

"Como las telenovelas son un trabajo de equipo, su producción implica la creación de numerosos puestos de trabajo para actores, escritores, productores, directores, escenógrafos, vestuaristas, maquilladores, etc. A eso se agrega la etapa de posproducción y finalmente la de la exportación".

¿Qué otros trabajos en equipo producen numerosos empleos? ¿Qué importancia crees que tienen las telenovelas en el mundo de los medios de comunicación? Redacta un pequeño argumento de una telenovela en la que te gustaría trabajar. Escribe seis oraciones como mínimo. (6 pts. for grammar + 6 pts. for vocabulary + 6 pts. for style = 18 pts.)

_____

_____

_____

_____

_____

_____

_____

_____

| 220 | **Lección 8** Test D

TEST A

Lección 9

La cultura popular y los medios de comunicación

1 Reconocer Escucha las definiciones y anota la palabra correcta. (5 x 3 pts. each = 15 pts.)

1. _____
2. _____
3. _____
4. _____
5. _____

2 Vocabulario Empareja cada palabra con la frase con la que mejor se relacione. (8 x 2 pts. each = 16 pts.)

_____ 1. el anuncio

_____ 2. la radioemisora

_____ 3. el/la reportero/a

_____ 4. el rodaje

_____ 5. la censura

_____ 6. de moda

_____ 7. el titular

_____ 8. en directo

a. Los oyentes pueden escuchar programas grabados o en vivo las 24 horas.

b. Algo es muy popular en este momento.

c. Antes de leer la noticia, leo esto.

d. Su objetivo es vender productos o servicios.

e. Se transmite en el momento en que ocurre.

f. Filmación de una película.

g. El gobierno controla lo que se publica.

h. Su trabajo es investigar noticias.

3 Lo dudo Completa las siguientes oraciones usando el pretérito perfecto de subjuntivo. (5 x 3 pts. each = 15 pts.)

1. Dudo mucho que José Ángel _____ a trabajar este mes en una emisora de radio. (empezar)

2. No es verdad que la última película de Steven Spielberg _____ 28.000 dólares. (costar)

3. No es evidente que muchos medios de comunicación _____ cubriendo (*covering*) la noticia. (estar)

4. Aunque estés tan convencido, no creo que en la televisión nunca _____ censura. (haber)

5. No me creo una palabra de lo que dices. Es imposible que tú te _____ tan famoso como Javier Bardem. (hacer)

4 La televisión basura Completa este texto sobre la televisión basura con **cuyo/a/os/as, el/la/lo cual, los/las cuales, que** o **quien(es)**. En muchos casos, más de una opción es posible. (8 x 2 pts. each = 16 pts.)

La televisión basura es un estilo de televisión (1) _____ se centra en temas sensacionalistas, (2) _____ son elegidos por el efecto de sorpresa, lástima o indignación que causan en la sensibilidad de los televidentes. Muestran, por ejemplo, situaciones en (3) _____ los presentadores se enfrentan a (*face*) los participantes, (4) _____ son seleccionados por tener una relación conflictiva. La curiosidad de los televidentes es la única razón por (5) _____ estos programas siguen existiendo. Parece que su único objetivo es aumentar el nivel de audiencia del canal, (6) _____ consiguen con la promesa de que lo mejor está por venir. Estos programas son perjudiciales (*harmful*) para los televidentes preadolescentes, (7) _____ son los mayores consumidores de este medio y (8) _____ conducta (*behavior*) es fácilmente influenciable (*easy to influence*).

5 Lo neutro Reescribe las oraciones utilizando el **lo** neutro. (5 x 3 pts. each = 15 pts.)

> **modelo**
>
> Qué difícil es ser redactor; me sorprende.
>
> **Me sorprende lo difícil que es ser redactor.**

1. Qué influyente es este periódico; no lo sabía.

_____

2. El peor aspecto de este programa es la mala fama de los participantes.

_____

3. Me interesa el trabajo de reportero por las oportunidades para viajar.

_____

4. El mejor aspecto de ser crítico de cine es que ver películas es parte del trabajo.

_____

5. Todas las cosas que me dijo son chismes.

_____

6 Para pensar ¿Qué opinión tienes de la "televisión basura"? ¿Estás de acuerdo con lo que dice el texto de la actividad 4? Escribe seis oraciones como mínimo y expresa tu opinión con ejemplos. (8 pts. for grammar + 8 pts. for vocabulary + 7 pts. for style = 23 pts.)

_____

_____

_____

_____

_____

_____

Tests

TEST B   Lección 9

La cultura popular y
los medios de comunicación

1 Reconocer Escucha las definiciones y anota la palabra correcta. (5 x 3 pts. each = 15 pts.)

1. _____
2. _____
3. _____
4. _____
5. _____

2 Vocabulario Empareja cada palabra con la oración con la que mejor se relacione.
   (8 x 2 pts. each = 16 pts.)

_____ 1. doblado/a   a. Los medios pueden transmitir o publicar sin control del gobierno.

_____ 2. libertad de prensa   b. Esta película incluye imágenes reales y entrevistas.

_____ 3. la portada   c. La música de la película es muy buena.

_____ 4. el chisme   d. No me gusta leer subtítulos, prefiero este tipo de películas

_____ 5. el documental   o documentales.

_____ 6. el/la locutor(a)   e. Algo es muy popular en este momento.

_____ 7. la banda sonora   f. Ésta es la página principal del periódico.

_____ 8. de moda   g. Este trabajo requiere una buena voz.

                                  h. No me creo eso que dicen de ti; sólo quieren hacerte daño.

3 Lo dudo Completa las siguientes oraciones usando el pretérito perfecto de subjuntivo.
   (5 x 3 pts. each = 15 pts.)

1. Dudo que los dos acontecimientos del año _____ en todas las cadenas de
   televisión. (salir)

2. No creo que Pedro Almodóvar _____ esta misma semana a rodar en Estados Unidos
   y en Canadá. (empezar)

3. No es evidente que todos los escritores de esta revista _____ siempre
   imparciales. (ser)

4. Pero ¿tú de verdad crees que yo me voy a creer eso? No es verdad que tú nunca _____ un
   periódico en tu vida. (leer)

5. Pero ¿qué estás diciendo? Dudo que la publicidad en la televisión _____ barata. (ser)

4 Los programas del corazón Completa este texto sobre los programas del corazón con **cuyo/a/os/as, el/la/lo cual, los/las cuales, que** o **quien(es).** En muchos casos, más de una opción es posible. (8 x 2 pts. each = 16 pts.)

Los programas del corazón, a los que muchos califican de moda pasajera, son programas de televisión en (1) _____ los presentadores hablan sobre secretos de la vida privada de personas famosas. Algunas de estas personas, a (2) _____ podemos llamar "estrellas", son famosas por derecho propio, pero existe también la ex novia de la estrella del fútbol (3) _____ está dispuesta a contar secretos del pobre jugador. Esta misma ex novia (4) _____ ha vendido información se convierte en estrella en el momento en (5) _____ empieza una relación con otro hombre. El mayor atractivo de los programas del corazón son estos secretos, (6) _____ verdad o falsedad es imposible de verificar sin causar un escándalo. Los televidentes a (7) _____ les interesa este tipo de programas suelen ser mujeres. Estos programas, (8) _____ son los más vistos, son también los más criticados, y eso les da aún más publicidad.

5 *Lo* neutro Reescribe las oraciones utilizando el **lo** neutro. (5 x 3 pts. each = 15 pts.)

> **modelo**
> Qué difícil es ser redactor; no lo sabía.
> **No sabía lo difícil que es ser redactor.**

1. Qué bien habla esta locutora; me encanta.

   _____

2. Todas las noticias que salen en los periódicos son negativas.

   _____

3. El aspecto que más me gusta de esta emisora es que no tiene anuncios.

   _____

4. La banda sonora es el aspecto que más me gustó de la película.

   _____

5. No debes creer todas las cosas que ves en la televisión.

   _____

6 Para pensar ¿Qué opinión tienes de los programas del corazón? ¿Estás de acuerdo con lo que dice el texto de la actividad 4? Escribe seis oraciones como mínimo y expresa tu opinión con ejemplos. (8 pts. for grammar + 8 pts. for vocabulary + 7 pts. for style = 23 pts.)

_____

_____

_____

_____

_____

_____

TEST C   Lección 9

La cultura popular y
los medios de comunicación

1 ¿Vemos la tele? Escucha la conversación entre Noelia y Jack, un estudiante de español, y después contesta las preguntas con oraciones completas. (5 x 3 pts. each = 15 pts.)

1. ¿Por qué no quiere Noelia ver la tele?
_____

2. ¿Qué son los programas del corazón?
_____

3. ¿Por qué no le gustan los programas del corazón a Noelia?
_____

4. ¿Por qué le interesan a Jack los programas de telerrealidad?
_____

5. ¿Qué le parece curioso a Noelia sobre la telerrealidad?
_____

2 Un actor muy famoso Imagina que eres un(a) vanidoso/a (*vain*) actor/actriz. Escribe una breve descripción sobre ti mismo/a utilizando seis de las opciones de la lista. (6 x 3 pts. each = 18 pts.)

celebridad	crítico de cine	fama	público
chisme	de moda/pasado de moda	medios de comunicación	telenovela

_____
_____
_____
_____

3 Expresando emociones y dudas Escribe respuestas a los comentarios de tus amigos/as. (4 x 3 pts. each = 12 pts.)

> *modelo*
> María ha grabado tres canciones.
> (dudar) **Yo dudo que haya grabado tres canciones.**

1. He estado preparándome para una audición toda la semana.
   (alegrar) _____
2. Esta mañana, en vez de trabajar, he escuchado un programa de radio.
   (molestar) _____
3. Esa actriz publicó un libro de memorias.
   (dudar) _____
4. Esa banda sonora les ha gustado mucho a mis padres.
   (sorprender) _____

4 El nuevo trabajo Carlos empezó a trabajar hace un mes en un periódico y le está contando a su novia cómo es el trabajo. Completa el texto con las opciones de la lista. Puedes usar las opciones más de una vez. (8 x 2 pts. each = 16 pts.)

a quien	con quienes	en el que
con el que	cuya	que

Éste es el trabajo (1) _____ siempre había soñado. Tengo unos compañeros

(2) _____ me llevo muy bien y una jefa (3) _____ admiro. El

edificio (4) _____ trabajamos está en una zona muy céntrica y me encanta la comodidad

(5) _____ te da el poder caminar cada día a la redacción. Arturo,

(6) _____ es el redactor jefe, siempre nos anima a buscar reportajes

(7) _____ sean interesantes y controvertidos. Además, puedo practicar mi español porque

mi compañera Mercedes, (8) _____ familia es puertorriqueña, dice que no va a hablar

conmigo en inglés para obligarme a practicar.

5 Lo mejor y lo peor Contesta las preguntas de forma lógica utilizando el **lo** neutro. ¡Sé creativo/a! (5 x 3 pts. each = 15 pts.)

1. ¿Qué es lo más difícil cuando ves tantas malas noticias en la televisión?

   _____

2. ¿Cuáles son los mejores aspectos de ser una celebridad?

   _____

3. ¿Cuál es la peor parte de la profesión de crítico de cine?

   _____

4. ¿Qué te preocupa en estos momentos?

   _____

5. En tu opinión, ¿cuál es el aspecto más interesante de ser periodista?

   _____

6 Tu opinión ¿Qué opinas de los medios de comunicación en general? ¿Piensas que existe objetividad en la forma en que se transmiten las noticias? ¿Es posible la objetividad total? Escribe seis oraciones como mínimo y expresa tu opinión con ejemplos. (8 pts. for grammar + 8 pts. for vocabulary + 8 pts. for style = 24 pts.)

_____

_____

_____

_____

_____

_____

_____

| 226 | **Lección 9**   Test C

TEST D

Lección 9

La cultura popular y los medios de comunicación

1 Estar al día Escucha la conversación entre dos amigos que hablan sobre las noticias y después contesta las preguntas con oraciones completas. (5 x 3 pts. each = 15 pts.)

1. ¿Para qué busca Rafa a Eva?

_____

2. ¿Cómo prefiere Eva enterarse de las noticias locales?

_____

3. ¿Qué dice Rafa sobre los programas de noticias en la televisión local?

_____

4. ¿Qué medio de comunicación prefiere Eva?

_____

5. Según Rafa, ¿qué es difícil hoy en día?

_____

2 Una estrella del rock Imagina que eres una vanidosa (*vain*) estrella del rock. Escribe una breve descripción sobre ti mismo/a utilizando seis de las opciones de la lista. (6 x 3 pts. each = 18 pts.)

actual	grabar	la moda	público
banda sonora	hacerse famoso/a	medios de comunicación	tener mala fama

_____

_____

_____

_____

3 Expresando emociones y dudas Escribe respuestas a los comentarios de tus amigos/as.
(4 x 3 pts. each = 12 pts.)

> *modelo*
> María ha grabado tres canciones.
> (dudar) **Yo dudo que haya grabado tres canciones.**

1. He trabajado en mi crítica teatral para la revista toda la semana.
   (alegrar) _____
2. Esta mañana, en vez de trabajar, he hablado por teléfono todo el tiempo.
   (molestar) _____
3. Ese cantante publicó una autobiografía.
   (dudar) _____
4. Esa película le ha gustado mucho a mi abuelo.
   (sorprender) _____

| 227 | **Lección 9** Test D

Nombre _____ Fecha _____

4 El nuevo trabajo Beatriz comenzó a trabajar hace poco en una revista de moda y le está contando a su novio cómo es el trabajo. Completa el texto con las opciones de la lista. Puedes usar las opciones más de una vez. (8 x 2 pts. each = 16 pts.)

a quien	con quienes	en las que
con el que	cuya	que

Éste es un trabajo (1) _____ muchas personas serían felices, pero a mí no me gusta. Tengo unos compañeros (2) _____ me llevo muy mal y una jefa (3) _____ odio. Las oficinas (4) _____ trabajamos están muy lejos de la ciudad y me molesta la incomodidad (5) _____ implica tomar tres metros cada día para llegar a la redacción. Arturo, (6) _____ es el redactor jefe, nos manda constantemente escribir artículos (7) _____ tratan siempre sobre las mismas cosas. Menos mal que puedo practicar mi español porque mi compañera Luisa, (8) _____ familia es uruguaya, dice que no va a hablar conmigo en inglés para obligarme a practicar.

5 Lo mejor y lo peor Contesta las preguntas de forma lógica utilizando el **lo** neutro. ¡Sé creativo/a! (5 x 3 pts. each = 15 pts.)

1. ¿Qué es lo más difícil cuando ves tantas noticias trágicas en los periódicos?
_____

2. ¿Cuáles son los mejores aspectos de ser un cantante famoso?
_____

3. ¿Qué es lo peor de la profesión de corresponsal?
_____

4. ¿Qué te hace feliz en estos momentos?
_____

5. En tu opinión, ¿cuál es el aspecto más interesante de ser periodista?
_____

6 Tu opinión ¿Te gusta escuchar chismes e historias personales de la gente famosa en los medios de comunicación? ¿Crees que las celebridades tienen derecho a más intimidad? ¿Cómo te sentirías tú si tu vida privada fuera pública? Escribe ocho oraciones como mínimo y expresa tu opinión con ejemplos. (8 pts. for grammar + 8 pts. for vocabulary + 8 pts. for style = 24 pts.)

_____
_____
_____
_____
_____
_____

Lección 9   Test D

Tests

TEST A   Lección 10

La literatura y el arte

1 En la escuela de bellas artes Escucha la conversación entre Camilo y Jimena, dos estudiantes de bellas artes, e indica si las oraciones son **ciertas** o **falsas**. (8 x 2 pts. each = 16 pts.)

Cierto	Falso	
_____	_____	1. Camilo quiere ser escultor.
_____	_____	2. A Camilo le gustan los retratos y las escenas de la vida diaria.
_____	_____	3. Camilo piensa que la pintura abstracta es muy divertida.
_____	_____	4. A Camilo ya le encantaba dibujar de pequeño.
_____	_____	5. A Camilo y a Jimena les gustan los murales.
_____	_____	6. Jimena es muy buena dibujante.
_____	_____	7. Jimena odia la fotografía.
_____	_____	8. Jimena quiere aprender varias formas artísticas antes de decidir su especialidad.

2 Vocabulario Empareja cada elemento de la primera columna con el elemento de la segunda columna con el que mejor se relacione. (8 x 1 pt. each = 8 pts.)

a. novela policíaca

b. humorístico

c. naturaleza muerta

d. cuadro

e. novela rosa

f. llamativo

g. poema

h. novela infantil/juvenil

1. _____ la *Mona Lisa*

2. _____ que atrae la atención

3. _____ libro que trata de relaciones amorosas

4. _____ la colección de *Tom Sawyer*

5. _____ tipo de pintura en el que no hay personas representadas

6. _____ se compone de versos y estrofas

7. _____ *Las aventuras de Sherlock Holmes*

8. _____ que hace reír a los lectores

3 Una novela sin éxito Completa esta conversación con el condicional perfecto de los verbos. Sigue el modelo. (7 x 3 pts. each = 21 pts.)

> **modelo**
>
> Si me hubieras llamado antes, (yo, ir) al aeropuerto.
> Si me hubieras llamado antes, **habría ido** al aeropuerto.

EDITORA Como sabes, las ventas de tu nueva novela son un desastre. (1) _____ (nosotros, poder) vender muchas más copias durante el verano, pero no elegimos bien la fecha de publicación. La recesión económica complicó las cosas, por eso yo (2) _____ (esperar) al año que viene para publicarla. Sin embargo, después de tu éxito del año pasado, tus lectores pedían a gritos un nuevo libro y no (3) _____ (aceptar) esperar un año más. ¿Qué crees tú? ¿Qué (4) _____ (tú, hacer) de forma diferente?

ESCRITOR Con todo respeto, yo (5) _____ (poner) a otra persona a cargo de las relaciones públicas y la publicidad. Yo creo que alguien con más experiencia que Elena (6) _____ (hacer) un mejor trabajo. Si ella me hubiera conseguido más entrevistas en la televisión, las ventas (7) _____ (ser) mucho mejores.

Tests

4 Apoyo familiar La familia de Daniel quiere apoyarlo (*support him*) en sus estudios de bellas artes. Explica qué habrán hecho para cuando Daniel se gradúe. Utiliza el futuro perfecto y escribe oraciones completas con los elementos de las columnas. (5 x 3 pts. each = 15 pts.)

todos nosotros	ver muchas exposiciones de arte
papá y mamá	comprar libros de arte
su novia	dibujar todos los días después de la escuela
yo	interesarse por los artistas locales
su hermanita	pintar varios cuadros

1. _____

2. _____

3. _____

4. _____

5. _____

5 Deseos y opiniones Completa las oraciones con el pluscuamperfecto de subjuntivo para expresar ideas lógicas. (6 x 3 pts. each = 18 pts.)

> *modelo*
>
> El escritor no creía que **hubiera otro escritor mejor que él**.

1. Ojalá que el protagonista de la novela _____.

2. Me molestó que el director de la obra _____.

3. Preferiría que esa galería de arte _____.

4. Mi profesora de literatura no podía creer que nosotros _____.

5. Era una lástima que el museo _____.

6. Este poeta habla de amor como si _____.

6 Para pensar A veces el arte es mucho más que "el arte por el arte" (*art for the sake of art*). ¿Qué opinas del arte como denuncia social? ¿Qué ejemplos conoces de manifestaciones artísticas inspiradas por una causa específica? ¿De qué tema social hablarías a través del arte? ¿Qué forma de arte elegirías? Expresa tu opinión con detalles. Escribe seis oraciones como mínimo. (8 pts. for grammar + 8 pts. for vocabulary + 6 pts. for style = 22 pts.)

_____

_____

_____

_____

_____

_____

_____

Tests

TEST B

Lección 10

La literatura y el arte

1 Aspirando a ser escritor Escucha la conversación entre Eugenia y Luis, dos jóvenes que aspiran a ser escritores, e indica si las oraciones son **ciertas** o **falsas**. (8 x 2 pts. each = 16 pts.)

Cierto   Falso

_____   _____   1. Eugenia quiere especializarse en ficción.

_____   _____   2. Eugenia no va a tomar ninguna clase sobre la novela policíaca.

_____   _____   3. A Eugenia la novela rosa le parece muy interesante.

_____   _____   4. A Eugenia ya le encantaba escribir de pequeña.

_____   _____   5. A Luis y a Eugenia les gusta mucho leer novelas.

_____   _____   6. Luis es muy buen narrador.

_____   _____   7. A Luis le interesan los ensayos y la autobiografía.

_____   _____   8. Luis quiere estudiar varios géneros literarios antes de decidir su especialidad.

2 Vocabulario Empareja cada elemento de la primera columna con el elemento de la segunda columna con el que mejor se relacione. (8 x 1 pt. each = 8 pts.)

a. trágico

b. de terror

c. autobiografía

d. movimiento/corriente

e. protagonista

f. dramaturgo

g. didáctico

h. ciencia ficción

1. _____ que no tiene final feliz

2. _____ William Shakespeare

3. _____ estilo que sigue un grupo de artistas de la misma generación

4. _____ que tiene como objetivo educar

5. _____ *La Guerra de las Galaxias* (*Star Wars*)

6. _____ que causa miedo a los lectores

7. _____ personaje principal de una historia

8. _____ *Mi Vida* de Bill Clinton

3 Una exposición sin éxito El dueño de una galería de arte le habla a una artista sobre la falta de éxito de su última exposición. Completa la conversación con el condicional perfecto de los verbos.
(7 x 3 pts. each = 21 pts.)

> **modelo**
>
> Si me hubieras llamado antes, (yo, ir) al aeropuerto.
>
> Si me hubieras llamado antes, **habría ido** al aeropuerto.

GALERISTA Como sabes, las ventas de cuadros de tu última exposición son un desastre.
(1) _____ (Nosotros, tener) muchos más visitantes y
(2) _____ (vender) muchas más obras si la hubiéramos anunciado en más revistas.
Además, el verano es una época mala para las ventas. Yo te (3) _____ (recomendar)
hacer la exposición antes del verano, pero comprendí que necesitabas más tiempo para terminar
los cuadros. Adelantar la fecha sólo te (4) _____ (causar) más presión.

ARTISTA Sí, es verdad. Con menos tiempo yo no (5) _____ (poder) terminar la serie,
y además mis otras exposiciones fuera del país no (6) _____ (ser) posibles.
La verdad es que yo no sé qué (7) _____ (hacer) de forma diferente.

| 231 |

Tests

4 Apoyo familiar Desde que Esteban decidió hacerse escritor, su familia se ha propuesto hacer más actividades relacionadas con la literatura para apoyarlo (*to support him*). Imagina de qué forma lo habrán apoyado los integrantes de su familia para cuando termine su primera novela. Utiliza el futuro perfecto y escribe oraciones completas con los elementos de las columnas. (5 x 3 pts. each = 15 pts.)

todos nosotros	regalar libros a los amigos
papá y mamá	leer más historias al hermanito
su novia	escribir poemas en su tiempo libre
yo	asistir a tertulias (*talks, gatherings*) literarias
su hermanito	inventar cuentos fantásticos

1. _____

2. _____

3. _____

4. _____

5. _____

5 Deseos y opiniones Completa las oraciones con el pluscuamperfecto de subjuntivo para expresar ideas lógicas. (6 x 3 pts. each = 18 pts.)

> *modelo*
>
> El actor no creía que **hubiera otro actor mejor que él**.

1. El artista esperaba que _____

2. Tú dudabas de que la biografía de Picasso _____

3. Ojalá que más personas _____

4. No era cierto que Pablo Neruda _____

5. Nos sorprendió que sus dibujos _____

6. Los críticos no creían que _____

6 Para pensar Lee esta cita del conocido novelista estadounidense Paul Auster sobre el arte literario y contesta las preguntas.

"Esa necesidad de hacer, de crear, de inventar es sin duda un impulso humano fundamental. Pero ¿con qué objeto? ¿Qué sentido tiene el arte (...)? (...) El arte es inútil (*useless*), al menos comparado con, digamos, el trabajo de un fontanero (*plumber*), un médico o un maquinista".

¿Crees que el arte es inútil o cumple una función necesaria? ¿Sientes la "necesidad de hacer, de crear, de inventar"? ¿Cuál es el objetivo del arte? Escribe seis oraciones como mínimo.

(8 pts. for grammar + 8 pts. for vocabulary + 6 pts. for style = 22 pts.)

_____

_____

_____

_____

_____

_____

_____

Tests

TEST C   Lección 10

La literatura y el arte

1 Los gustos literarios Escucha una conversación entre dos amigos, Flavio y Mara, que hablan de gustos literarios, y contesta las preguntas. (6 x 3 pts. each = 18 pts.)

   1. ¿Les gusta leer a Flavio y a Mara? _____

   2. ¿Qué libros le gustan a Mara? _____

   3. ¿Cuál es el género favorito de Flavio? _____

   4. ¿Qué tipo de libros le gustan a la madre de Flavio? _____

   5. ¿Qué género le fascina a la madre de Mara? _____

   6. ¿Qué idea tiene Flavio? _____

2 Recomendaciones Elige cuatro personas que conozcas y escribe qué libro o película les recomendarías a cada una de ellas. Explica por qué. (4 x 3 pts. each = 12 pts.)

Libro recomendado para: _____

_____

Libro recomendado para: _____

_____

Película recomendada para: _____

_____

Película recomendada para: _____

_____

3 Un estudiante creativo Imagina que eres un(a) niño/a de diez años muy creativo/a, pero un poco pretencioso/a y quieres impresionar a un(a) maestro/a con tu talento. Escribe una lista de cinco oraciones contándole qué cosas habrás hecho cuando tengas veinte años. Utiliza los verbos de la lista. ¡Sé creativo/a! (5 x 3 pts. each = 15 pts.)

dibujar	**esculpir**
diseñar	**pintar**
escribir	

   1. _____

   2. _____

   3. _____

   4. _____

   5. _____

Tests

| **233** |

4 ¿Qué te habría gustado? A veces las personas no responden como esperamos. Escribe qué te habría gustado o qué esperabas que hubieran hecho estas personas. Utiliza los verbos de la lista.
(6 x 3 pts. each = 18 pts.)

desear	gustar
encantar	preferir
esperar	querer

1. Tu padre nunca te ponía música.

   _____

2. Tus abuelos estuvieron en Chile, pero no pudieron ir a Valparaíso.

   _____

3. Tu mejor amigo/a se olvidó de llamarte para ir al cine a ver una película.

   _____

4. Tu madre nunca te llevaba a los museos.

   _____

5. Tu mejor amigo/a nunca quería ir al teatro.

   _____

6. Tu hermano/a rechazó (*refused*) una beca (*fellowship*) para estudiar arte dramático en Santiago.

   _____

5 Si las cosas hubieran sido diferentes Completa las oraciones diciendo qué habrías hecho tú en estas situaciones (5 x 3 pts. each = 15 pts.)

1. Si hubiera nacido en una familia bohemia, _____.
2. Si mi mejor amigo/a hubiera viajado a Chile, _____.
3. Si yo hubiera conocido a Pablo Neruda, _____.
4. Si yo hubiera sido poeta/poetisa, _____.
5. Si mi madre hubiera sido una pintora famosa, _____.

6 ¿Artista yo? Piensa en estas preguntas: ¿Crees que eres una persona creativa? ¿Escribes, pintas o dibujas?¿Crees que los artistas son personas normales o tienen "algo" especial? ¿Crees que todas las personas pueden ser artistas a su manera? Escribe un párrafo de por lo menos ocho oraciones sobre este tema. (8 pts. for grammar + 8 pts. for vocabulary + 6 pts. for style = 22 pts.)

_____

_____

_____

_____

_____

_____

_____

_____

     Lección 10 Test C

TEST D

La literatura y el arte

Lección 10

1 Los gustos literarios Escucha una conversación entre dos amigos, Claudio y Aída, que hablan de gustos literarios, y contesta las preguntas. (6 x 3 pts. each = 18 pts.)

1. ¿Les gusta leer a Claudio y a Aída? _____

2. ¿Qué le gusta leer a Aída? _____

3. ¿Qué género es el favorito de Claudio? _____

4. ¿Qué tipo de libros le gustan a la mamá de Claudio? _____

5. ¿Qué género le fascina a la mamá de Aída? _____

6. ¿Qué van a buscar en la librería? _____

2 Recomendaciones Elige cuatro personas que conozcas y escribe qué libro o película les recomendarías a cada una de ellas. Explica por qué. (4 x 3 pts. each = 12 pts.)

Libro recomendado para: _____
_____

Libro recomendado para: _____
_____

Película recomendada para: _____
_____

Película recomendada para: _____
_____

3 ¡Viva la creatividad! Imagina que eres un(a) artista polifacético/a y quieres impresionar a un(a) representante con tu talento. Escribe una lista de cinco oraciones contándole qué cosas habrás hecho dentro de un año. Utiliza los verbos de la lista. ¡Sé creativo/a! (5 x 3 pts. each = 15 pts.)

actuar	publicar
dirigir	representar
grabar	

1. _____
2. _____
3. _____
4. _____
5. _____

Tests

4 ¿Qué te habría gustado? A veces las personas no responden como esperamos. Escribe qué te habría gustado o qué esperabas que hubieran hecho estas personas. Utiliza los verbos de la lista.
(6 x 3 pts. each = 18 pts.)

desear	gustar
encantar	preferir
esperar	querer

1. Tu madre nunca te leyó un cuento en la cama.

   _____

2. Tus abuelos jamás te regalaron libros para Navidad.

   _____

3. Tu mejor amigo/a se olvidó de llamarte para ir a ver una película.

   _____

4. Tu padre fue a Chile y no te mandó una postal.

   _____

5. Tu madre tenía un disco de Violeta Parra y lo tiró a la basura.

   _____

6. Tu hermano/a rechazó (*refused*) una beca (*fellowship*) para estudiar dibujo en París.

5 Si las cosas hubieran sido diferentes ¿Te has arrepentido (*regretted*) alguna vez de no haber hecho las cosas de otra forma? Completa las oraciones diciendo qué habrías hecho tú en estas situaciones
(5 x 3 pts. each = 15 pts.)

1. Si hubiera nacido en Europa, _____.

2. Si mi mejor amigo/a hubiera viajado a Valparaíso, _____.

3. Si hubiera conocido a Albert Einstein, _____.

4. Si mi padre hubiera sido un pintor famoso, _____.

5. Si hubiera tenido una familia bohemia, _____.

6 La inspiración Piensa en estas preguntas: ¿Crees que existe la inspiración o que el arte es, simplemente, trabajo y disciplina? ¿Qué cosas te inspiran y te hacen sentirte creativo? Si hubieras podido ser un artista famoso del siglo veinte, ¿quién habrías querido ser? ¿Por qué? Escribe un párrafo de por lo menos ocho oraciones sobre este tema. (8 pts. for grammar + 8 pts. for vocabulary + 6 pts. for style = 22 pts.)

_____

_____

_____

_____

_____

_____

_____

     Lección 10 Test D

Tests

EXAM   Lecciones 1–3

1 Pareja con problemas Vas a oír un segmento de un programa de radio. Escucha con atención y después indica si cada una de las afirmaciones es **cierta** o **falsa**. (6 x 1.5 pts. each = 9 pts.)

Cierto   Falso

_____   _____   1. La señora está en una situación desesperada.

_____   _____   2. La pareja lleva 3 años de casados.

_____   _____   3. A ella le hace mucha falta su esposo.

_____   _____   4. El esposo quiere visitar a su esposa.

_____   _____   5. Ella está muy disgustada.

_____   _____   6. A la señora le encanta la vida en la ciudad.

2 Vocabulario Completa el párrafo con las palabras de la lista. (6 x 1 pt. each = 6 pts.)

autoritario/a	pareja	tacaño/a
inseguro/a	seguro/a	tímido/a
mentiroso/a	soltero/a	tranquilo/a

Susana y Carlos son una (1) _____ joven. Susana es una mujer muy madura y

(2) _____ de sí misma (*of herself*). Le gusta hacer las cosas a su manera y no le gusta cuando

alguien no le hace caso; puede decirse que es una mujer (3) _____. Carlos, por el contrario, es

(4) _____ y también un poco (5) _____. A veces es un poco (6) _____,

pero nunca le miente a Susana.

3 Fin de semana Emilia es una nueva compañera de trabajo. Andrés le cuenta sobre lo que hacen sus compañeros los fines de semana. Completa el diálogo con los verbos en presente. (8 x 1 pt. each = 8 pts.)

alquilar una película	hacer mandados	quitar el polvo
conseguir	ir	reunirse
divertirse	lavar	salir

ANDRÉS Los fines de semana todos hacemos algo distinto. Carlos hace todos los quehaceres:

(1) _____ su ropa y además (2) _____ a todo su apartamento. María

(3) _____ muchísimo, siempre (4) _____ con sus amigas y se van a

bailar. Édgar (5) _____ y se queda en casa.

EMILIA ¿Y tú, qué haces?

ANDRÉS Yo (6) _____ a comer o (7) _____ al cine o al teatro. ¿Te gustaría

acompañarme? Yo (8) _____ los boletos.

4 Gustar Escribe seis oraciones originales combinando elementos de las tres columnas. Usa el presente. (6 x 2 pts. each = 12 pts.)

yo	aburrir	el centro comercial
la actriz Salma Hayek	encantar	el divorcio
mi familia	importar	enamorarse
mi novio/a	gustar	expresar los sentimientos
nosotros/as	hacer falta	jugar deportes
tus amigos y tú	molestar	los fines de semana

1. _____
2. _____
3. _____
4. _____
5. _____
6. _____

5 Objetos directos e indirectos Reescribe estas oraciones sustituyendo las palabras subrayadas con pronombres de complemento directo e indirecto. (8 x 1 pt. each = 8 pts.)

modelo

Juan le dio un libro a Marcos

Juan se lo dio.

1. Mis padres me regalaron un juego de ajedrez a mí. _____
2. Le preparas una cena elegante a tu mejor amigo. _____
3. Nos dijo que él no hizo esos mandados. _____
4. Pablo quiere regalarle sus discos favoritos. _____
5. Nos van a comprar las entradas a nosotros. _____
6. Debo llevar a José al baile de la escuela. _____
7. Javier les dio una aspiradora a sus hermanas. _____
8. Tú les dices mentiras a tus amigos. _____

6 El comentarista Completa el párrafo con el pretérito o el imperfecto. (7 x 1 pt. each = 7 pts.)

El sábado pasado en nuestro programa "Actualidad" (nosotros) (1) _____ (tener) como invitado al famoso comentarista deportivo José Ramón García. Sin embargo, él no (2) _____ (venir) al programa para hablar de deportes, sino de su primer trabajo en una pequeña emisora de radio. Él nos (3) _____ (contar) que cuando (4) _____ (tener) dieciocho años (5) _____ (decidir) irse a la ciudad a buscar trabajo. José Ramón (6) _____ (ser) un chico muy hablador y con mucho talento y, por eso, (7) _____ (poder) encontrar trabajo como comentarista deportivo muy rápidamente.

7 La visita de la madre de Miguel Rosa y Marina son amigas de Miguel y se encuentran en una cafetería para tomar un café. Completa la conversación con la forma adecuada de **ser** o **estar**. (8 x 1 pt. each = 8 pts.)

ROSA ¡Tú (1) _____ muy elegante hoy!

MARINA Gracias. Voy a salir a cenar con mi novio.

ROSA ¡Qué bien! Y ¿adónde van a ir?

MARINA Queremos ir al restaurante Magia. (2) _____ nuevo.

¿Sabes? Hoy por fin hablé con Miguel. Su madre vino de España y

ahora (3) _____ con él.

ROSA Su madre (4) _____ de Madrid, ¿verdad?

MARINA No, de Sevilla. Pobrecita, ahora ella (5) _____ aburrida porque no conoce

a nadie.

ROSA Claro, Miguel (6) _____ ocupado con su trabajo. Oye, ¿por qué no la invitamos

a salir con nosotras?

MARINA ¡Qué buena idea! Y ¡qué amable (7) _____ (tú)!

ROSA ¡Ay! Ya (8) _____ las cinco y media. Te veo más tarde, ¿vale?

8 ¿Qué están haciendo? Imagina qué están haciendo estas seis personas a las tres de la tarde de un lunes. Utiliza el presente progresivo de seis verbos diferentes. Usa tu imaginación. (6 x 1 pt. each = 6 pts.)

1. Un jugador de fútbol _____

2. Una actriz _____

3. Una estudiante de español _____

4. Los empleados del zoológico _____

5. Una pareja que se casa el sábado _____

6. Dos niños de ocho años _____

9 El fin de semana pasado Escribe una breve composición sobre lo que hiciste el fin de semana pasado. Utiliza formas regulares e irregulares del pretérito de al menos ocho verbos distintos. (3 pts. for grammar + 3 pts. for vocabulary + 2 pts. for style = 8 pts.)

_____

_____

_____

_____

_____

_____

Exams

10 De niño/a Piensa en qué hacías cuando eras niño/a: qué quehaceres hacías, qué te gustaba, qué cosas no hacías nunca, etc. Escribe una breve composición usando formas regulares e irregulares del imperfecto. Utiliza al menos ocho verbos distintos. (4 pts. for grammar + 3 pts. for vocabulary + 3 pts. for style = 10 pts.)

_____

_____

_____

_____

_____

_____

11 La rutina de un(a) compañero/a Imagina la rutina diaria de un(a) compañero/a de clase y descríbela en seis oraciones. Utiliza seis verbos reflexivos distintos. (6 x 1 pt. each = 6 pts.)

_____

_____

_____

_____

_____

_____

12 Costumbres de la vida diaria Imagina que recibes en tu casa a un(a) estudiante de intercambio de otro país. Antes de que llegue, escríbele un correo electrónico donde le cuentas a él/ella sobre las costumbres diarias de tu cultura a las que tendrá que acostumbrarse. Considera las compras diarias, los horarios y las comidas, la familia, los hábitos de limpieza, etc. (4 pts. for grammar + 4 pts. for vocabulary + 4 pts. for style = 12 pts.)

_____

_____

_____

_____

_____

_____

_____

EXAM

Lecciones 4–6

1 Paco se va a Puerto Rico Escucha la historia con atención y después indica si las oraciones son **ciertas** o **falsas**. (12 x 1 pt. each = 12 pts.)

Cierto   Falso

_____ _____ 1. Paco quiere irse de vacaciones con su mamá.

_____ _____ 2. Paco se va para Puerto Rico.

_____ _____ 3. Paco trabajó allí unos años.

_____ _____ 4. Ellos llegarán el sábado a las diez de la mañana.

_____ _____ 5. Se alojarán en un hotel de cinco estrellas.

_____ _____ 6. Según el pronóstico del tiempo, lloverá todo el fin de semana.

_____ _____ 7. El sábado irán a la playa y a navegar.

_____ _____ 8. El sábado irán a cenar y a un concierto.

_____ _____ 9. El domingo por la mañana se levantarán temprano.

_____ _____ 10. Desayunarán en la habitación.

_____ _____ 11. Después, pasearán por el centro de la ciudad.

_____ _____ 12. Volverán al hotel para almorzar y luego saldrán para el aeropuerto.

2 Vocabulario Completa las frases con la opción más lógica de la lista. (10 x 1 pt. each = 10 pts.)

a. renovable	d. sana	g. la capa de ozono	j. una inyección
b. las enfermedades	e. para el dolor	h. de aduanas	k. el vuelo
c. vigente	f. de habitaciones	i. agua	l. de ánimo

1. perder _____

2. el estado _____

3. malgastar _____

4. el agente _____

5. prevenir _____

6. la destrucción de _____

7. la fuente de energía _____

8. pastillas _____

9. pasaporte _____

10. alimentación _____

3 El verano que viene Completa las oraciones utilizando la forma adecuada del futuro. (8 x 1 pt. each = 8 pts.)

El verano que viene yo (1) _____ (volver) a Venezuela para practicar español. Mi familia me (2) _____ (visitar) y todos nosotros (3) _____ (ir) de vacaciones a la playa. Allí, nosotros (4) _____ (tomar) el sol y (5) _____ (salir) por la noche. Mi novia (6) _____ (venir) a visitarme en agosto. En una noche romántica yo le (7) _____ (decir) que quiero casarme con ella. Ella se (8) _____ (poner) muy contenta y celebraremos la boda en Venezuela un año más tarde.

Exams

4 Comparaciones Compara la información de estas oraciones. Sigue el modelo. (5 x 2 pts. each = 10 pts.)

> *modelo*
>
> Linda come poco. Pablo come mucho.
> **Linda come menos que Pablo.**

1. Javier corre muy rápido. Alberto corre muy rápido también.

   _____

2. Yo tengo 19 años. Mi hermano tiene 17 años.

   _____

3. Sonia tiene dolor de estómago. Su hermana tiene dolor de estómago y dolor de garganta.

   _____

4. Mi gimnasio no es muy caro. Tu gimnasio no es caro tampoco. Cuestan lo mismo.

   _____

5. Alejandro es bueno jugando al fútbol, pero Rodolfo es buenísimo jugando al fútbol.

   _____

5 *Por* o *para* Completa las oraciones con **por** o **para** según el contexto. (8 x 1 pt. each = 8 pts.)

1. La semana que viene salimos _____ Puerto Rico.
2. _____ lo general, viajamos poco.
3. Mira, no es _____ tanto. Llama a la aerolínea y pregunta si podemos llevar al perro.
4. Mañana _____ la mañana, pasaré _____ ti camino al aeropuerto.
5. He conseguido comprar los billetes de avión _____ sólo 300 dólares.
6. Tengo miedo de volar y _____ eso quiero que viajes conmigo.
7. Tu secretaria ha venido _____ darte los papeles y, _____ lo visto, ya se ha ido.
8. Mi tío trabaja _____ esta aerolínea.

6 Para estar más sano Reescribe estas frases en forma de mandatos para decirles a tus amigos Pedro y Mati qué deben hacer para estar sanos y felices. (6 x 1.5 pts. each = 9 pts.)

Mati:

1. no preocuparse por cosas triviales _____

2. levantarse temprano _____

3. tener cuidado con la comida grasienta _____

Pedro y Mati:

4. dejar de fumar _____

5. hacer favores a sus amigos _____

6. no salir hasta muy tarde _____

| 242 | **Lecciones 4–6** Exam

7 Conversación Completa la conversación con las palabras apropiadas de la lista. (7 x 1 pt. = 7 pts.)

algo	ningún/ninguna/ningunos/ningunas	también
algún/alguna/algunos/algunas	nunca	tampoco
nadie	o	
ni... ni	siempre	

JUAN CARLOS ¿Conoces (1) _____ agencia de viajes especializada en cruceros?

ANA MARÍA No, no conozco (2) _____. ¿Estás planeando

(3) _____?

JUAN CARLOS Sí, una sorpresa para mis padres.

ANA MARÍA ¡Qué bueno eres! (4) _____ estás pensando en los demás. ¡No

hay (5) _____ como tú!

JUAN CARLOS Tú (6) _____ haces cosas buenas por tus padres, ¿no?

ANA MARÍA Sí, pero (7) _____ he planeado (*have planned*) unas vacaciones

para ellos.

8 Un mundo mejor Completa estas oraciones sobre el medio ambiente de manera lógica.
(6 x 1 pt. each = 6 pts.)

1. Para cuidar la naturaleza es importante que _____

2. Para ahorrar agua, te sugiero que _____

3. Para conservar los recursos naturales es necesario _____

4. Debemos reciclar para que _____

5. Nosotros nos oponemos a que _____

6. Es una lástima que _____

9 Completa Completa las oraciones de manera lógica. Utiliza el presente de indicativo, el presente de
subjuntivo o el infinitivo, según el contexto. (6 x 1.5 pts. each = 9 pts.)

1. Necesito un carro que _____, ¡pero no existe!

2. Acaban de lanzar (*launch*) un carro que _____

3. No vamos a resolver los problemas a menos que _____

4. Este tipo de pez necesita vivir en aguas que _____

5. Tan pronto como _____, iré al parque.

6. Recuerda pedir permiso antes de _____

Exams

10 **¿Cómo es tu lugar ideal para vivir?** ¿Quieres vivir en una ciudad grande o prefieres un lugar donde tengas contacto con la naturaleza? Escribe un párrafo de cuatro oraciones describiendo el lugar donde vives y el lugar donde quieres vivir algún día. Usa las frases de la lista u otras similares.
(4 x 1.5 pts. each = 6 pts.)

> **Vivo en una ciudad/un pueblo que...**
> **Todos los días camino por calles/barrios/parques que...**
> **Algún día quiero vivir en un lugar que...**
> **Espero tener una casa/un apartamento que..**

_____
_____
_____
_____
_____

11 **Cuando tenga setenta años** Describe cómo cuidarás tu salud cuando tengas setenta años. Compara lo que harás a esa edad con lo que haces ahora. Escribe al menos cuatro oraciones. (4 x 1.5 pts. each = 6 pts.)

_____
_____
_____
_____
_____

12 **Un viaje** Tu mejor amigo va a viajar a un lugar que tú ya conoces. Escríbele un mensaje de correo electrónico recomendándole adónde puede ir y dándole consejos sobre el viaje. Escribe una breve composición de cinco oraciones usando mandatos y el presente de subjuntivo.
(3 pts. for grammar + 3 pts. for vocabulary + 3 pts. for style = 9 pts.)

_____
_____
_____
_____
_____
_____
_____

Exams

EXAM

Lecciones 7–10

1 Aquí y ahora Escucha con atención una entrevista con el señor Burgos, el locutor del programa radial *Aquí y ahora* y, después, contesta las preguntas con oraciones completas. (6 x 2 pts. each = 12 pts.)

1. ¿Dónde se publicará esta entrevista? _____

2. ¿Cuándo se emite el programa? _____

3. ¿Cuál es el objetivo del programa? _____

4. ¿Qué incluye el programa los jueves? _____

5. ¿Cómo pueden escuchar los oyentes el *podcast*? _____

6. ¿Qué última pregunta le hace la escritora a Mario Burgos? _____

2 Contexto Escoge la palabra o frase relacionada con cada oración. (10 x 1 pt. each = 10 pts.)

a. actualizado/a	**d. un desafío**	**g. inalámbrico/a**	**j. la portada**
b. ascender	**e. el desempleo**	**h. la informática**	**k. prestar**
c. el cajero automático	**f. exigir**	**i. pasado/a de moda**	**l. renunciar**

1. _____ Te da acceso al dinero de tu cuenta después de que los bancos cierran.

2. _____ Mi computadora puede conectarse a Internet sin necesidad de un cable (*wire*).

3. _____ Este sitio web incluye toda la información más reciente.

4. _____ Si no estás contento/a con tu puesto, es mejor que lo dejes.

5. _____ Muchas personas no tienen trabajo.

6. _____ No tengo suficiente dinero y pensé que tú podrías ayudarme.

7. _____ Mi hermano estudia todo lo relacionado con las computadoras.

8. _____ Este programa fue popular el año pasado. Ahora no lo es.

9. _____ Mi jefe no acepta ningún error.

10. _____ La primera página de un periódico, donde aparecen las noticias más importantes.

3 Relativos Completa cada oración con **el/la/lo/las/los que, que, el/la/los/las cual(es), quien** o **quienes.** En muchos casos, más de una opción es posible. (8 x 1 pt. each = 8 pts.)

Me encantó la película (1) _____ vi en el cine Apolo. Mi amiga Tere, con

(2) _____ trabajo, me compró el boleto. Todas las películas (3) _____ hemos

visto juntas han sido comedias. Pero ésta de (4) _____ te estoy hablando era de terror. Los

actores secundarios, a (5) _____ no conocía, eran malísimos. Pero los protagonistas eran

buenísimos. (6) _____ más me gustó fueron ellos. Tere no se divirtió. Lo único

(7) _____ podía ver eran las cabezas de la gente sentada delante de nosotras. El hombre

sentado delante de ella, (8) _____ no dejaba de hablar, resultó ser (*turned out to be*) su

compañero de trabajo.

Exams

| **245** |

4 Imperfectos Empareja las frases de las dos columnas para formar oraciones lógicas. (7 x 1 pt. each = 7 pts.)

_____ 1. El director de cine no tenía duda de que...

_____ 2. De niña, siempre veía series y películas que...

_____ 3. Cristina no estaba segura de que...

_____ 4. El jefe creía que...

_____ 5. El entrevistador buscaba a alguien que...

_____ 6. Los lectores de *Cinemateca* no creían que...

_____ 7. De niño, quería que...

a. tenían vampiros como protagonistas.

b. ese crítico de cine viera mucho la televisión.

c. los empleados eran responsables.

d. todas las películas tuvieran animales.

e. ese actor era un profesional.

f. tuviera mucha experiencia laboral.

g. Manuel supiera trabajar duro.

5 Aumentativos y diminutivos Completa la historia con los aumentativos y los diminutivos apropiados de la lista. (10 x 0.5 pts. each = 5 pts.)

amigazo	besito	casona	Juanito	mujerona
amorcito	carrazo	feílla	minutito	sombrerote

El otro día vi una telenovela que me impresionó. Había una (1) _____ que vivía en una (2) _____ inmensa, pero no era feliz. Era más bien (3) _____ y llevaba un (4) _____ en la cabeza. No tenía marido, pero soñaba con llamar (5) "_____" a alguien. Un día, un (6) _____ de su hermano (7) _____ la invitó a una fiesta y surgió el amor a primera vista. No había pasado ni un (8) _____ cuando el amigo, que se llamaba Pedro, se acercó a la mujer y se dieron un (9) _____. Pedro la invitó a irse de viaje con él ese mismo día después de la fiesta. Se fueron en un (10) _____ y así empezó su historia de amor.

6 Cambiando de trabajo Completa esta conversación con la forma correcta del pretérito perfecto de subjuntivo o de indicativo, según corresponda. (10 x 1 pt. each = 10 pts.)

MIGUEL ¡Hola, Pepe! ¿Cómo (1) _____ (tú/estar)? Maite y yo (2) _____ (oír) que tu jefe te (3) _____ (despedir). ¿Es verdad?

PEPE No, no es verdad. Me sorprende que te (4) _____ (ellos/decir) esa mentira. La verdad es que yo (5) _____ (decidir) dejar mi trabajo.

MIGUEL No te preocupes. Dudo que trabajar en esa compañía (6) _____ (ser) una buena experiencia. Estoy seguro de que ya (7) _____ (encontrar) otro puesto.

PEPE ¡Qué optimista eres! Todavía no (8) _____ (yo/empezar) a buscar. Y tú, ¿qué (9) _____ (hacer) últimamente?

MIGUEL Nada interesante. Yo también (10) _____ (pensar) en cambiar de compañía. ¡Qué coincidencia!, ¿no?

7 Antes de estudiar español Escribe un párrafo diciendo qué cosas ya habías hecho y qué cosas no habías hecho todavía antes de empezar a estudiar español. Utiliza al menos cuatro verbos diferentes. (4 x 1.5 pts. each = 6 pts.)

_____

_____

_____

_____

_____

_____

_____

_____

8 Situaciones Completa estas oraciones condicionales de forma lógica. (6 x 1.5 pts. each = 9 pts.)

1. Si se encuentra una cura para el SIDA, _____.
2. ¿Por qué no estudias química si _____?
3. Si clonar humanos fuera ético, _____.
4. Si algún día veo un ovni, _____.
5. Si no hubiera gravedad en la Tierra _____.
6. Los reproductores de MP3 serían menos populares si _____.

9 Escritor(a) profesional Imagina que fueras un(a) escritor(a) profesional. Escribe un párrafo describiendo qué género literario preferirías, de qué trataría tu obra y a qué tipo de público estaría dirigida. Escribe al menos cuatro oraciones utilizando el condicional. (4 x 2 pts. each = 8 pts.)

Si fuera escritor(a), escribiría... _____

_____

_____

_____

_____

_____

_____

_____

Exams

10 Cadena de condicionales Ahora elige dos de las oraciones de la actividad 8 y escribe una cadena *(chain)* de condicionales siguiendo el modelo. Escribe cuatro oraciones en cada cadena.
(8 x 1 pt. each = 8 pts.)

> **modelo**
>
> Si clonar humanos fuera ético, **todo el mundo tendría un clon de su persona favorita.**
>
> **Si todo el mundo tuviera un clon de su persona favorita, yo elegiría tener un clon de mi mejor amigo/a...**

_____

_____

_____

_____

_____

_____

_____

_____

11 Escribir Hoy en día todo el mundo puede tener su propia página web y publicar sus experiencias en un blog o en sitios como Facebook y Twitter. Incluso, se pueden grabar videos y publicarlos en línea. ¿Tienes o tendrías un blog o tu propio sitio web? ¿Qué información das o darías allí? Escribe una composición de diez oraciones como mínimo contestando estas preguntas y describiendo qué piensas tú sobre la polémica que generan los blogs y los videos en línea.
(6 pts. for grammar + 6 pts. for vocabulary + 5 pts. for style = 17 pts.)

_____

_____

_____

_____

_____

_____

_____

_____

_____

Exams

EXAM

Lecciones 1–10

1 Planeando Escucha atentamente la conversación entre dos hermanos, Paloma y Tony, y después contesta las preguntas. (6 x 1.5 pts. each = 9 pts.)

1. ¿Qué están planeando Paloma y Tony? ¿A quién(es) tienen que contarle(s) sus planes?
   _____

2. ¿Cuál es la idea de Paloma? ¿Qué actividades pueden hacer?
   _____

3. ¿Qué no necesitan para la idea de Paloma?
   _____

4. Según Paloma, ¿cómo se siente Tony últimamente?
   _____

5. ¿Cuál es la idea de Tony? ¿Qué actividades pueden hacer?
   _____

6. ¿Por qué le gusta a Paloma la idea de Tony?
   _____

2 La rutina Completa el párrafo de forma lógica con la forma apropiada de los verbos reflexivos de la lista. (7 x 1 pt. each = 7 pts.)

aburrirse	alegrarse	llamarse	quejarse
acostarse	despertarse	quedarse	sorprenderse

Mi tío (1) _____ Manuel y es muy simpático. Los fines de semana él y su esposa (2) _____ temprano, pero (3) _____ en la cama mirando televisión o leyendo el periódico hasta las nueve. Ellos nunca (4) _____ porque son muy activos y siempre tienen una agenda muy ocupada. A menudo Laura, mi tía, (5) _____ de que los días pasen tan rápido, pero ellos son muy positivos y nunca (6) _____ de nada. Yo creo que son estupendos y (7) _____ de tenerlos en mi familia.

3 Pronombres Contesta las preguntas sustituyendo las palabras subrayadas con pronombres de complemento directo o indirecto. (5 x 1 pt. each = 5 pts.)

> *modelo*
>
> ¿Les prestas <u>los libros a tus compañeros</u>?
> **Sí, se los presto.**

1. ¿Quieres comprarle <u>el pasaje de autobús a tu novia</u>? Sí, _____
2. ¿Puedes pedirle <u>consejos a tu amigo Miguel</u>? Sí, _____
3. ¿Les mandan ustedes <u>las invitaciones de la fiesta de cumpleaños a sus amigos en los Estados Unidos</u>? No, _____
4. ¿Conoces a <u>la doctora Aragón</u>? Sí, _____
5. ¿<u>Le</u> preguntas <u>a la recepcionista</u> sobre el horario de esta oficina?
   Sí, ahora mismo _____

Exams

4 Personas y escenas Mira las ilustraciones y escribe tres oraciones para cada una de ellas. Describe el aspecto físico y el estado de ánimo de cada persona usando los verbos **ser** y **estar** y escribe qué están haciendo. Usa tu imaginación. (9 x 1 pt. each = 9 pts.)

Silvia

1. _____

2. _____

3. _____

Héctor

4. _____

5. _____

6. _____

Pedro y Mario

7. _____

8. _____

9. _____

5 Comparativos Completa estas oraciones con las opciones correctas.

1. Jugar al fútbol es _____ divertido que mirar la televisión.

   a. tan   b. más   c. tanto

2. Correr es tan bueno para la salud _____ nadar.

   a. como   b. que   c. de

3. El año pasado hice más _____ dos viajes.

   a. que   b. de   c. como

4. Conservar es la _____ solución contra el agotamiento de las fuentes de energía.

   a. mejor   b. menor   c. menos

5. El hotel no tenía _____ habitaciones como esperábamos.

   a. tan   b. tanto   c. tantas

6 De viaje en Bogotá Completa esta postal que le escribe Marta a sus padres. Usa la forma apropiada del pretérito o el imperfecto del verbo entre paréntesis, según corresponda. (10 x 1 pt. each = 10 pts.)

¡Hola, papá y mamá!

¿Cómo les va? Yo (1) _____ (llegar) a Bogotá hace tres días. Lo primero que

(2) _____ (hacer) fue visitar el Museo de Arte Moderno, pero no

(3) _____ (ser) fácil encontrarlo. De todas maneras, (4) _____ (divertirse)

con la búsqueda del museo, porque cada vez que (5) _____ (estar) perdida,

(6) _____ (parar) para pedirle instrucciones a alguien sobre cómo llegar y

(7) _____ (nosotros, quedarse) conversando un poco. (8) _____ (Conocer)

a gente muy interesante, entre ellas una chica que se llama Laura. Nosotras (9) _____ (hablar)

media hora y esa misma noche (10) _____ (ir) juntas al Festival de Teatro

Latinoamericano.

7 ¡A limpiar! Tú y tus dos amigos/as tienen que limpiar su apartamento y tú te encargas (*are in charge*) de repartir los quehaceres. Usando mandatos, escribe qué quehaceres tienen que hacer cada uno de tus amigos (forma singular) y cuáles tienen que hacer ellos dos juntos (forma plural). Utiliza los verbos de la lista. (4 x 1 pt. each = 4 pts.)

limpiar	quitar el polvo
barrer	pasar la aspiradora

1. _____
2. _____
3. _____
4. _____

8 *Por* o *para* Éric quiere ir de viaje y le escribe un mensaje de correo electrónico a Mariela. Escribe la letra de la frase apropiada en los espacios para formar oraciones lógicas. (8 x 0.50 pt. each = 4 pts.)

a. por lo visto	c. para conocer Centroamérica	e. por saber	g. para mí
b. para Costa Rica	d. por 200 dólares	f. por lo menos	h. por cierto

Hola, Mariela:

¿Sabes la gran noticia? ¡Por fin me decidí a hacer un viaje (1) _____! El otro día compré

un pasaje barato, tan sólo (2) _____. Salgo el sábado en avión (3) _____.

Estaré allí poco tiempo, pero espero visitar dos ciudades (4) _____, además de la capital,

San José. (5) _____, tengo una pregunta: ¿quieres venir conmigo? (6) _____,

va a ser más divertido si tú vienes conmigo. Además de hacer turismo, también podemos hacer ejercicio,

ya que, (7) _____, el hotel hasta tiene un gimnasio enorme y hay clases de yoga. Yo voy

a llevar mi ropa deportiva. Bueno, espero tu respuesta. ¡Estoy ansioso (8) _____ qué piensas!

Exams

9 **Un día con el médico** El señor y la señora Rodríguez van al médico para saber qué le pasa al señor Rodríguez. Teniendo en cuenta los diferentes usos del subjuntivo que has estudiado, completa la conversación utilizando el presente de indicativo o el presente del subjuntivo, según corresponda. (12 x 0.50 pt. each = 6 pts.)

DOCTOR Buenos días, señores. Me alegro de que los dos (1) _____ (ustedes, estar) aquí. En general, señor Rodríguez, usted tiene buena salud, pero también es verdad que su nivel de colesterol (2) _____ (estar) un poco alto y por eso va a tener que cuidarse más. En primer lugar, es necesario que usted (3) _____ (comenzar) a cuidar su alimentación y que (4) _____ (hacer) más ejercicio. Pero temo que la dieta no sea suficiente, así que le recomiendo que (5) _____ (tomar) estas pastillas para que (6) _____ (nosotros, poder) controlar su nivel de colesterol. Además, también es importante que (7) _____ (perder) un poco de peso, al menos cinco kilos. ¿Conocen a algún especialista en alimentación que (8) _____ consultorio cerca de su casa?

SEÑOR Sí, yo conozco uno que (9) _____ (ser) muy bueno. En cuanto
RODRÍGUEZ (10) _____ (nosotros, llegar) a casa lo llamo por teléfono.

DOCTOR Excelente. Pero recuerde: no va a adelgazar a menos que (11) _____ (combinar) una alimentación sana con ejercicio frecuente. Yo le sugiero que los dos (12) _____ (salir) a caminar todos los días.

10 **Cuando sea grande** ¿Alguna vez te pusiste a pensar cómo será tu vida cuando tengas veinte años más? Piensa en esta pregunta y escribe una respuesta. Usa el futuro de al menos cuatro verbos distintos. (4 x 1.5 pts. each = 6 pts.)

_____

_____

_____

_____

_____

_____

_____

_____

| **252** |

Exams

11 Vocabulario Completa las oraciones con las palabras de la lista. Conjuga los verbos cuando sea necesario. (7 x 1 pt. each = 7 pts.)

aire libre	**contaminación**	**global**	**renovable**
arrecife	**dar de comer**	**malgastar**	**tormenta**
calentamiento	**extinguirse**	**orilla**	**tóxico**

1. Mi primo trabaja en el zoológico de Madrid y tiene que _____ a los leones.
2. Nos encanta pasear en la playa por la _____ del mar.
3. El meteorólogo ha dicho que mañana va a haber una _____.
4. En las grandes ciudades, como en la Ciudad de México o Los Ángeles, hay mucha _____.
5. Los partidos de fútbol se juegan siempre al _____.
6. Todos los días _____ especies de animales y plantas en nuestro planeta.
7. Necesitamos más formas de energía _____.

12 Los jóvenes e Internet Completa el texto con los pronombres relativos de la lista. En algunos casos hay más de una opción posible. (6 x 1.5 pt. each = 9 pts.)

cuyo/a(s)	**los/las cuales**
el/la/lo cual	**que**
el/la/lo que	

Los jóvenes constituyen el sector de población más importante con acceso a Internet en los Estados Unidos, país en (1) _____ 30 millones de personas menores de 18 años utilizan Internet. Según estos datos, la actividad virtual relacionada con las drogas es (2) _____ preocupa a las autoridades. Muchos de los usuarios (3) _____ participan en estas actividades son jóvenes. Por ejemplo, existen distribuidores de drogas (4) _____ clientes utilizan Internet para anunciar y negociar el precio. Para combatir este serio problema, un gran número de oficiales de policía clandestinos se han infiltrado en los *chats* para bloquear este tipo de transacciones, (5) _____ ha tenido como resultado una disminución (*decrease*) de este tipo de actividades, (6) _____ deberían desaparecer por completo.

13 Imperfectos Empareja las frases de las dos columnas para formar oraciones lógicas. (7 x 1 pt. each = 7 pts.)

_____ 1. El dramaturgo no tenía duda de que...   a. tenían vampiros como protagonistas.

_____ 2. De niño, siempre leía libros que...   b. su última novela fuera a ganar el premio.

_____ 3. La estudiante no estaba segura de que...   c. el surrealismo era el mejor movimiento.

_____ 4. El pintor creía que...   d. todas las películas fueran de ciencia ficción.

_____ 5. El artesano buscaba a alguien que...   e. su obra de teatro tenía mucho éxito.

_____ 6. El novelista no creía que...   f. pudiera trabajar con él.

_____ 7. De niño quería que...   g. pudiera escribir una poesía para su clase de literatura.

         Lecciones 1–10 Exam

Exams

14 Antes de la escuela secundaria Escribe un párrafo diciendo qué cosas ya habías hecho y qué cosas no habías hecho todavía antes de empezar la escuela secundaria. Utiliza al menos cuatro verbos diferentes. (4 x 1 pt. each = 4 pts.)

_____

_____

_____

_____

_____

_____

_____

15 Trabajando en los medios Imagina que pudieras trabajar en cualquier medio de comunicación (televisión, prensa, cine, radio). Escribe un párrafo describiendo qué harías o qué te gustaría ser si pudieras elegir cualquier puesto. Escribe al menos cuatro oraciones utilizando el condicional. (4 x 1 pt. each = 4 pts.)

Si pudiera trabajar en un medio de comunicación,… _____

_____

_____

_____

_____

_____

16 ¿Qué habría pasado? Piensa en un cambio o acontecimiento importante en tu vida. Escribe cuatro oraciones describiendo cómo habría sido tu vida hasta ahora si este cambio o acontecimiento no hubiera ocurrido. Utiliza el condicional perfecto. (4 x 1 pt. each = 4 pts.)

modelo

En 2002 nació mi hermanito. Sin él, mi vida habría sido...

_____

_____

_____

_____

_____

Exams

PERFORMANCE TASK   Lección 1

All responses and communication must be in Spanish.

Context

You work part-time in the office of an organization that serves the local Spanish-speaking community. Your boss, who is originally from Central America, wants to hire another part-time employee to work there over summer break, and he/she asks if you know anyone. First, you will watch a video about how people should (and should not) behave in a professional environment. Then, you and a partner will make a list of the necessary traits a new employee should possess. Finally, you will tell your boss about a friend or a classmate who is "perfect for the job."

Interpretive task

Watch the **Fotonovela** episode for Lesson 1. As you watch, pick out two members of the *Facetas* staff: one whom you think exhibits positive workplace traits and behaviors, and one who does not. Write a list of three or four traits and behaviors for each employee you select.

Interpersonal task

Working with a partner, compare your lists and talk about the characteristics you find desirable in an employee—in this case, a future coworker—and those that are inappropriate. Create a master list of at least five good traits and think of a person you feel exhibits those traits: a friend, a classmate, or a relative your age.

Presentational task

Before you make your recommendation to your boss, discuss them with a few friends (your classmates). Tell them why you think your friend or classmate is a good choice for the position. Describe at least five of his/her personality traits and say why he/she would make a good addition to your boss's staff.

ASSESSMENT

Lección 1

Integrated Performance Assessment Rubric

	5 points	3 points	1 point
Interpretive	The student can identify several positive and several negative personality traits and workplace behaviors.	The student has difficulty identifying positive and negative personality traits and workplace behaviors.	The student cannot identify positive nor negative personality traits and workplace behaviors.
Interpersonal	The student can complete an interview demonstrating mutual understanding. The result of the interview is a master list of 5 positive personality traits for an employee and a decision about who to recommend for the job.	The student can complete an interview with only some difficulty in mutual understanding. The result of the interview is a master list of fewer than 5 positive personality traits for an employee and a possible decision about who to recommend for the job.	The student can complete an interview but does not reach mutual understanding. The student is able to make a master list of only 1 or 2 positive personality traits for an employee and cannot decide who to recommend for the job.
Presentational	The student can provide relevant information about who he/she is recommending for the job, including describing at least 5 of his/her positive personality traits.	The student can provide relevant information about who he/she is recommending for the job, as well as a description of several positive personality traits, but details are missing and there are some errors.	The student can provide some relevant information about who he/she is recommending for the job, but the presentation lacks detail and contains many errors.

PERFORMANCE TASK   Lección 2

All responses and communication must be in Spanish.

Context

Your school is hosting a group of visiting students from a Spanish-speaking country. You have been asked to plan an outing to a popular venue for the students. You think that it is a good idea for them to watch an American movie that has been so successful they should not miss. First, you will read a text about Mexican cinema. Then, you will talk to a classmate about three possible movies you can suggest. Finally, you will write an email to one of the visiting students describing the three movies you suggest.

Interpretive task

Read the **Enfoques** pages of your textbook (pages 50–51). As you read, write down a few titles of movies that can be interesting to the group of students visiting your school. Take into account aspects such as the plot, the director or the actors.

Interpersonal task

With a partner, compare the lists you made while reading the text. Discuss some of the movies you have listed, and decide on three movies that a visiting group of students might like and why.

Presentational task

Write a short email message (approximately 100 words) to the visiting students, proposing the three movies you think they should see. Explain why these are the three top suggestions and why they should not miss these movies. Use a friendly, informal tone, and leave the decision up to your guest.

ASSESSMENT

Lección 2

Integrated Performance Assessment Rubric

	5 points	3 points	1 point
Interpretive	The student can identify several movies that may be interesting to the group of visitors, and point out a variety of aspects of the movies.	The student has difficulty identifying movies that may be interesting to the group of visitors, and can point out only a few aspects of the movies.	The student cannot identify movies that may be interesting to the group of visitors, and fails to point out aspects of the movies.
Interpersonal	The student can complete an interview demonstrating mutual understanding. The result of the interview is a list of 3 movies that might interest a group of visiting students.	The student can complete an interview with only some difficulty in mutual understanding. The result of the interview is a list of fewer than 3 movies that might interest a group of visiting students.	The student can complete an interview but does not reach mutual understanding. The student is not able to make a list of movies that might interest a group of visiting students.
Presentational	The student is able to write a brief email message proposing 3 movies and give details about each.	The student is able to write a brief email message proposing 3 movies, but details are missing and there are some errors.	The student has difficulty writing a brief email message proposing 3 movies, and the email message lacks detail and contains many errors.

PERFORMANCE TASK   Lección 3

All responses and communication must be in Spanish.

Context

The members of your school's Spanish Club are helping a local community group prepare a website on daily life in your area for people relocating from the Spanish-speaking world. You have volunteered to help them create a page on shopping. First, you will watch a video on shopping in a marketplace in Barcelona. Next, you and a partner will discuss ideas from the video and make a list of shopping tips. Finally, you will present some ideas on what you think should be included on the webpage.

Interpretive task

Watch the **Flash cultura** video for Lesson 3. As you watch and listen, take notes about how shopping at the marketplace in Barcelona is both similar to and different from the way you go shopping.

Interpersonal task

With a classmate, discuss your ideas about shopping at the marketplace versus shopping in your community. Are there similar markets in your area? Make a list of five typical—and interesting—shopping destinations and why you would recommend them.

Presentational task

Give a short talk about the shopping destinations you think people relocating to your community would benefit from or enjoy visiting. Explain why you think these locations should be included on the website, and give specific details about each destination.

ASSESSMENT

Lección 3

Integrated Performance Assessment Rubric

	5 points	3 points	1 point
Interpretive	The student can identify several similarities and differences in how people shop at the marketplace in Barcelona versus how they shop in his/her community.	The student has difficulty identifying several similarities and differences in how people shop at the marketplace in Barcelona versus how they shop in his/her community.	The student cannot identify several similarities and differences in how people shop at the marketplace in Barcelona versus how they shop in his/her community.
Interpersonal	The student can complete an interview demonstrating mutual understanding. The result of the interview is a list of 5 shopping destinations in his/her community and reasons for choosing each one.	The student can complete an interview with only some difficulty in mutual understanding. The result of the interview is a list of fewer than 5 shopping destinations in his/her community, and the interview lacks reasons for choosing each destination.	The student can complete an interview but does not reach mutual understanding. The student is able to make a list of only 1 or 2 shopping destinations in his/her community and cannot offer reasons for choosing each one.
Presentational	The student can provide relevant information about his/her preferred shopping destinations, with reasons for each choice.	The student can provide relevant information about his/her preferred shopping destinations, but details and reasons for some choices are missing and there are some errors.	The student can provide some relevant information about his/her preferred shopping destinations, but the presentation lacks many details and contains many errors.

PERFORMANCE TASK

Lección 4

All responses and communication must be in Spanish.

Context

You have been asked to participate in a community health fair. Your topic is how to encourage young people to get and stay fit. First, you will read about different aspects of how people in the Spanish-speaking world care for their health. You will then discuss ideas from the reading with a partner and brainstorm more ideas of your own. Finally, you will prepare a poster or short slide presentation for the health fair.

Interpretive task

Read the brief selections in the **Enfoques** section of Lesson 4 (pages 130–131 of your textbook). As you read, make a list or a diagram to organize notes on ways people in the Spanish-speaking world care for their health, including: the foods they eat, the medical attention they seek, and the ways in which they keep active.

Interpersonal task

With a partner, discuss the ideas you noted from the readings and other ways that you care for your health. Create a list of the ten best ways you think a person your age could get and stay healthy.

Presentational task

Present a poster or a short slide presentation giving your top ten suggestions for getting and staying healthy. Explain each tip thoroughly, and make your presentation visually interesting by adding some photos or artwork. Be prepared to defend or explain your tips.

Integrated Performance Assessment

Integrated Performance Assessment Rubric

	5 points	3 points	1 point
Interpretive	The student can identify several ways in each category (food/nutrition, medical care, and exercise) that people care for their health.	The student has difficulty identifying several ways in each category (food/nutrition, medical care, and exercise) that people care for their health.	The student cannot identify several ways in each category (food/nutrition, medical care, and exercise) that people care for their health.
Interpersonal	The student can complete an interview demonstrating mutual understanding. The result of the interview is a list of 10 tips for young people to get and stay healthy.	The student can complete an interview with only some difficulty in mutual understanding. The result of the interview is a list of fewer than 10 tips for young people to get and stay healthy.	The student can complete an interview but does not reach mutual understanding. The student is able to make a list of only 5 or fewer tips for young people to get and stay healthy.
Presentational	The student can accurately provide a presentation of 10 tips for good health. He/she can answer questions about and defend his/her choice of tips.	The student can provide a presentation of 10 tips for good health, but with a few errors. The student cannot answer questions about or defend all of his/her choices.	The student provides a presentation of fewer than10 tips for good health, or the presentation contains many errors and the student is unable to answer questions about or defend his/her choices.

PERFORMANCE TASK

Lección 5

All responses and communication must be in Spanish.

Context

A travel agency in your town specializes in tours to Central and South America. They want to launch a new bilingual app that offers practical information for the first-time traveler, and since many of their newest clients are students, the agency has requested help from your class. First, you will watch a video about tips for traveling to Costa Rica. Then, you and a partner will talk about which travel tips you think are most important, Finally, you will write a brief sentence in Spanish for each tip, which will appear on the agency's new app.

Interpretive task

Watch the **Flash cultura** video for Lesson 5. Alberto, the host of the video, offers a lot of practical advice for traveling abroad. As you watch the clip, make a list of at least five things you think a traveler should know or research before arriving in his/her destination.

Interpersonal task

Work with a partner to talk about your lists. Do you agree with all the information in the video? What other advice would you and your partner give to first-time travelers? Discuss your ideas, and decide on the three most important things you believe a traveler should know in order to avoid complications while traveling. Give details about each tip.

Presentational task

For each of the three travel tips you've selected, write a brief description (about 50–75 words) indicating why it's important for travelers to know. Include one or two handy phrases or questions that the savvy traveler should know. Before you submit your tips to the travel agency, present them to a small group of classmates and incorporate any suggestions they may have and that you approve.

ASSESSMENT

Lección 5

Integrated Performance Assessment Rubric

	5 points	3 points	1 point
Interpretive	The student can identify several things a well-prepared traveler should know.	The student has difficulty identifying things a well-prepared traveler should know.	The student cannot identify things a well-prepared traveler should know.
Interpersonal	The student can complete an interview demonstrating mutual understanding. The result of the interview is a list of the 3 most important travel tips and details about each one.	The student can complete an interview with only some difficulty in mutual understanding. The result of the interview is a list of the 3 most important travel tips, but details are missing or are not well-developed.	The student can complete an interview but does not reach mutual understanding. At the end of the interview, the student has not decided on a list of the 3 most important travel tips or has not provided any details about his/her choices.
Presentational	The student can provide relevant information about his/her travel tips, and the presentation is both detailed and engaging.	The student can provide relevant information about his/her travel tips, and the presentation is engaging, but details are lacking and there are some errors.	The student can provide some relevant information about his/her travel tips, but the presentation lacks detail and contains many errors.

         Lección 5   Assessment   Teacher Resources

PERFORMANCE TASK

Lección 6

All responses and communication must be in Spanish.

Context

Your school is sponsoring a chapter of a new environmental organization (you will decide what the cause is), and some of the members are asked to record a brief podcast to get the word out. You have volunteered to record a podcast in Spanish. First, you will read about several environmental organizations. Then, with a partner, you will brainstorm ideas about what cause you will speak about and what details to include in your podcast. Finally, you will record a podcast persuading listeners to get involved.

Interpretive task

Read **Organizaciones ambientales** on page 213 of your textbook. As you read, write down what each organization wants to accomplish and what type of information it offers in defense of its work.

Interpersonal task

Discuss your notes about the reading with a partner. Talk about the goals of the organizations you read about, and brainstorm a list of three or four other possible environmental crises—local, national, or international—you would like your organization to address. Decide on one issue and discuss ideas about what you will say in your podcast.

Presentational task

Record a brief podcast (approximately one minute) to talk about your organization and explain its mission. Say why the work you are doing is important and ask listeners for their commitment to help your cause. (You can write out what you want to say before recording your podcast, but it should sound as natural and "spontaneous" as possible.)

ASSESSMENT

Lección 6

Integrated Performance Assessment Rubric

	5 points	3 points	1 point
Interpretive	The student can identify the mission/purpose of each organization and offer some details about the organization's work.	The student has difficulty both identifying the mission/purpose of each organization and offering some details about the organization's work.	The student cannot clearly identify the mission/purpose of each organization or offer details about the organization's work.
Interpersonal	The student can complete an interview demonstrating mutual understanding. The result of the interview is a list of 3 or 4 environmental topics suitable for the school's organization and a decision about which cause he/she will discuss in his/her podcast.	The student can complete an interview with only some difficulty in mutual understanding. The result of the interview is a list of 2 or 3 environmental topics suitable for the school's organization, and a possible decision about which cause he/she will discuss in his/her podcast.	The student can complete an interview but does not reach mutual understanding. The student is not able to list more than 1 or 2 suitable environmental topics to be addressed, nor has he/she decided on a cause that he/she will discuss in his/her podcast.
Presentational	The presentation includes relevant information about the selected environmental cause. The presentation is of appropriate length (approximately 1 minute) and is clear, grammatically correct, and engaging.	The presentation includes some relevant information about the selected environmental cause. The presentation is of appropriate length (approximately 1 minute) and is clear, but there are grammatical errors.	The presentation includes little relevant information about the selected environmental cause. The presentation is shorter than 1 minute in length, and there are problems with clarity and many errors.

PERFORMANCE TASK

Lección 7

All responses and communication must be in Spanish.

Context

Your county is holding a bilingual science and technology fair. They are sponsoring a contest open to all students: you must submit a written description of an invention you want to create (or that you would like to see someone create). First, you will read about a similar contest in Argentina. Next, you will discuss the reading and your ideas for an invention with a partner. Finally, you will present your written contest entry to the class.

Interpretive task

Read the article **Innovar** on page 253 of your textbook. As you read, write down at least four of the inventions mentioned in the article.

Interpersonal task

With a partner, discuss the inventions you noted from the article and talk about why you think they are a good idea. Then, working together, come up with at least three possible inventions you could enter into the county science and technology fair, and think of a few reasons why each invention is a good idea.

Presentational task

Write a description (approximately 100 words) of your proposed invention. Give it a name, tell what it's used for or what it does, and offer two or three reasons why you think it would be a worthwhile item to manufacture. Write your description on a display board and post it in your classroom for your classmates to read it. Be prepared to answer any questions they may have.

ASSESSMENT

Integrated Performance Assessment Rubric

	5 points	3 points	1 point
Interpretive	The student can identify 4 inventions mentioned in the article.	The student has difficulty identifying 4 inventions mentioned in the article.	The student cannot identify 4 inventions mentioned in the article.
Interpersonal	The student can complete an interview demonstrating mutual understanding. The result of the interview is a list of at least 3 ideas for inventions to enter in the contest and reasons supporting each choice.	The student can complete an interview with only some difficulty in mutual understanding. The result of the interview is a list of only 1 or 2 ideas for inventions to enter in the contest, and reasons supporting each choice are limited.	The student can complete an interview but does not reach mutual understanding. The interview yields only 1 or no potential ideas for an invention to enter in the contest, and there are no clear reasons supporting the choices.
Presentational	The student can provide relevant information about his/her invention, including what purpose it serves, and can offer details that support his/her choice.	The student can provide relevant information about his/her invention, including what purpose it serves, but details are missing and there are some errors.	The student can provide some relevant information about his/her invention, but the presentation lacks detail and contains many errors.

PERFORMANCE TASK   Lección 8

All responses and communication must be in Spanish.

Context

The local chamber of commerce is hosting a career night for students. You have been asked to select a product or service that is important to your state's economy and to talk about all the different jobs and career opportunities this product helps create. First, you will learn about the **telenovela** industry in Venezuela. Next, you will discuss how this industry employs hundreds of people, both directly and indirectly. Finally, you will select a product or service to talk about at career night and prepare a short oral presentation about it.

Interpretive task

Read **Las telenovelas** on page 290 of your textbook. As you read, write down all the jobs and careers mentioned that form part of the **telenovela** industry. Also include in your list at least three additional jobs or careers that are not explicitly mentioned in the reading but that are affected by the creation, production, or distribution of a **telenovela**.

Interpersonal task

Discuss your list and the reading with a partner. Talk about how one product—in this case, a **telenovela**—is responsible for employing hundreds or even thousands of people in different fields. Think about an industry in your state that employs many people, and create a list or a diagram explaining how that one product or service affects the economy. What jobs does this product create? What other products or services are dependent on this product?

Presentational task

Prepare an oral presentation (one-to-two minutes in length) explaining how the one product or service you selected affects the economy. Include a list of jobs or careers the product helps sustain, and mention some of the related fields that are directly affected by the success or failure of the product you chose.

ASSESSMENT   Lección 8

Integrated Performance Assessment Rubric

	5 points	3 points	1 point
Interpretive	The student can both identify all of the jobs and careers mentioned in the reading and offer at least 3 additional examples of related jobs and careers.	The student can both identify most of the jobs and careers mentioned in the reading and offer 1 or 2 additional examples of related jobs and careers.	The student cannot identify many of the jobs and careers mentioned in the reading, and he/she has difficulty offering any additional examples.
Interpersonal	The student can complete an interview demonstrating mutual understanding. The result of the interview is the selection of an important local/state industry and a detailed list of jobs and careers related to that industry.	The student can complete an interview with only some difficulty in mutual understanding. The result of the interview is the selection of an important local/state industry and a list of a few jobs and careers related to that industry.	The student can complete an interview but does not reach mutual understanding. The student is unable to select an important local/state industry for the final presentation, or the student chooses an industry but cannot furnish enough relevant information for the presentation.
Presentational	The student can provide relevant information about the industry he/she selected, including job and career opportunities and the industry's effect on related businesses.	The student can provide relevant information about the industry he/she selected, as well as a description of several career and job opportunities afforded by the industry, but details are missing and there are some errors.	The student can provide some relevant information about the industry he/she selected, but the overall presentation lacks detail and contains many errors.

PERFORMANCE TASK   Lección 9

All responses and communication must be in Spanish.

Context

A Spanish-language television station is conducting an opinion poll about whether viewers think that the media influence life or that life shapes what the media present. You decide you will call in and voice your opinion. First, you will read a quote about this topic. Next, you will discuss the quote and your ideas on the topic with a partner, and each of you will decide how you view the issue and give an example to support your opinion. Finally, you will record your message for the pollsters.

Interpretive task

Read the quotation on page 348 of your textbook. Think about the different ways that the media and pop culture are affected by life, and the ways in which they affect our lives. Write a list of at least five examples of "life imitating art" or vice versa.

Interpersonal task

Discuss your list with a partner. Talk about ways that the media—not just television, but music, film, literature, and advertising—both affect and are affected by everyday life. Together, brainstorm a list of at least four examples of how life influences the media or how the media influence life. Choose one example that you feel strongly about and write some details about it.

Presentational task

Record a brief message (approximately 1 minute) in which you give an example of how the media affect our lives or vice versa. Offer details to defend and support your opinion. (You can write out what you want to say before recording your message, but it should sound as natural and "spontaneous" as possible.)

ASSESSMENT   Lección 9

Integrated Performance Assessment Rubric

	5 points	3 points	1 point
Interpretive	The student can provide at least 5 examples of how life affects the media, or vice versa.	The student has difficulty providing at least 5 examples of how life affects the media, or vice versa.	The student can provide only a few examples of how life affects the media, or vice versa.
Interpersonal	The student can complete an interview demonstrating mutual understanding. The result of the interview is a list of at least 4 ways in which everyday life and the media affect each other, and the student will have chosen one example for his/her presentation.	The student can complete an interview with only some difficulty in mutual understanding. The result of the interview is a list of fewer than 4 ways in which everyday life and the media affect each other, and the student may not yet have chosen one example for his/her presentation.	The student can complete an interview but does not reach mutual understanding. The student is able to make a list of only 1 or 2 ways in which everyday life and the media affect each other, and he/she cannot decide on a topic for his/her presentation.
Presentational	The presentation includes relevant information about the topic. The presentation is of appropriate length (approximately 1 minute), offers details to support the student's opinion, and is clear, grammatically correct, and engaging.	The presentation includes some relevant information about the topic. The presentation is of appropriate length (approximately 1 minute) and contains some details to support the student's opinion, but there are grammatical errors.	The presentation includes little relevant information about the topic. The presentation is shorter than 1 minute in length, and there are problems with clarity and many errors.

PERFORMANCE TASK   Lección 10

All responses and communication must be in Spanish.

Context

You have been asked to contribute a review of a piece of art, literature, or architecture for your school newspaper. First, you will watch a video clip in which several people give their opinions on works of art. Then, you will discuss critiquing art with a classmate, and you will choose a work that you will critique in your article. Finally, you will present your article to the editorial committee of the newspaper.

Interpretive task

Watch the **Fotonovela** episode for Lesson 10. As you watch, listen for the different ways the people in the video critique the paintings and make a list of the words and phrases they use, both positive and negative.

Interpersonal task

Discuss your list with a partner and talk about how people critique not only paintings, but sculptures, literary works, and architecture. Choose a work that you are familiar with to critique, and make notes about what you like and dislike about it; consider your partner's opinions about the work as well.

Presentational task

Write your critique (100–150 words) and present it to the editorial committee (your classmates). Tell what you are critiquing, and give at least four details that explain why you like or don't like the work. Defend your opinions. If possible, include an image (or, for literary works, a passage) of the work you are critiquing.

ASSESSMENT

Lección 10

Integrated Performance Assessment Rubric

	5 points	3 points	1 point
Interpretive	The student can identify several positive and negative words and phrases used in the video to describe or critique art.	The student has difficulty identifying several positive and negative words and phrases used in the video to describe or critique art.	The student cannot identify several positive and negative words and phrases used in the video to describe or critique art.
Interpersonal	The student can complete an interview demonstrating mutual understanding. The result of the interview is the selection of a work the student will critique, as well as detailed notes about why he/she likes or does not like the work.	The student can complete an interview with only some difficulty in mutual understanding. The result of the interview is the selection of a work the student will critique and some notes about why he/she likes or does not like the work.	The student can complete an interview but does not reach mutual understanding. The student has difficulty selecting a work to critique and has not made sufficient notes about why he/she likes or does not like the work.
Presentational	The student can provide relevant information about the work he/she has critiqued, including at least 4 details about the work. The student supports and defends his/her opinions, and the overall presentation is interesting and grammatically correct.	The student can provide some relevant information about the work he/she has critiqued, including a few details about the work. The student supports his/her opinions, but details are missing and there are some errors.	The student can provide some relevant information about the work he/she has critiqued, but the presentation lacks detail and contains many errors.

LECTURA ADICIONAL

Conocer gente nueva

Muchos se preguntan por qué es tan difícil encontrar novio o novia, o simplemente amistad, en el mundo de hoy. El número de solteros es mucho más alto ahora que hace diez o quince años. Una posible explicación es que la gente está tan ocupada con su trabajo o sus estudios que no hay muchas oportunidades para salir y socializar. El ritmo de vida es muy rápido. Otros piensan que es más difícil confiar en la gente en estos tiempos y, por eso, ahora hay menos gente que coquetea con personas desconocidas (*strangers*). Conocer a personas en cafeterías y reuniones de amigos es algo del pasado. Cuando vamos en autobús o en metro (*subway*), a nadie le gusta hablar con la persona sentada a su lado. Todos leen o escuchan música y nadie tiene ganas de hablar con extraños. Sin embargo, registrarse en sitios de Internet para conocer gente o encontrar pareja es algo muy común en estos tiempos. Parece (*It seems*) que tenemos miedo de conocer gente nueva cara a cara (*face to face*), pero no nos importa hablar con desconocidos por Internet; ahí nos sentimos más seguros. Después de "conocerse" por Internet, vienen las citas a ciegas. Es evidente que el mundo actual presenta muchas paradojas, ¿verdad?

1 Comprensión Indica si estas afirmaciones son **ciertas** o **falsas** según lo que dice la lectura y corrige las falsas.

Cierto Falso

_____ _____ 1. En el mundo de hoy es fácil hacer amigos nuevos, pero es difícil encontrar pareja.
_____

_____ _____ 2. La gente no tiene tiempo para salir y conocer gente nueva.
_____

_____ _____ 3. Es muy común ahora conocer gente nueva en cafeterías y reuniones de amigos.
_____

_____ _____ 4. Mucha gente habla con desconocidos en el autobús o en el metro.
_____

_____ _____ 5. La gente se siente más segura hablando con desconocidos por Internet.
_____

_____ _____ 6. Las parejas se conocen en citas a ciegas y luego comienzan a comunicarse por Internet.
_____

2 ¿Qué opinas? Escribe tus opiniones sobre el contenido de la lectura. ¿Crees que son ciertas las afirmaciones de la lectura? ¿Qué piensas de las relaciones por Internet? Escribe por lo menos cuatro oraciones.

_____

_____

_____

_____

_____

LECTURA ADICIONAL

Lección 2

Una oportunidad de oro (*golden*)

El señor Alberto, el padre de Javier, es músico y es el propietario de una de las salas de conciertos más importantes de Bogotá. Javier y sus amigos están encantados porque pueden ir a todos los conciertos gratis y no tienen que comprar entradas. A Javier le gusta mucho la guitarra acústica y este año está practicando con dos amigos, Alex y Amaya. Alex toca la batería y Amaya canta. Hace un tiempo que ellos vienen diciendo que quieren ir a estudiar música a los Estados Unidos; es por eso que la oportunidad que tienen es de oro. Este martes pasado llegó a Bogotá el grupo de Matt Gallon, un guitarrista de Nashville muy famoso que estudió con el padre de Javier en la Universidad de Berkeley. Él y su grupo van a dar un concierto el jueves por la noche. Javier y sus amigos quieren tocar para ellos y, por eso, pasaron horas preparando un pequeño concierto.

Todos están en la sala de conciertos porque Matt Gallon está practicando para su concierto del jueves. Javier y sus amigos, aprovechando que Matt Gallon se baja del escenario un momento, comienzan a tocar su música. Matt Gallon y Alberto se quedan sorprendidos al escuchar al grupo de Javier.

Matt Gallon: —Eso está muy bien, chicos. Me parece que tienen futuro.
Javier: —¿Tú crees, papá?
Alberto: —¿Que si lo creo? Estoy muy sorprendido. Suena muy bien.
Alex y Amaya: —¿Creen que podremos ir a tocar a Nashville el próximo verano?
Matt Gallon: —Bueno, no veo por qué no pueden pasar unos meses en mi casa.

1 Comprensión Contesta las preguntas con oraciones completas.

1. ¿Quién es y qué hace Alberto?

   _____

2. ¿Por qué están encantados Javier y sus amigos?

   _____

3. ¿Qué le gusta tocar a Javier?

   _____

4. ¿Quién es Matt Gallon? ¿Cuándo es el concierto con su grupo?

   _____

5. ¿Qué están haciendo Javier y sus amigos?

   _____

6. ¿Quién invita a Javier y a sus amigos a Nashville el próximo verano?

   _____

2 ¿Qué sucede después? Escribe un párrafo de por lo menos cuatro oraciones describiendo qué crees que sucede en el verano. ¿Van Javier y sus amigos a Nashville? ¿Qué sucede mientras están allí? Cuenta la historia en presente y utiliza algunos pronombres de complemento directo e indirecto.

_____

_____

_____

_____

_____

LECTURA ADICIONAL
Lección 3

Un chico con suerte

Aquel día era sábado y, aunque a Alberto no le gustaba, tenía que limpiar la casa e ir al supermercado. Después de levantarse, fue a la cocina y encendió la luz. La casa estaba muy sucia, pero él prefirió desayunar tranquilamente. Primero calentó el café y cocinó unos huevos con jamón y queso. Después, bajó a comprar el periódico y se sentó en el sofá a leer. Cuando terminó de leer las noticias, se puso a limpiar la casa.

Pasó la aspiradora y quitó el polvo. Y cuando estaba entrando al baño para ducharse, escuchó el timbre de la puerta. Eran Enrique y Ana que venían a invitarlo a un partido de béisbol.

—Hola Alberto, ¿cómo estás?

—Bien, gracias. Pero pasen, no se queden ahí.

—Mira, es que mi padre está enfermo y teníamos tres entradas para el partido de los Yankees de hoy a mediodía. ¿Te gustaría venir?

—¡Claro! Me encantaría.

—Pues vamos, que no tenemos mucho tiempo.

Alberto no podía creer que no tenía que pagar para ver a los Yankees. Rápidamente, Alberto se fue al baño, se duchó y dejó la limpieza de la casa para otro momento. Entonces, los tres amigos se fueron al partido para gozar de un fantástico día al aire libre. Alberto era un chico con suerte porque estas cosas le pasaban frecuentemente.

1 Comprensión Contesta las preguntas con oraciones completas.

1. ¿Qué tenía que hacer Alberto ese sábado por la mañana?
   _____
2. ¿Qué hizo Alberto después de levantarse?
   _____
3. ¿Qué hizo después de leer las noticias?
   _____
4. ¿Adónde invitaron Enrique y Ana a Alberto?
   _____
5. ¿Qué no podía creer Alberto?
   _____
6. ¿Por qué era Alberto un chico con suerte?
   _____

2 ¿Te sucedió algo parecido alguna vez? En los países latinos es común que tus amigos o familiares aparezcan en tu casa sin avisar. Piensa en un episodio similar al de la lectura anterior y cuenta la historia usando el pretérito y el imperfecto. Escribe por lo menos cinco oraciones.

_____
_____
_____
_____
_____

LECTURA ADICIONAL

Lección 4

El yoga

La práctica del yoga es una de las formas de ejercicio más completas y beneficiosas que existen. Pero es mucho más que una forma de ejercitar el cuerpo; el yoga es para muchos una filosofía de vida que mantiene en equilibrio el cuerpo, la mente y el espíritu. Los beneficios que ofrece pueden interpretarse desde varias perspectivas, pero hay una cosa con la que todos están de acuerdo: quienes hacen yoga, tengan la edad que tengan, encuentran un mayor bienestar y menos estrés en su vida diaria, desarrollan mayor flexibilidad en su cuerpo y se sienten más despiertos y con más energía.

Los expertos en yoga señalan que uno de los fundamentos de esta práctica es mejorar la respiración a la vez que se realizan las posturas (o "*asanas*"). Para practicar el yoga correctamente, es necesario ser consciente de la respiración en todo momento. De forma similar a estar en un estado meditativo, el yoga nos enseña a sincronizar la respiración con el movimiento del cuerpo, lo cual ayuda a vaciar (*to empty*) la mente de pensamientos. Además, un mayor control de la respiración nos ayuda a mantener la calma en momentos de ansiedad y mejora la calidad del sueño.

El yoga es una excelente forma de mantener los beneficios de la juventud y de combinar con total armonía el cuerpo, la mente y el espíritu.

1 Comprensión Contesta las preguntas con oraciones completas.

1. Según la lectura, ¿qué es el yoga?
   _____

2. ¿Cuáles son algunos de los beneficios del yoga?
   _____

3. ¿Cuál es uno de los fundamentos del yoga que menciona la lectura?
   _____

4. ¿Qué es necesario para practicar el yoga correctamente?
   _____

5. ¿Por qué se dice que el yoga es similar a la meditación?
   _____

6. ¿Qué otros beneficios aporta un mayor control de la respiración?
   _____

2 Consejos Un amigo tuyo quiere empezar a cuidarse más y te pide consejos. Aconséjale que practique el yoga, mencionando todos los beneficios que conoces. Usa el imperativo cuando sea apropiado. Escribe por lo menos seis oraciones.

_____
_____
_____
_____
_____

LECTURA ADICIONAL

Un viaje a Barcelona

Eugenio tuvo que hacer un viaje de negocios a Barcelona con su jefe esta semana para reunirse con unos clientes. Ana, su novia, que ya conoce España porque tiene familia allí, decidió acompañarlo para ser su guía. Durante la semana, mientras Eugenio trabajaba en su oficina del centro, Ana estuvo en el pueblo de Rosas, en casa de sus tíos. Tienen una casa en la playa y a Ana le encanta pasar tiempo allí y, sobre todo, bucear. Ella quiere que Eugenio vaya a encontrarse con ella cuando termine con su trabajo en la ciudad.

Ayer, viernes, Eugenio por fin terminó con sus reuniones, pero estaba lloviendo y decidieron que no era buena idea pasar el fin de semana en la playa. Ana regresó a Barcelona para estar con él. Hoy por fin salieron por la ciudad y se divirtieron mucho. Los dos están encantados. Barcelona es la ciudad más interesante y bella que conocen. El sábado por la mañana, desayunaron pan tostado. Después pasearon por las Ramblas, una larguísima avenida que lleva a la playa y donde puedes encontrar artistas callejeros a todas horas del día y de la noche. Al mediodía, comieron en un restaurante típico catalán, porque Ana siempre dice que la cocina de esta región es exquisita. Por la tarde, fueron a un concierto al Palacio de la Música Catalana. Después del concierto, fueron con unos amigos a bailar y se divirtieron mucho. Antes de salir para el aeropuerto escribieron y mandaron unas tarjetas postales a su familia. Regresaron a casa felices porque Barcelona es una ciudad muy interesante.

1 Comprensión Contesta las preguntas con oraciones completas.

1. ¿Por qué tuvo que viajar Eugenio a Barcelona?
   _____

2. ¿Por qué decidió Ana acompañarlo en su viaje?
   _____

3. ¿A quién visitó Ana mientras Eugenio se quedaba en Barcelona?
   _____

4. ¿Cuándo regresó Ana a Barcelona?
   _____

5. ¿Qué hicieron Ana y Eugenio el sábado por la mañana?
   _____

6. ¿Qué hicieron antes de salir para el aeropuerto?
   _____

2 Vacaciones Imagínate que estás planeando unas vacaciones. Piensa en las características que buscas en tu lugar ideal y descríbelo. Escribe por lo menos seis oraciones.

_____
_____
_____
_____

LECTURA ADICIONAL

Lección 6

Mejorar el mundo

Son muchos los peligros que amenazan a nuestro planeta. La contaminación del aire y del agua, el calentamiento global, la escasez de recursos naturales, la desaparición de los bosques: todas éstas son amenazas que, si no nos afectan personalmente ahora, nos afectarán a nosotros o a nuestros descendientes en un futuro no muy lejano. ¿Qué podemos hacer en nuestra rutina diaria para mejorar el estado del medio ambiente? ¿Qué podemos hacer para mejorar nuestra calidad de vida? Les hicimos estas preguntas a un grupo de jóvenes estudiantes, que son, sin duda, el futuro de nuestra sociedad.

MARÍA Para mejorar el medio ambiente, desde mi escuela, yo voy a animar a mis compañeros a reciclar todo el plástico y el papel. Ya hay un programa de reciclaje en el campus, pero no todos los estudiantes reciclan.

JUANCHO Pues yo propongo hacer unos carteles (*posters*) informativos para insistir en que la gente no malgaste el agua. Todos sabemos que hay escasez de agua por la sequía, pero yo todavía veo a compañeros que dejan correr el agua cuando no la están usando. Lo mismo ocurre con la electricidad. Lo veo en mi propia casa también, no sólo en la escuela.

TERE Yo creo que una de las razones por las que la gente no está interesada en proteger la naturaleza es el ritmo de vida que llevamos. Me explico: vivimos en una sociedad que no para; no tenemos ni un minuto libre para observar los árboles o los pájaros. A mí me gustaría proponer que cada uno de nosotros tome cinco minutos cada día para observar y apreciar la naturaleza. Creo que si todos la apreciamos un poco más, haremos un esfuerzo (*effort*) más grande para protegerla.

1 Comprensión Contesta las preguntas con oraciones completas.

1. ¿Cuáles son algunos de los problemas que afectan al medio ambiente?

   _____

2. ¿Quiénes son, según lectura, el futuro de la sociedad?

   _____

3. ¿Por qué dice María que los estudiantes de su escuela tienen que reciclar más?

   _____

4. ¿Cuál es el problema que observa Juancho?

   _____

5. Según Tere, ¿por qué no se interesa más gente en proteger la naturaleza?

   _____

6. ¿Qué propone Tere para que la gente se interese en proteger la naturaleza?

   _____

2 ¿Y tú qué harás? ¿Qué harás tú en tu vida diaria para ayudar a proteger el medio ambiente? Escribe un párrafo de al menos seis oraciones.

_____

_____

_____

_____

_____

| 280 | **Lección 6** Lectura adicional

LECTURA ADICIONAL   Lección 9

Los argentinos y los medios de comunicación

Según una encuesta del Instituto de Investigaciones Sociológicas de Argentina, la televisión es el medio preferido por los argentinos. Sin embargo, los espectadores no tienen una buena opinión de sus contenidos y piensan que es muy poco educativa y, por lo general, de mal gusto.

En cuanto a la confianza que los argentinos tienen en la objetividad de las fuentes (*sources*) donde se informan, sólo el 40% de los que ven televisión dice tener confianza en los informativos televisivos. En contraste, la gran mayoría de los oyentes (el 72%) considera que la radio es un medio más objetivo, más interesante, más educativo y más variado que la televisión.

Solamente el 30% de los encuestados afirma leer la prensa todos los días. Con respecto al uso de Internet como fuente de información, la encuesta revela un resultado inesperado: sólo el 15% de los argentinos hace uso de Internet para leer las noticias, aunque el 60% de los argentinos afirma tener acceso a Internet y conectarse a diario.

1 Cierto o falso Indica si lo que dicen estas afirmaciones es **cierto** o **falso**. Corrige la información que sea falsa.

1. El número de argentinos que escuchan la radio es mayor que el número de los que ven TV.

   _____

2. En general, los argentinos tienen más confianza en la objetividad de los informativos radiofónicos que en los televisivos.

   _____

3. Es sorprendente que la mayoría de los argentinos haga uso de Internet para informarse de la actualidad.

   _____

4. La mayoría de los argentinos lee la prensa todos los días.

   _____

2 Composición ¿Qué medios de comunicación prefieren tú y tus compañeros/as? Compara tus preferencias con los resultados de la encuesta que acabas de leer. ¿Cuál es tu medio preferido para informarte de las noticias de actualidad? ¿Escuchas la radio? ¿Qué tipos de programas escuchas? ¿Lees la prensa a menudo? Escribe un párrafo de por lo menos ocho oraciones.

_____

_____

_____

_____

_____

LECTURA ADICIONAL

Lección 10

Recordando a Jorge Luis Borges

El Círculo de Bellas Artes de Madrid celebró en el 2006 un homenaje (*tribute*) al escritor argentino en el vigésimo (*twentieth*) aniversario de su muerte. La viuda del escritor, María Kodama, presidenta de la Fundación Internacional Jorge Luis Borges, lo recordó en la presentación de los actos como "un ser humano extraordinario que prefirió perderlo todo antes que renunciar a su ética".

Uno de los actos del homenaje consistió en un taller (*workshop*) de escritura, basado en textos del autor sobre el arte de escribir. Entre los materiales, se destacó el siguiente párrafo, que ilustra el proceso creador de este importantísimo escritor.

"En el caso de un cuento, por ejemplo, bueno, yo conozco el principio, el punto de partida, conozco el fin, conozco la meta. Pero luego tengo que descubrir, mediante mis muy limitados medios, qué sucede entre el principio y el fin. Y luego hay otros problemas a resolver; por ejemplo, si conviene que el hecho sea contado en primera persona o en tercera persona. Luego, hay que buscar la época; ahora, en cuanto a mí, *eso es una solución personal mía,* creo que para mí lo más cómodo viene a ser la última década del siglo XIX. (...) Porque ¿quién puede saber, exactamente, cómo hablaban aquellos personajes que ahora están muertos?: nadie. Es decir, que yo puedo proceder con comodidad. En cambio, si un escritor elige un tema contemporáneo, entonces ya el lector se convierte en un inspector y resuelve: 'No, en tal barrio no se habla así, la gente de tal clase no usaría tal o cual expresión'".

1 Comprensión Contesta las preguntas con oraciones completas.

1. ¿Cuál era el objetivo del homenaje? _____
2. ¿Quién es María Kodama? _____
3. ¿Qué acto del homenaje menciona el texto? ¿En qué se basa? _____
4. Según el último párrafo, ¿cuáles son los dos pasos principales en la creación de un cuento?
   _____
5. Según el texto, ¿cómo elige Borges la época a la que pertenecen sus cuentos?
   _____
6. ¿Por qué prefiere no elegir temas contemporáneos?
   _____

2 Composición Elige una de estas famosas citas de Jorge Luis Borges y explica por qué te ha llamado la atención. ¿Estás de acuerdo o en desacuerdo con ella? ¿Por qué te identificas con la cita? Escribe un párrafo contestando estas preguntas con detalles. Escribe por lo menos ocho oraciones.

"Uno llega a ser grande por lo que lee y no por lo que escribe".
"He cometido el peor pecado que un hombre puede cometer. No he sido feliz".
"La muerte es una vida vivida. La vida es una muerte que viene".

_____
_____
_____
_____
_____

TEST AUDIO SCRIPTS

Lección 1

Test A

1 **¡Un divorcio que funciona!** Alberto y Elena
   están divorciados. Escucha su historia e indica
   si lo que afirman las oraciones es **cierto** o **falso**.

   Alberto es un hombre sincero, responsable y
   moderno. Hace cuatro años que se divorció de
   su mujer, Elena. Ellos tienen dos hijos: Carlos,
   de nueve años, y Javier, de cinco. Aunque
   Alberto y Elena están divorciados, se llevan
   bien y no les gusta discutir delante de los niños.
   La verdad es que los niños son muy cariñosos y
   responsables. Alberto vive en el centro de la
   ciudad y, los fines de semana que los niños van
   a su casa, los tres van al cine o al teatro. Alberto
   y Elena quieren lo mejor para sus hijos y se
   sienten muy orgullosos de ellos.

Test B

1 **Una pareja en la universidad** Amanda y Raúl
   son novios, pero estudian en ciudades distintas.
   Escucha su historia e indica si lo que afirman
   las oraciones es **cierto** o **falso**.

   Amanda es una chica cariñosa, sensible y
   moderna. Raúl es tranquilo, trabajador y
   tradicional. Los dos se conocieron en la escuela
   secundaria y llevan dos años de novios. Se
   llevan bien y lo pasan muy bien juntos. Ahora
   viven en ciudades distintas porque están
   estudiando en la universidad, pero se mantienen
   en contacto casi todos los días. Después de estar
   un año separados, Raúl se siente solo y
   agobiado con sus estudios porque quiere estar
   con Amanda. Quiere proponerle matrimonio,
   pero sus padres le dicen que son muy jóvenes y
   deben esperar. Además, Amanda, que es muy
   sensata y responsable, cree que sus estudios son
   más importantes ahora y no quiere estar casada
   antes de graduarse. Cuando Raúl habla de
   matrimonio con Amanda, siempre discuten,
   y ahora Raúl no sabe qué hacer y se siente
   deprimido.

Test C

1 **El nuevo profesor** César es un joven profesor que acaba de llegar a una universidad en Filadelfia para estudiar y aún no conoce a nadie. Escucha su primera conversación con Ana, una compañera de trabajo, y después responde a las preguntas usando oraciones completas.

ANA ¡Hola! Eres nuevo en esta universidad, ¿verdad? ¿Cómo te llamas?

CÉSAR Soy César. Acabo de llegar de Oaxaca, un pueblo de México, y voy a trabajar y estudiar aquí, pero todavía no conozco a mucha gente.

ANA Tranquilo, pronto te sentirás como en casa. Entre todos los profesores nos llevamos muy bien.

CÉSAR Estoy un poco agobiado con tantas cosas nuevas. Me preocupan mucho los profesores, ¿me puedes hablar de ellos?

ANA Mira, esos dos profesores de ahí son el señor y la señora Jiménez, llevan muchos años de casados, más de veinte, y son unas magníficas personas.

CÉSAR Cuéntame algo más, por favor.

ANA Bueno, el Doctor Pacheco es un poco orgulloso, pero bastante permisivo…

CÉSAR ¿Y no hay profesores más jóvenes?

ANA Sí, Roberto Uría, pero es muy antipático y mentiroso. Un día lo invité a salir y me dijo que estaba muy cansado, pero luego lo encontré en un restaurante con otros amigos, ¿puedes creerlo? ¡Lo odio! ¡No lo puedo soportar!

CÉSAR Uy, disculpa, Ana. ¡No quise hacerte enojar!

Test D

1 **El nuevo estudiante** Tito es un estudiante puertorriqueño que acaba de llegar a una universidad en Washington D.C. para estudiar y aún no conoce a nadie. Escucha su primera conversación con Marta, otra estudiante, en el pasillo de su residencia y después responde a las preguntas usando oraciones completas.

MARTA ¡Hola! Veo que eres nuevo en clase. ¿Cómo te llamas?

TITO Soy Tito. Acabo de llegar de Puerto Rico para estudiar aquí y aún no tengo muchos amigos.

MARTA Tranquilo, pronto te sentirás como en casa. La universidad es muy buena y hay muchas cosas para hacer.

TITO Sí, la ciudad y la universidad me fascinan, pero estoy un poco nervioso con tantas cosas nuevas. No conozco a ningún estudiante, ¿me puedes hablar de ellos?

MARTA Mira, esos dos estudiantes de ahí son Luis Menéndez y Marta Riesgo, son muy buenos estudiantes y siempre te ayudan si tienes algún problema.

TITO Cuéntame algo más, por favor.

MARTA Bueno, el chico que ves ahí escuchando música es Miguel. Es muy sociable… tiene muchos amigos divertidos. Pero, ese otro chico de camisa roja que está hablando con las chicas es un mentiroso. Le gusta coquetear con las chicas todo el tiempo. ¡Lo odio!

TITO ¡Uy, disculpa! ¡No quise hacerte enojar! ¡Muchas gracias, Marta! Ahora sí me siento más tranquilo, y listo para empezar a estudiar.

Lección 2

Test A

1 Marco y sus actividades Vas a escuchar a Marco hablar sobre sus actividades. Indica si lo que dicen las oraciones es **cierto** o **falso**.

Hola, me llamo Marco y soy un chico muy activo. Me fascinan los deportes; soy miembro de un club de fútbol y voy a muchos partidos, y también me encanta el béisbol. Siempre miro partidos de fútbol o de béisbol en la televisión. Juego al béisbol cuando puedo, pero ya no juego al fútbol. A mí no me gusta aburrirme, y por eso trato de entretenerme lo más posible cuando no tengo que trabajar. Los sábados por la mañana voy a ver un partido de fútbol y por la tarde salgo a divertirme con mis amigos. Casi todos los sábados por la tarde jugamos al boliche, pero otras veces jugamos al billar o vamos al cine. Cuando salimos los sábados por la noche, generalmente volvemos tarde, pero el domingo, si estamos muy cansados, preferimos hacer actividades más tranquilas como jugar a las cartas o con videojuegos. Cuando vuelvo al trabajo el lunes por la mañana, estoy listo para empezar la nueva semana.

Test B

1 Roberto y sus actividades Vas a escuchar a Roberto hablar sobre sus actividades. Indica si lo que dicen las oraciones es **cierto** o **falso**.

Hola, me llamo Roberto y soy un chico muy activo. No me gusta estar tranquilo ni un segundo. Me fascinan los deportes; soy miembro de un club de tenis y voy a muchos partidos, y también me encanta el béisbol. Cuando termino de estudiar, siempre miro partidos de tenis o de béisbol en la televisión. Juego al béisbol cuando puedo, pero ya no juego al tenis. Los sábados por la mañana voy a ver un partido de tenis y por la tarde salgo a divertirme con mis amigos. Casi todos los sábados por la tarde jugamos al boliche, pero otras veces jugamos al billar o vamos al cine. Cuando salimos, volvemos temprano, nunca después de las nueve, y el domingo nos juntamos en la biblioteca para estudiar. Cuando vuelvo a la escuela el lunes por la mañana, estoy listo para empezar la nueva semana.

Sandra siempre está ocupada** Sandra es una
joven muy dinámica. Escucha lo que cuenta
sobre su vida diaria y después responde a las
preguntas con oraciones completas.

Hola, soy Sandra y tengo dieciséis años. Soy
una persona llena de energía. Me encanta ir al
teatro y a los conciertos para aplaudir a mi
grupo favorito. También me fascina bailar salsa
y, por supuesto, practico deporte
habitualmente. Todos los días me levanto muy
temprano —a las seis— y me visto con ropa
cómoda porque por las mañanas voy a correr y
luego por las tardes entreno con mi equipo de
vóleibol. Creo que soy una persona atlética.
También me gusta mucho visitar museos de
arte. La verdad es que tengo muchas aficiones y
no me queda tiempo libre. A mediodía, después
de las clases, doy un paseo con mi perro para
relajarme porque por las tardes también estoy
ocupada con clases de violín y, además, estoy
aprendiendo alemán porque el verano que viene
quiero ir a Alemania con un programa de
intercambio. Los fines de semana intento
descansar y relajarme cocinando platos
exóticos porque mi vida diaria es muy agitada.

Test C

1 Una chica muy ocupada Amanda es una
joven muy activa. Escucha lo que dice de sus
actividades y después responde a las preguntas
con oraciones completas.

Hola, soy Amanda y tengo quince años. Pienso
que soy una persona muy dinámica. Me encanta
ir al cine y a los conciertos, y no me importa
hacer cola en la taquilla para conseguir un
boleto para mi grupo favorito. También me
fascina bailar y, por supuesto, practico deporte
habitualmente. Todos los días me levanto muy
temprano —a las seis y media— y me visto con
ropa cómoda porque nado por las mañanas en la
piscina y luego por las tardes entreno con mi
equipo de baloncesto. También me gustan el
teatro y los festivales de cine. La verdad es que
tengo muchos pasatiempos y apenas me queda
tiempo libre. Después de las clases, a veces
miro un poco la televisión para relajarme
porque por las tardes también estoy ocupada
con lecciones de piano y, además, estoy
aprendiendo francés porque el verano que viene
quiero ir a Francia con un programa de
intercambio. Los fines de semana intento
descansar y relajarme escuchando música
porque mi vida diaria es muy agitada.

Test D

**1 **

© by Vista Higher Learning, Inc. All rights reserved. | 288 | Lección 2 Test Audio Scripts

Lección 3

Test A

1 Un anuncio Alejandra ha escrito un anuncio clasificado para buscar una empleada o un empleado doméstico. Escucha el anuncio y después indica la respuesta correcta para cada pregunta.

Hola, mi esposo y yo tenemos dos niños pequeños y buscamos una persona que nos ayude con las tareas domésticas. Necesitamos a alguien que nos ayude con la limpieza, cocinar, pasar la aspiradora, recoger a los niños en el colegio y darles la merienda. Buscamos una persona responsable y flexible, que se acostumbre al horario de la familia. Es importante que le gusten los niños y que sea cariñosa con ellos. El horario es de ocho horas por día, con los fines de semana libres. Si le interesa el trabajo llámenos o envíe un mensaje por correo electrónico. Gracias.

Test B

1 Un anuncio Claudia ha escrito un anuncio clasificado para buscar una niñera. Escucha su anuncio y después indica la respuesta correcta para cada pregunta.

Hola, mi esposo y yo tenemos tres hijas pequeñas y buscamos una mujer joven que nos ayude con su educación. El trabajo consiste en ayudarles a hacer la tarea, enseñarles francés e inglés y, a veces, recogerlas en el colegio y darles la comida. Queremos que la persona sea responsable y seria, y que se acostumbre al horario de la familia. Es importante que le gusten las niñas y sea cariñosa. El horario es de seis horas al día, con fines de semana libres. Si le interesa el trabajo llámenos o envíenos un mensaje por correo electrónico. Gracias.

Test C

1 El apartamento nuevo Ana María le cuenta a su amiga sobre su apartamento nuevo. Escucha la historia y después responde a las preguntas usando oraciones completas.

Ana María acaba de mudarse a un apartamento nuevo y le escribe un mensaje de correo electrónico a su amiga Violeta. En el mensaje, escribe lo siguiente.

¡Hola, Violeta!

¿Cómo te va? Yo estoy muy contenta porque por fin encontré un apartamento. Fue muy difícil encontrar uno cerca de mi lugar de trabajo, pero tuve mucha suerte porque un amigo mío me ayudó a encontrar este apartamento. El único problema es que estaba tan sucio, que me pasé todo el primer día limpiando.

Primero, tuve que tirar toda la basura. Después, limpié los cuartos, pero como todavía no tengo aspiradora, tuve que barrer. ¡Cuánto trabajo! También quité el polvo de los muebles. Mientras lo hacía, alguien tocó el timbre. Era el hombre que vivía antes en el apartamento. ¡Venía a limpiar! Parece que hubo una confusión y él no sabía que yo iba a estar allí. Fue muy amable y me ayudó con el resto de los quehaceres.

Y tú, ¿cuándo vienes a visitarme? Hasta muy pronto.

Test D

1 Una vida nueva Mabel le cuenta a su amiga sobre su experiencia en un país extranjero. Escucha la historia y después contesta las preguntas usando oraciones completas.

Mabel acaba de mudarse a otro país y le escribe un mensaje de correo electrónico a su amiga Victoria. Escucha lo que Mabel escribe en su mensaje.

¡Hola, Victoria!

¿Cómo te va? Yo estoy bien, aunque un poco agobiada por el cambio. De repente, todo es nuevo en mi vida: el trabajo, la casa, la ciudad... Tengo que acostumbrarme a todas las cosas que son distintas aquí. Por ejemplo, el otro día cuando estaba comprando comida, vi algo sorprendente: había una señora regateando el precio de los productos. ¡Qué extraño! Yo no estoy acostumbrada a regatear. También los horarios de las comidas son diferentes aquí y no comen hasta las 3 de la tarde.

Ayer, por fin, fui al centro comercial para comprar ropa para la oficina y encontré cosas bastante baratas. ¡Pero tuve problemas para pagar con la tarjeta de crédito! No la pude usar, así que tuve que usar todo mi efectivo.

Y a ti, ¿cómo te va todo? ¿Cuándo vienes a visitarme?

Un abrazo.

Lección 4

Test A

1 Alberto no está bien

Parte A Alberto está en cama en su casa y recibe un mensaje de correo electrónico de su amiga Lucía. Escucha lo que dice el mensaje y después indica si lo que dicen las oraciones es **cierto** o **falso**.

Querido Alberto:

Tu madre me dijo que estás muy enfermo. Lo siento muchísimo. Es importante que bebas mucho líquido y que tomes muchas vitaminas. Para la tos, te aconsejo que compres un jarabe. Sigue mis consejos y cuéntame cómo estás. Espero que te recuperes pronto. Entonces, ¿me puedes visitar aquí en California? Mi nueva compañera de cuarto es súper simpática y las dos prometemos llevarte a conocer los lugares más lindos de este estado.

Un abrazo.

Parte B Días más tarde, Alberto le escribe a Lucía. Escucha lo que responde Alberto y después indica si lo que dicen las oraciones es **cierto** o **falso**.

Querida Lucía:

¿Cómo estás? Ya estoy totalmente recuperado. Gracias por los consejos; el jarabe me ayudó mucho. En la universidad me va muy bien, tengo muchos amigos y profesores muy buenos. El mes que viene prometo ir a visitarte a California. ¿Podría llevar a un amigo? Se llama Miguel y es un amigo de la universidad. Bueno, Lucía, espero que estés bien.

Test B

1 Amalia no está bien

Parte A Amalia está enferma en casa. Hoy se siente mejor y le escribe un mensaje de correo electrónico a su amiga Elena. Escucha lo que dice el mensaje y después indica si lo que dicen las oraciones es **cierto** o **falso**.

Hola, Elena, ¿qué tal?

Hoy ya me siento mejor, pero todavía estoy en casa recuperándome. El otro día cuando me desperté me sentía muy cansada y, cuando me levanté de la cama, me desmayé. El médico me dijo que tenía la tensión muy baja y que tenía que comer mejor. Tú ya sabes que últimamente tengo mucho trabajo y por eso no me estoy cuidando bien. Apenas tengo tiempo para comer, así que casi todos los días como comida rápida. Creo que todo esto es lo que me enfermó.

Y tú, ¿cómo estás? Tú nunca te enfermas. ¿Cuál es tu secreto?

Hasta muy pronto.

Parte B Días más tarde, Elena le escribe a Amalia. Escucha su respuesta y después indica si lo que dicen las oraciones es **cierto** o **falso**.

Hola, Amalia:

Me pone muy contenta que ya te sientas mejor. Yo creo que para estar sano es muy importante comer alimentos saludables, hacer ejercicio y descansar lo suficiente. ¡No es ningún secreto! Quiero que empieces a comer mejor y que hagas más ejercicio. Y muy pronto vas a estar totalmente recuperada. Oye, vas a ir a la fiesta de Pedro, ¿no? ¡Yo me compré un vestido rojo fabuloso! ¡No veo las horas de que llegué el fin de semana!

Lección 4   Test Audio Scripts

Test C

1 **Estar como un roble** Telmo es instructor de yoga. Escucha lo que dice y responde a las preguntas con oraciones completas.

Hola, soy Telmo, tengo veintitrés años y soy instructor de yoga desde hace cinco años. Por mi trabajo, lógicamente, tengo que estar sano y por eso cuido mucho mi alimentación. Trato de seguir una dieta que se llama mediterránea: como muchas frutas, verduras, pescado y aceite de oliva. También bebo mucha agua y no consumo mucha sal porque sube la tensión. Cuando estoy resfriado no tomo medicamentos, sólo muchos jugos de frutas e infusiones y descanso mucho. Creo que es muy importante que las personas prevengan las enfermedades con una alimentación sana y una vida relajada. Yo, por ejemplo, para tener una vida relajada, decidí hace poco tiempo irme a vivir a una ciudad pequeña, donde la vida no es tan agitada como en las grandes ciudades. Yo pienso que estar sano es una cuestión de bienestar físico y mental y, precisamente, el yoga busca ese equilibrio del cuerpo y la mente.

Test D

1 **Estar como un roble** Ivonne es instructora de taichi. Escucha lo que dice y responde a las preguntas con oraciones completas.

Hola, me llamo Ivonne, tengo veintidós años y soy instructora de taichi. Por mi trabajo, lógicamente, tengo que estar sana y por eso cuido mucho mi dieta. Trato de seguir una alimentación equilibrada: como muchas verduras, pescado o pollo, pero no como dulces porque engordan. También bebo muchos jugos de fruta. Cuando estoy enferma no me gusta tomar muchos medicamentos; trato de descansar y comer bien. En general, no suelo trasnochar porque luego me siento agotada y, por supuesto, no fumo. Creo que es muy importante que las personas prevengan las enfermedades con una alimentación equilibrada y buen descanso. Pienso que estar sano es, muchas veces, una cuestión de estado de ánimo y, por eso, las personas felices están más sanas. Precisamente, el taichi busca el equilibrio del cuerpo y la mente.

Lección 5

Test A

1 Preparativos Escucha la conversación entre Éric y Fabiola sobre los preparativos de su viaje. Escribe **Sí** al lado de los preparativos que ya están listos. Escribe **No** al lado de los que todavía no están listos e indica quién los va a hacer.

FABIOLA Éric, salimos pasado mañana y todavía no estamos listos. ¿Qué nos falta hacer?

ÉRIC Vamos a ver... Tenemos los pasajes de avión que nos compró Aguayo y el itinerario. Tengo el horario del tren que va a la ciudad donde nos alojamos, pero todavía no compré los pasajes del aeropuerto al hotel. ¿Puedes comprarlos tú?

FABIOLA Sí, por supuesto.

ÉRIC Y aquí tengo la reservación del hotel: dos habitaciones individuales en el hotel París. ¿Tienes tu pasaporte?

FABIOLA Espera un momento, Éric. ¿Dijiste que tú hiciste una reservación en el hotel París? Yo también hice reservaciones, ¡pero en el hotel Bellavista!

ÉRIC Bueno, está bien. Yo me encargo de llamar al hotel París y cancelar la reserva. Me parece que el hotel Bellavista es de mejor categoría, ¿verdad?

FABIOLA Sí, creo que sí. ¿Y ya compraste la guía turística que nos recomendó Diana?

ÉRIC ¡Ay, no! Todavía no. No te preocupes, esta tarde salgo a comprarla.

FABIOLA Gracias, Éric. Yo tengo mi pasaporte listo y ya hice las maletas. Ah, pero no tengo los mapas. Los compro esta tarde.

ÉRIC Yo también tengo el pasaporte listo, pero no las maletas. Ah, y tengo que comprar una maleta nueva.

Test B

1 Preparativos Escucha la conversación entre Diana y Johnny sobre los preparativos de su viaje. Escribe **Sí** al lado de los preparativos que ya están listos. Escribe **No** al lado de los que todavía no están listos e indica quién los va a hacer.

DIANA Johnny, salimos mañana por la tarde y todavía no estamos listos. ¿Qué nos falta hacer?

JOHNNY Vamos a ver. Tenemos los pasajes de avión que nos compró la revista. Pero Aguayo no me dio el itinerario completo.

DIANA Yo voy a ver a Aguayo esta tarde; se lo puedo pedir yo.

JOHNNY ¡Estupendo! Y aquí tengo la reservación del hotel: dos habitaciones individuales en el hotel Roma.

DIANA ¿Y cómo llegamos del aeropuerto hasta el hotel?

JOHNNY Me dijeron que no hay taxis, así que voy a llamar enseguida para informarme del horario de los autobuses y reservar los pasajes.

DIANA ¿No hay trenes? Ya sabes que yo prefiero viajar en tren.

JOHNNY No sé si hay trenes, pero voy a averiguarlo. Si hay, también voy a comprar los pasajes.

DIANA Gracias, Johnny. Yo todavía no hice las maletas. Las voy a hacer esta tarde. ¿Y tú? Recuerda que para el último viaje que hicimos llevaste demasiadas cosas. Si quieres te hago la maleta yo; tengo mucha experiencia.

JOHNNY Sí, es verdad, la última vez llevé demasiado, pero para este viaje sólo llevo una maleta pequeña, y ya está lista. Además, ¡tengo mi pasaporte desde la semana pasada! Y tú, ¿tienes tu pasaporte listo?

DIANA No, estaba vencido y tuve que renovarlo. Me lo dan mañana. Pero ya compré la guía turística con toda la información sobre los lugares que tenemos que visitar.

Test C

1 **Unas vacaciones inolvidables** El año pasado la familia de Adriana no se ponía de acuerdo en sus planes de vacaciones. Escucha lo que pasó y contesta las preguntas.

El año pasado mi familia no se ponía de acuerdo sobre las vacaciones y la verdad es que nada salió bien. Mi madre quería hacer un crucero por el Mediterráneo y mi padre quería visitar la selva de Guatemala. Yo, en cambio, quería ir a un sitio con playa para poder nadar y bucear. Al final, fuimos a donde quiso mi madre porque mi padre tuvo un accidente y no pudo viajar. Así que papá se quedó en casa descansando y mamá y yo nos fuimos una semana de crucero. La verdad es que no lo pasamos muy bien porque echábamos de menos a mi padre. Mi padre, en cambio, se divirtió mucho en casa leyendo y viendo películas. Las vacaciones terminaron muy mal porque el último día mamá y yo fuimos de excursión a una isla fuera del crucero y nos perdimos. ¡Qué desastre! No volvimos a tiempo para subir a bordo del barco, ¡y nos quedamos varadas en la isla! Tuvimos que tomar un avión de vuelta a casa. Menos mal que papá nos había hecho una deliciosa cena de bienvenida.

Test D

1 **Unas vacaciones inolvidables** Julio y su familia tenían ideas muy diferentes para las vacaciones de verano. Escucha lo que pasó y contesta las preguntas.

El verano pasado mi familia y yo teníamos ideas muy diferentes para las vacaciones y todo salió muy mal. Mi madre quería hacer una ruta monumental por España y mi padre quería hacer una ruta del café en Nicaragua. A mí, en cambio, me gustan los sitios turísticos para ir a la discoteca y salir por las noches. Al final, ganó mi padre porque resultó que mi madre tuvo que trabajar durante el verano. Así que mamá se quedó en casa y papá y yo nos fuimos a Nicaragua para hacer La ruta del café, pero la verdad es que no lo pasamos muy bien porque extrañábamos mucho a mi madre. Ella, en cambio, se divirtió mucho en casa. Las vacaciones terminaron muy mal porque a la vuelta perdimos el avión por llegar una hora tarde al aeropuerto. ¡Qué desastre! Tuvimos que comprar otro billete de avión para volver a casa. Menos mal que mamá nos había hecho una deliciosa cena de bienvenida.

Lección 6

Test A

1   **Imágenes de la naturaleza** Escucha la
    descripción que hace Laura de cinco fotografías
    que seleccionó para un proyecto escolar.
    Ordena las imágenes de acuerdo con
    la descripción.

    Éstas son las fotos que voy a incluir en mi
    informe sobre el medio ambiente para la clase
    de biología. La imagen número uno muestra
    unas vacas en un paisaje de llanura y campos
    verdes, también se ve un poco el cielo y hay
    algunas nubes. La imagen número dos muestra
    una ciudad contaminada con mucho humo y
    muchos coches en la carretera. La imagen
    número tres muestra un bosque tropical con
    muchos árboles y un poco de luz. La imagen
    número cuatro muestra mi animal favorito: una
    tortuga marina nadando por el mar en libertad.
    Por último, la imagen número cinco muestra un
    llano al pie de una montaña nevada. Dos
    amigos míos escalaron esa montaña el
    año pasado.

Test B

1   **Imágenes de la naturaleza** Escucha la
    descripción que hace Laura de cinco fotografías
    que seleccionó para un proyecto escolar.
    Ordena las imágenes de acuerdo con
    la descripción.

    Éstas son las fotos que voy a incluir en mi
    informe sobre el medio ambiente para la clase
    de biología. La imagen número uno muestra
    una bandada de gaviotas. Estas aves están
    esperando la llegada de los pescadores para
    tratar de robarles pescado. La imagen número
    dos muestra un pez tropical azul. La imagen
    número tres muestra a unos pescadores con su
    barca roja y verde en la playa, justo a la orilla
    del mar. La imagen número cuatro muestra un
    tucán. Este bello pájaro de plumaje negro y
    amarillo está en extinción. Por último, la
    imagen número cinco muestra un monito. La
    destrucción de los bosques está dañando el
    hábitat de estos hermosos animalitos.

Test C

1 Entrevista con la doctora Carvajal Una especialista en el medio ambiente va a hablar en la radio. Escucha lo que dice y contesta las preguntas con oraciones completas.

LOCUTORA Buenos días, doctora Carvajal. Bienvenida a nuestro programa.

DRA. CARVAJAL Muchas gracias.

LOCUTORA Doctora, usted está hablando mucho en la televisión y en la radio para promocionar su último libro.

DRA. CARVAJAL Efectivamente. Acabo de terminar de escribir un manual de conservación para enseñar a los más jóvenes a proteger la naturaleza.

LOCUTORA Háblenos un poco sobre este proyecto.

DRA. CARVAJAL Sí, cómo no. Este manual lo escribí pensando en los niños y los jóvenes y en su futuro en este planeta. Aunque no quiero ser pesimista, el futuro del planeta es algo muy serio. El formato que elegí es una lista de predicciones sobre las consecuencias de continuar destruyendo la naturaleza. Además, el manual está realizado en su totalidad con papel reciclado.

LOCUTORA ¿Puede leernos una selección de esas predicciones?

DRA. CARVAJAL Por supuesto. Por ejemplo, una predicción dice que "el uso excesivo de productos desechables aumentará las cantidades de basura tóxica que están contaminando las aguas. El agua no podrá utilizarse y los peces no podrán vivir sin agua limpia. Los árboles a orilla de estas aguas también desaparecerán". La lección que quiero que aprendan mis lectores es que "tenemos que usar menos productos desechables y reciclar más".

LOCUTORA Muchas gracias, doctora. La felicito por esta idea tan ingeniosa y le deseo mucho éxito.

Test D

1 Entrevista con la doctora Carvajal Una especialista en el medio ambiente va a hablar en la radio. Escucha lo que dice y contesta las preguntas con oraciones completas.

LOCUTORA Buenos días, doctora Carvajal. Bienvenida a nuestro programa.

DRA. CARVAJAL Muchas gracias.

LOCUTORA Doctora, usted está hablando mucho en la televisión y en la radio para promocionar su último libro.

DRA. CARVAJAL Efectivamente. Acabo de terminar de escribir un libro de cuentos para niños sobre la conservación de la naturaleza.

LOCUTORA Háblenos un poco sobre este libro.

DRA. CARVAJAL Sí, cómo no. Este libro lo escribí pensando en los niños y en su futuro en este planeta. Aunque no quiero ser pesimista, creo que el futuro del mundo animal está en peligro y es algo muy serio. La historia empieza cuando el león llama al resto de los animales de la selva para contarles cuentos sobre el futuro.

LOCUTORA ¿Puede leernos uno de los cuentos del león?

DRA. CARVAJAL Por supuesto. Por ejemplo, el cuento número tres dice que "los incendios van a destruir todos los bosques; los pájaros van a tener que irse a vivir a otros lugares, no van a poder adaptarse a un paisaje y a un clima diferentes y se van a extinguir". La lección que quiero que aprendan los niños es que debemos prevenir los incendios.

LOCUTORA Muchas gracias, doctora. La felicito por esta idea tan ingeniosa y le deseo mucho éxito.

Lección 7

Test A

1 Un gran invento Walter es un científico excéntrico que siempre está inventando cosas extrañas. Escucha su conversación con un amigo científico y escribe el nombre de cada invento. Después, decide si los inventos de Walter son realmente útiles o simples tonterías.

WALTER Creo que he hecho un gran descubrimiento…

AMIGO Walter, si me dices eso todos los días.

WALTER Pero ahora es verdad. Este líquido sirve para convertir a las personas en conejos.

AMIGO ¿Pero qué dices, hombre? ¿Te has vuelto loco?

WALTER No estoy loco. Te repito: este líquido convierte a las personas en conejos. Si alguien no te gusta, lo conviertes en conejo y listo.

AMIGO Ya veo. Ay, Walter, esto me recuerda otro invento tuyo: las pastillas para que los niños crecieran en un mes y así no molestaran a los padres.

WALTER Bueno, era una idea original, pero… tan sólo me falló la fórmula. De todas formas, iba a causar mucha controversia entre el público. Tampoco quiero causar tantos problemas como con la máquina para hacer la tarea… ¿Te acuerdas?

AMIGO También me acuerdo de otra cosa: tus pastillas milagrosas para el dolor de cabeza. Yo las tomé una vez y nunca volví a tener dolor de cabeza. ¡Eran verdaderamente milagrosas!

WALTER No, mi mejor invento fue, sin duda, la máquina del tiempo para las escuelas. Los estudiantes podían viajar al pasado en su clase de historia. Sin dudas, la máquina del tiempo es un instrumento muy educativo.

AMIGO Yo diría que más que educativo es excéntrico. Walter, ¡tú estás verdaderamente loco!

Test B

1 Un gran invento Cecilia es una científica excéntrica que siempre está inventando cosas extrañas. Escucha su conversación con un amigo científico y escribe el nombre de cada invento. Después, decide si los inventos de Cecilia son realmente útiles o simples tonterías.

CECILIA Creo que he hecho un gran descubrimiento…

AMIGO Cecilia, si me dices eso todos los días.

CECILIA Pero ahora es verdad. Este líquido sirve para convertir a las personas en pájaros.

AMIGO ¿Pero qué dices, mujer? ¿Acaso te has vuelto loca?

CECILIA No estoy loca. Como te digo, este líquido convierte a las personas en pájaros. Si te metes en problemas, te puedes convertir en pájaro e irte volando.

AMIGO Ya veo. Ay, Cecilia, esto me recuerda otro invento tuyo: las pastillas para adelgazar sin pasar hambre.

CECILIA Sí, la verdad es que no fueron muy eficaces; yo perdí 10 kilos en un día y casi termino en el hospital. De todas formas, era mucho mejor mi espejo mentiroso, para verse siempre guapo y atractivo.

AMIGO También me acuerdo de otra cosa: tu infusión para dormir. Mi mujer la tomaba y dormía como un tronco. ¡Ése sí que fue un buen invento!

CECILIA No, mi mejor invento fue, sin duda, el lápiz invisible que servía para escribir y que nadie pudiera leer tus notas. El problema era que tú tampoco podías leerlas. Pero, bueno, no deja de ser revolucionario, ¿verdad?

AMIGO Yo diría que más que revolucionario es excéntrico. Cecilia, ¡tú estás verdaderamente loca!

Test Audio Scripts

Test C

1 Inventos extraordinarios Escucha una narración sobre un invento y después responde a las preguntas usando oraciones completas.

"Todo lo que podía ser inventado ya ha sido inventado." Esto lo dijo Charles Duell en el año 1898, cuando trabajaba para la Oficina de Patentes de los Estados Unidos. Esta afirmación no es del todo sorprendente, ya que casi 20 años antes, en 1876, se había inventado el teléfono, uno de los inventos tecnológicos más importantes de la historia. ¿Quién podía imaginar otro invento más revolucionario? Ya no nos sorprende que, aunque una persona esté a miles de kilómetros de distancia, pueda comunicarse con los demás de forma inmediata a través del teléfono. Hoy en día, el teléfono celular nos permite comunicarnos desde cualquier lugar, e incluso se puede usar fuera del país donde se compró. En los últimos años, su uso se ha generalizado entre todos los sectores de la población, no sólo entre los profesionales. Más aún, el celular se ha convertido en un accesorio de moda, con diseños y colores pensados para cada personalidad y estilo de vida. Además, los teléfonos celulares de tecnología más avanzada también tienen cámara digital, cámara de video, conexión a Internet y hasta reproductor de MP3.

Test D

1 Inventos extraordinarios Escucha una narración sobre un invento y después responde a las preguntas usando oraciones completas.

No hay duda de que el teléfono celular es uno de los grandes inventos de la vida moderna. Sin embargo, un invento aún más revolucionario ha sido el correo electrónico. Cuando empezó a generalizarse el uso del correo electrónico en los años noventa, nadie pensaba que iba a sustituir al teléfono en la vida laboral. Sin embargo, a nadie le parece extraño hoy en día que los empleados de una compañía usen el correo electrónico con mucha más frecuencia que el teléfono para comunicarse con sus colegas. Y no estamos hablando de empleados que trabajan en distintas ciudades: esto ocurre hasta dentro del mismo edificio. La verdad es que los empleados no necesitan ya trabajar en el mismo lugar físico: gracias a este invento, en la actualidad se puede trabajar y entregar informes desde la casa, sin necesidad de pasar tiempo en la oficina. Incluso, es posible enviar y recibir mensajes de correo electrónico con tu teléfono celular. ¿Te puedes imaginar vivir sin correo electrónico?

Lección 8

Test A

1 **Problemas en el banco** Anita fue ayer al banco para hacer unas transacciones y tuvo bastantes problemas. Escucha su narración y ordena cronológicamente las cosas que le sucedieron.

Ayer tuve un día terrible. Me levanté tarde y no tenía dinero, así que fui al banco porque el cajero automático de mi barrio no funcionaba. En el banco no pude tampoco sacar dinero de la cuenta de ahorros por un problema informático y encima mi cuenta corriente tenía un saldo negativo. Luego, por fin, pude cobrar un cheque y conseguí un poco de dinero en efectivo y finalmente pude irme a trabajar, pero llegué tarde.

Para ser sincera, siempre estoy en bancarrota porque me gusta mucho ir de compras y por eso gasto demasiado dinero. Ayer por la noche tuve una entrevista de trabajo y, si consigo el puesto, voy a tener más cuidado con el dinero. Después de la entrevista hablé con mi hermano y me recomendó que cuando logre ahorrar un poco de dinero lo invierta en la bolsa de valores.

Test B

1 **Problemas en el banco** Simón fue ayer al banco para abrir una cuenta y tuvo bastantes problemas. Escucha su narración y ordena cronológicamente las cosas que le sucedieron.

¡Ay, Dios mío, ayer tuve un día terrible! Pensé que abrir una cuenta en el banco me llevaría unos minutos, pero, al final, pasé toda la mañana de acá para allá. Cuando llegué al banco me di cuenta de que no llevaba mi carnet de identidad, así que tuve que volver a casa y, de nuevo, caminar hasta el banco. Luego me dijeron que no podía abrir una cuenta inmediatamente porque no soy ciudadano de este país y que necesitaba una carta del consulado. Fui al consulado, me dieron la carta y volví al banco con toda la documentación. Finalmente, por error, me abrieron una cuenta corriente. Yo hubiera preferido una cuenta de ahorros, pero preferí callarme para no perder más tiempo. También solicité una tarjeta de crédito, pero me dijeron que tardaré todavía cinco semanas en recibirla. Con todo ese lío, llegué tarde a una entrevista de trabajo que tenía a las doce y, obviamente, perdí una gran oportunidad.

Test C

1 **Cambio de empleo** Escucha esta conversación y contesta las preguntas con oraciones completas.

LIDIA ¡Hola, David! ¿Qué hay? ¿Por qué querías verme con tanta urgencia?

DAVID ¡Hola, Lidia! Gracias por venir. Quería que me aconsejaras sobre una idea que tengo. Me gustaría dejar mi trabajo en el banco cuanto antes y cambiar de profesión. Mi puesto en el banco es tan aburrido y estoy cansado de ganar un sueldo mínimo. Para colmo, no tengo ninguna posibilidad de recibir un aumento de sueldo.

LIDIA ¿Por qué estás tan seguro?

DAVID Porque sé que el gerente del banco nunca me ascendería.

LIDIA Ya veo... Y ¿en qué te gustaría trabajar?

DAVID Todavía no he decidido exactamente qué tipo de trabajo voy a buscar, pero sé que me gustaría hacer algo creativo y ganarme la vida trabajando en algo que me guste. Quizás podría tener mi propio negocio.

LIDIA Estoy de acuerdo contigo en que es muy importante que a uno le guste su trabajo. Por otra parte, te aconsejaría que lo pensaras bien antes de dejar tu empleo. De hecho, yo no renunciaría al puesto antes de tener un plan definitivo porque vas a necesitar dinero si quieres abrir un negocio.

DAVID Eso no es problema. Podría pedir dinero prestado al banco. Sé exactamente lo que necesito para sacar un préstamo.

Test D

1 **La entrevista de Paco** Escucha esta historia y contesta las preguntas con oraciones completas.

La semana pasada Paco se quedó sin trabajo porque la revista en la que trabajaba tuvo que cerrar y despedir a todos los empleados. El gerente de la revista dice que ha cerrado porque el país está en un momento de crisis económica, pero Paco piensa que ha sido por mala administración.

Cuando Paco supo que iban a despedirlo, envió el currículum vitae a varias revistas y hoy lo han llamado para una entrevista. La directora de la revista le ha explicado que el empleo es para alguien con mucha experiencia. Además de un buen escritor, necesitan a alguien que traiga ideas nuevas.

Paco sabe que él está perfectamente preparado para ese puesto y le gustaría conseguirlo porque el sueldo es alto y las condiciones de trabajo son muy buenas. Además, la directora le ha dicho que hay muchas posibilidades de ascender.

Aunque a Paco le gustaría mucho poder trabajar en una revista como ésta, en el futuro en realidad le gustaría escribir un libro.

Lección 9

Test A

1   Reconocer Escucha las definiciones y anota la palabra correcta.

1. Periodista que trabaja desde el extranjero.
2. Una persona que ve televisión.
3. Una persona famosa.
4. Rumor o comentario sobre otra persona, con frecuencia negativa.
5. El texto escrito que aparece en la pantalla con una traducción o transcripción de lo que se oye.

Test B

1   Reconocer Escucha las definiciones y anota la palabra correcta.

1. La gente que va a ver una película o que asiste a un concierto.
2. Un programa de televisión con muchos capítulos. Narra una historia de amor.
3. Una publicación sobre escándalos e historias que llaman la atención.
4. Primera página de un periódico o una revista.
5. La música que aparece en una película.

Test C

1 **¿Vemos la tele?** Escucha la conversación entre Noelia y Jack, un estudiante de español, y después contesta las preguntas con oraciones completas.

JACK ¿Quieres ver la tele o salir?

NOELIA Mejor salimos. A esta hora nunca hay programas buenos. Está claro que no conoces la televisión de este país. Últimamente sólo ponen programas del corazón o esos que llaman "telerrealidad". Son los más populares.

JACK ¿Y qué son los programas del corazón?

NOELIA Son noticias sobre la gente famosa, para que el público esté al día sobre sus relaciones amorosas. Por ejemplo, "Penélope Cruz tiene un nuevo amor".

JACK Ah, ya entiendo. Y ya veo que a ti no te interesan para nada esos programas.

NOELIA Es verdad, no me interesa la vida privada de las celebridades. Y ¿a ti?

JACK No, tampoco me gusta eso, pero los programas que sí me entretienen son los de telerrealidad, porque siempre me ha gustado observar gente.

NOELIA Sí, a veces son entretenidos. Lo más curioso es que los participantes de estos programas terminan haciéndose famosos, ¡y después también ellos salen en los programas del corazón!

Test D

1 **Estar al día** Escucha la conversación entre dos amigos que hablan sobre las noticias y después contesta las preguntas con oraciones completas.

RAFA Hola, Eva, te estaba buscando. ¿Has leído la noticia sobre la nueva emisora de radio local?

EVA No, yo casi nunca leo los periódicos locales. Prefiero ver los noticieros locales en la televisión, pero no he visto ninguna noticia sobre la emisora de radio.

RAFA Debe ser porque la noticia es positiva. En la tele local sólo dan noticias negativas, de crímenes, robos y desastres naturales. Pero supongo que lees los periódicos nacionales, ¿no?

EVA Pues, en realidad tampoco. Prefiero enterarme por Internet de lo que pasa en el país y en el mundo. Me suscribí a un servicio de noticias que me envía por correo electrónico los titulares de los periódicos más importantes y así es más rápido ver los artículos que me interesan y los que no.

RAFA Me parece buena idea contrastar diferentes medios de comunicación. Hoy en día es muy difícil encontrar prensa imparcial.

EVA Estoy de acuerdo, y ahora, Rafa, cuéntame esa noticia sobre la emisora de radio, por favor.

Lección 10

Test A

1   **En la escuela** de bellas artes Escucha la conversación entre Camilo y Jimena, dos estudiantes de bellas artes, e indica si las oraciones son **ciertas** o **falsas**.

JIMENA ¿Ya has pensado cuál va a ser tu especialidad en la escuela de bellas artes?

CAMILO Sí, lo tengo muy claro: quiero ser pintor. Voy a tomar todas las clases relacionadas con la pintura y sus diferentes técnicas, como la acuarela y el óleo.

JIMENA ¿Ah, sí? Y ¿qué tipo de cuadros quieres pintar?

CAMILO Me gustan los retratos y las escenas de la vida diaria. Encuentro muy aburrida la pintura abstracta. Prefiero el arte con mensaje, como los murales de los grandes muralistas mexicanos. Ya de pequeño me encantaba dibujar y siempre dibujaba personas.

JIMENA A mí también me gustan los murales y dibujar personas, pero no soy buena dibujante.

CAMILO Pues, si no dibujas bien y te gustan los retratos, entonces deberías hacer fotografía, ¿no? Puede ser una especialidad muy interesante para ti.

JIMENA Sí, me interesa la fotografía, pero antes de decidir mi especialidad quiero aprender varias formas artísticas diferentes, como escultura, pintura y diseño gráfico.

CAMILO Me parece muy buena idea.

Test B

1   **Aspirando a ser escritor** Escucha la conversación entre Eugenia y Luis, dos jóvenes que aspiran a ser escritores, e indica si las oraciones son **ciertas** o **falsas**.

LUIS ¿Ya has pensado cuál va a ser tu especialidad en la escuela de escritores?

EUGENIA Sí, lo tengo muy claro: quiero especializarme en ficción. Voy a tomar todas las clases relacionadas con la novela y sus diferentes géneros, como la ciencia ficción y la novela policíaca.

LUIS ¿Ah, sí? Y ¿qué tipo de novela quieres escribir?

EUGENIA Me gustan las novelas de aventuras y las novelas juveniles. Encuentro muy aburrida la novela rosa. Prefiero la narrativa con argumentos y personajes bien desarrollados. Ya de pequeña me encantaba escribir y siempre escribía historias, nunca poesía.

LUIS A mí también me gusta mucho leer novelas, pero no soy un buen narrador; no tengo imaginación para inventar argumentos.

EUGENIA Pues, si la ficción no es lo tuyo, entonces podrías escribir ensayos o crítica literaria. Yo sé que tienes opiniones muy específicas.

LUIS Sí, me interesan los ensayos y la crítica, pero antes de decidir mi especialidad quiero estudiar varios géneros diferentes, como poesía, biografía y teatro.

EUGENIA Me parece muy buena idea.

Test C

1 **Los gustos literarios** Escucha una conversación entre dos amigos, Flavio y Mara, que hablan de gustos literarios, y contesta las preguntas.

FLAVIO Oye, Mara, tengo que hacerle un regalo a mi mamá por su cumpleaños. Quiero comprarle un libro y, como te gusta tanto leer, tal vez tú me puedas recomendar algo.

MARA Bueno, todo depende de lo que le guste leer a tu mamá. ¿Cuál es su género favorito?

FLAVIO A ella le encantan las novelas policíacas y las de terror y suspenso.

MARA ¡Vaya! Pues... no sé si te podré recomendar nada porque no me interesan mucho esos géneros. A mí me gustan más bien las novelas clásicas y también la poesía. ¡Ya sé! ¿Por qué no vamos a una librería y miramos libros?

FLAVIO ¡Te lo agradecería porque estoy un poco perdido! A mí no me gusta leer mucho; sólo me interesa un poco la ciencia ficción. ¡Y estoy seguro de que a mi madre no le gustaría recibir un libro de ciencia ficción!

MARA A mi madre, en cambio, es muy fácil hacerle un regalo: ¡le fascinan las novelas rosa!

FLAVIO Como a mi madre le gusta mucho sacar fotos, pensé que podía regalarle la biografía de algún fotógrafo famoso.

MARA ¡Ah! ¿Sabes? Hay un libro estupendo sobre la vida de Tina Modotti, ¿por qué no vamos a la librería ahora mismo y lo hojeamos?

Test D

1 **Los gustos literarios** Escucha una conversación entre dos amigos, Claudio y Aída, que hablan de gustos literarios, y contesta las preguntas.

CLAUDIO Oye, Aída, tengo que hacerle un regalo a mi mamá por su cumpleaños. Quiero comprarle un libro y, como te gusta tanto leer, tal vez tú me puedas recomendar algo.

AÍDA Bueno, todo depende de lo que le guste leer a tu mamá. ¿Cuál es su género favorito?

CLAUDIO A ella le encantan las biografías y la novela histórica.

AÍDA ¡Vaya! Pues... no sé si te podré recomendar nada porque no me interesan mucho esos géneros. A mí me gustan más bien los ensayos. ¡Ya sé! ¿Por qué no vamos a una librería y miramos libros?

CLAUDIO Pues te lo agradecería, porque estoy un poco perdido: es que a mí no me gusta leer mucho... aunque sí me interesa un poco la novela policíaca. ¡Pero sé que a mi mamá no le gustaría recibir una novela de detectives!

AÍDA A mi mamá, en cambio, es muy fácil hacerle un regalo: le fascina la poesía contemporánea.

CLAUDIO Como a mi mamá le gusta mucho pintar, pensé que podía regalarle la biografía de alguna pintora.

AÍDA ¡Ah! Pues vamos a buscar en la librería una biografía de Frida Kahlo.

EXAM AUDIO SCRIPTS

Lecciones 1–3

Exam

1. **Pareja con problemas** Vas a oír un segmento de un programa de radio. Escucha con atención y después indica si cada una de las afirmaciones es **cierta** o **falsa**.

Y ahora vamos a leer una carta para la doctora Paz de una señora de nuestra audiencia.

Querida doctora: Le escribo porque estoy en una situación un poco desesperada. Mi marido y yo llevamos cinco años de casados y por razones de trabajo vivimos separados desde hace tres meses. Yo soy reportera y el periódico para el que trabajo me envió al campo para investigar y no sé exactamente cuándo voy a poder regresar a la ciudad. El problema es que a mí me hace mucha falta mi esposo, pero él no quiere venir a visitarme. Por mi trabajo, no puedo regresar a la ciudad hasta el final de mi investigación y sólo puedo ver a mi esposo si él decide hacerme una visita. La última vez que le pregunté por qué no venía a pasar el fin de semana, me contestó que no tenía tiempo porque estaba muy ocupado, pero yo pienso que es una excusa. Estoy muy disgustada porque creo que la respuesta de mi esposo es una mentira y tengo celos. Pero, además, también me siento deprimida porque a mí me encanta la vida en la ciudad y encuentro que la vida en el campo es muy aburrida. Tengo miedo de que nuestro matrimonio no pueda soportar esta crisis. ¿Qué debo hacer? — Aburrida y Deprimida en el Campo

Lecciones 4–6

Exam

1. **Paco se va a Puerto Rico** Escucha la historia con atención y después indica si las oraciones son **ciertas** o **falsas**.

El próximo fin de semana es un fin de semana largo y Paco quiere irse de viaje con su novia a Puerto Rico. Paco conoce bastante bien la isla porque trabajó allí unos años, pero es la primera visita para su novia. Ellos viajarán en avión a San Juan. Llegarán el viernes a las once y media de la mañana y se alojarán en un hotel de tres estrellas cerca de la playa. Pero creo que van a tener mala suerte con el tiempo. En la televisión, el pronóstico del tiempo dice que habrá tormentas y lloverá todo el fin de semana. El sábado probablemente no podrán ir a la playa ni navegar, pero irán a cenar a un restaurante muy lujoso e irán a un concierto del cantante Enrique Iglesias en una discoteca. El domingo por la mañana se levantarán tarde y desayunarán en su habitación. Después, cuando el tiempo mejore, pasearán por la playa. Después volverán al hotel, harán sus maletas y saldrán para el aeropuerto.

Lecciones 7–10

Exam

1 **Aquí y ahora** Escucha con atención una entrevista con el señor Burgos, el locutor del programa radial *Aquí y ahora* y, después, contesta las preguntas con oraciones completas.

PERIODISTA Buenos días, señor Burgos. Muchas gracias por aceptar nuestra invitación a esta entrevista, la cual se publicará en el suplemento cultural de nuestro periódico.

MARIO BURGOS Gracias a usted.

PERIODISTA Usted se ha hecho famoso como locutor del programa *Aquí y ahora*, que se emite todas las mañanas de siete a diez en Radio San Juan. ¿Cuál es el objetivo del programa?

MARIO BURGOS El objetivo es informar y transmitir buena energía a los oyentes para que empiecen el día con optimismo. Y además de ofrecer las noticias más destacadas del día, todos los jueves entrevisto a un personaje famoso y los viernes hago un espacio cultural sobre música, arte y cine.

PERIODISTA Y recientemente ha añadido un componente muy innovador, ¿no es cierto?

MARIO BURGOS Sí, se trata de un *podcast*, es decir, un segmento que publicamos en Internet y que los oyentes pueden escuchar en línea o descargar y guardar en sus reproductores de MP3.

PERIODISTA Y ¿es cierto que ha recibido ofertas de trabajo de dos emisoras de radio de los Estados Unidos?

MARIO BURGOS Bueno, no puedo contestarle hasta que haya tomado una decisión y firmado un contrato.

Lecciones 1–10

Exam

1 **Planeando** Escucha atentamente la conversación entre dos hermanos, Paloma y Tony, y después contesta las preguntas.

TONY ¡Paloma! ¡Paloma! ¿Ya les dijiste a papá y a mamá adónde quieres ir estas vacaciones de verano?

PALOMA Todavía no, pero tengo un plan. ¿Quieres escucharlo?

TONY Pues, ¡claro!

PALOMA Mi idea es ir a acampar a las montañas. Aquí en la ciudad nunca vemos árboles. En las montañas podemos dar paseos por el bosque y explorar. Ah, y también podemos pescar. Sólo necesitamos las mochilas y una brújula. Serán unas vacaciones tranquilísimas. No necesitamos ni pasajes de avión ni reservaciones de hotel. Tú siempre dices que últimamente te sientes ansioso y preocupado por los estudios, y papá y mamá también se quejan de que les hace falta más naturaleza. ¡El aire puro de las montañas nos va a relajar a todos muchísimo! ¿Qué te parece, eh?

TONY Bueno…yo tenía otras ideas. Para estas vacaciones quería algo más divertido y a la vez responsable.

PALOMA ¿Responsable? No entiendo.

TONY Te explico: estoy pensando en unas vacaciones ecológicas en la reserva natural de Playa Halcón. Allí, mientras hacemos buceo, podemos aprender más sobre los animales marinos en peligro de extinción. Además, tienen un albergue donde te enseñan a reciclar. Tú sabes que papá y mamá no reciclan tanto como deben. Creo que el turismo ecológico es una gran idea que debemos apoyar.

PALOMA Me parece una idea muy sensata. Y además podemos ir en tren a la reserva. Odio los aviones. ¡Vamos a decírselo ya! Tenemos que comprar los billetes pronto.

ANSWERS TO QUIZZES
Lección 1

Contextos
Quiz A
1 1. h 2. f 3. g 4. d 5. a 6. c 7. b 8. e

2 1. a 2. b 3. b 4. c 5. a

3 1. I 2. L 3. L 4. I

4 1. sensible 2. el divorcio 3. vergüenza
4. soporta 5. hizo caso

Quiz B
1 **El matrimonio feliz:** apreciar, compromiso;
La cita: coquetear, impresionar; **El divorcio:**
discutir, llevarse fatal

2 Some answers may vary. Suggested answers:
1. pasarlo fatal 2. pareja 3. romper con
4. mentiroso 5. tranquilo 6. odiar 7. tacaño
8. soportar a

3 Answers will vary.

Estructura

1.1 The present tense
Quiz A
1 1. elijo 2. eliges 3. parezco 4. parecemos
5. educas 6. educan 7. oigo 8. oyes
9. cerramos 10. cierran

2 1. puede 2. jugamos 3. construyen 4. distingo
5. asistes 6. vienen

3 1. somos; siguen 2. se mantiene
3. conduce; sueña

4 1. Tú das una fiesta e invitas a todos tus amigos.
2. ¿Caben todos tus libros en esa mochila?
3. Yo sé que Fernando y Alejandra dicen
mentiras. 4. Si usted no obedece la ley, mis
padres y yo vamos a la policía.

Quiz B
1 1. asistes 2. distingo 3. vienen 4. jugamos
5. puede 6. construyen

2 Answers will vary.

3 Answers will vary.

1.2 Ser and estar
Quiz A
1 1. b 2. a 3. c 4. e 5. f 6. d
2 1. b 2. a 3. b 4. a 5. a

3 1. estamos 2. están 3. estamos/estoy 4. es
5. está 6. está 7. es 8. está 9. son 10. es
11. soy 12. estoy

Quiz B
1 1. es 2. son 3. es 4. es 5. están 6. está

2 Answers will vary.

3 Answers will vary.

1.3 Progressive forms
Quiz A
1 1. coqueteando 2. rompiendo 3. pudiendo
4. mintiendo 5. haciendo

2 1. estamos disfrutando 2. voy conociendo
3. vienen insistiendo 4. anda diciendo
5. sigues construyendo 6. están pensando

3 1. Tú y yo venimos discutiendo desde el año
pasado. 2. Mis padres siguen soñando con tener
una casa cerca de la playa. 3. La niña anda
cayéndose porque está aprendiendo a
caminar./La niña se anda cayendo porque está
aprendiendo a caminar. 4. Yo llevo soportando
a mi jefe muchos años.

4 1. está proponiendo 2. Estamos pidiendo
3. están durmiendo 4. te estás riendo/estás
riéndote; estoy escuchando

Quiz B
1 1. estamos disfrutando 2. voy conociendo
3. vienen insistiendo 4. anda diciendo
5. sigues construyendo 6. están pensando

2 Answers will vary.

3 Answers will vary.

Answers to Quizzes

Lección 2

Contextos

Quiz A

1 **La música y el teatro:** función, taquilla; **Las diversiones:** dardos, reunirse; **Los deportes:** empate, vencer

2 1. c 2. a 3. d 4. d 5. b

3 1. F 2. C 3. F 4. F 5. C

4 1. festejar 2. los naipes 3. las entradas 4. el tiempo libre 5. el conjunto (musical) 6. entretenido 7. anotar

Quiz B

1 1. ajedrez 2. estreno 3. árbitro 4. circo 5. torneo/campeonato

2 Answers will vary.

3 Answers will vary.

4 Answers will vary.

Estructura

2.1 Object pronouns

Quiz A

1 1. b 2. c 3. c 4. d 5. a 6. b

2 1. Me lo van a traer./Van a traérmelo. 2. Se las estoy mostrando./Estoy mostrándoselas. 3. Se lo dimos. 4. Nos la va a servir./Va a servírnosla. 5. ¿Te las vendieron?

3 1. Sí, (ellos) nos la pueden recomendar./Sí, (ellos) pueden recomendárnosla. 2. Sí, (a nosotros) nos los exigen. 3. Sí, me la tienen que traer./Sí, tienen que traérmela. 4. Sí, te lo estoy prohibiendo./Sí, estoy prohibiéndotelo. 5. Sí, se los hago (a ellos).

4 1. se lo 2. usted 3. tú 4. poniéndome

Quiz B

1 1. comprarlos 2. con ustedes 3. tú; yo; nosotras 4. sí misma 5. Se 6. les

2 Answers will vary.

3 Answers will vary.

2.2 Gustar and similar verbs

Quiz A

1 1. c 2. a 3. c 4. b 5. b

2 1. nos aburren 2. les gusta 3. les hace falta
  4. le sorprenden 5. me encanta

3 1. A ustedes les duelen las manos. 2. A ti te preocupa la educación de tus hijas, ¿no? 3. A mi hermano y a mí no nos gusta el pescado con limón. 4. A Óscar le quedan dos boletos para el circo. 5. ¿Por qué a Verónica y a su familia les aburre la feria?

4 1. nos fascina/nos interesa 2. me quedan 3. me duelen 4. le molesta 5. me interesa/me fascina

Quiz B

1 1. Me importa ayudar a la gente. 2. A Rubén y a mí nos preocupa el medioambiente. 3. Te quedan dos años para graduarte. 4. A las chicas no les cae bien su primo.

2 Answers will vary.

3 Answers will vary.

4 Answers will vary.

2.3 Reflexive verbs

Quiz A

1 1. b 2. b 3. a 4. a 5. a

2 1. te quejas 2. me arrepiento 3. vestirse 4. nos secamos 5. se sorprende

3 1. Usted se acerca a la ventana. 2. Mis padres se acuestan a las diez y media. 3. Tú te cepillas los dientes dos veces al día. 4. Mi hermano y yo nunca nos olvidamos de cerrar la puerta.

4 1. nos preocupamos 2. se vuelve 3. se quitan 4. me atrevo 5. se da cuenta 6. te fijas

Quiz B

1 1. nos preocupamos 2. se vuelve 3. se quitan 4. me atrevo 5. se da cuenta 6. te fijas

2 Answers will vary.

3 Answers will vary.

Answers to Quizzes

Lección 3

Contextos

Quiz A

1 1. a 2. d 3. d 4. a 5. c 6. d

2 1. L 2. L 3. L 4. I 5. I

3 1. cara 2. se acostumbró 3. por casualidad
4. hacer mandados 5. barre

4 1. encender 2. cotidiano 3. probador
4. atrasado 5. freír 6. enseguida 7. devolver

Quiz B

1 1. barre 2. cara 3. por casualidad 4. horario
5. hacer mandados 6. se acostumbró

2 Answers will vary.

3 Answers will vary.

Estructura

3.1 The preterite

Quiz A

1 1. dormimos 2. durmieron 3. me acostumbré
4. conduje 5. condujeron 6. leyó 7. leyeron
8. encendió

2 1. explicaron 2. Comiste 3. fueron 4. comencé
5. oímos 6. anduvo

3 1. Nosotras devolvimos las maletas el mes
pasado. 2. Antes de salir, yo apagué las luces.
3. Esta mañana Ignacio y Sandra quitaron el
polvo. 4. ¿Usted hirvió el té?

4 1. barrimos 2. Calenté 3. probaron 4. hiciste
5. pedí 6. Fue 7. tuve 8. dijeron

Quiz B

1 1. barrimos 2. Calenté 3. probaron 4. hiciste
5. pedí 6. Fue 7. tuve 8. dijeron

2 Answers will vary.

3 Answers will vary.

3.2 The imperfect

Quiz A

1 1. d 2. a 3. b 4. e 5. c

2 1. daban 2. te dormías 3. solía 4. nos
despertábamos 5. dibujaban

3 1. De niño, Héctor jugaba al béisbol con su
padre. 2. Tú y yo íbamos de compras en el
centro comercial. 3. Tú no comías las sopas
que preparaba nuestra abuela. 4. Mis hermanas
se arreglaban mientras yo calentaba el carro.
5. Usted veía ese programa todas las noches.

4 1. encantaba 2. llevaba 3. había 4. hablaba
5. me sentaba

Quiz B

1 1. me gustaba/me encantaba/me fascinaba
2. llevaba 3. había 4. hablaba/conversaba
5. me sentaba 6. leía

2 Answers will vary.

3 Answers will vary.

3.3 The preterite vs. the imperfect

Quiz A

1 1. a 2. a 3. b 4. b

2 1. b 2. a 3. b 4. b 5. a

3 1. llevaba; se cayó; se lastimó 2. prefería;
paseaba; chocó; decidieron 3. tocaron;
nadábamos; abrí

4 1. Usted iba a Mar del Plata y descansaba todos
los veranos. 2. Los viajeros anduvieron por
cinco días en el desierto pero nunca
encontraron agua. 3. Cuando tú tenías un año,
empezaste a caminar. 4. Después de varios
intentos, Ángela y yo pudimos construir una
casa de naipes.

Quiz B

1 1. tocaron; nadábamos; abrí 2. llevaba; se
cayó; se lastimó 3. prefería; paseaba;
chocó; decidieron

2 Answers will vary.

3 Answers will vary.

Lección 4

Contextos

Quiz A

1 1. a 2. e 3. d 4. c

2 1. b 2. d 3. a 4. c 5. c

3 1. C 2. F 3. C 4. C 5. F

4 1. calmante 2. autoestima 3. fiebre
4. permanecer

Quiz B

1 1. el consultorio 2. el yeso 3. trasnochar
4. mareada 5. la vacuna 6. el cirujano/
la cirujana

2 Answers will vary.

3 Answers will vary.

Estructura

4.1 The subjunctive in noun clauses

Quiz A

1 1. sufras 2. sufran 3. me acueste 4. nos
acostemos 5. se acuesten 6. sepa 7. sepas
8. sepamos

2 1. c 2. b 3. a 4. b

3 1. busques 2. pagar 3. estemos 4. digo 5. Haya
6. permanezcan

4 1. puedas 2. seguir 3. hagas 4. vemos
5. tengan 6. te muevas 7. llamar

Quiz B

1 1. asistamos 2. pagar 3. permanezcan
4. trabajar 5. sea 6. conoces 7. demos 8. digo

2 Answers will vary.

3 Answers will vary.

4 Answers will vary.

4.2 Commands

Quiz A

1 1. d 2. b 3. e 4. a 5. c

2 1. Recupérense. 2. No trasnoche. 3. Ponte el
protector solar. 4. Decida ahora. 5. No seamos
tan irresponsables. 6. Que no lo hagan.

3 1. pide 2. échale 3. caliéntalo 4. abras 5. digas

4 1. M; Respire hondo, por favor.
2. M; Descríbamelos. 3. P; No me la ponga.
4. M; Déselo (a la recepcionista).

Quiz B

1 1. E; Explíquelo más despacio, por favor. 2. M;
Vayan a la siguiente página. 3. M; No hablen
durante el examen. 4. M; Repítanlos. 5. E; No
nos la dé hoy. 6. M; Manténganlos limpios.

2 Answers will vary.

3 Answers will vary.

4.3 Por and para

Quiz A

1 1. b 2. a 3. b 4. b

2 1. d 2. a 3. e 4. b 5. c

3 1. para; por 2. por; por/para 3. para 4. Para

4 1. Mañana nosotros salimos para Cancún.
2. Por ahora Raquel no piensa mudarse de
ciudad. 3. Ese poema fue escrito por Pablo
Neruda. 4. Yo voy a amarte para siempre.

Quiz B

1 1. por otro lado 2. por lo visto 3. Por ahora
4. Para 5. para bromas 6. para colmo
7. por/para 8. para tanto

2 Answers will vary.

3 Answers will vary.

Answers to Quizzes

Lección 5

Contextos

Quiz A

1 1. hotel 2. puerto 3. aeropuerto 4. aeropuerto
5. puerto

2 1. d 2. a 3. c 4. b 5. a

3 1. cinturón 2. lejano 3. vencido 4. albergue
5. recorrer

4 1. hicimos 2. temporada 3. pasajes 4. dobles
5. buceo

Quiz B

1 1. la habitación individual 2. el seguro 3. las
olas 4. la isla 5. el/la agente de aduanas
6. el servicio de habitación 7. el buceo
8. el congestionamiento

2 Answers will vary.

3 Answers will vary.

Estructura

5.1 Comparatives and superlatives

Quiz A

1 1. trabajadora 2. muchísimos 3. peor
4. maletas

2 1. b 2. c 3. a 4. b 5. c

3 1. frigidísima 2. tanto 3. menor 4. del
5. más 6. tantos

4 1. la 2. tantas 3. que 4. riquísimo 5. tan

Quiz B

1 1. tan 2. más 3. tantas 4. la 5. que 6. riquísimo
7. de 8. tanto

2 Answers will vary.

3 Answers will vary.

4 Answers will vary.

5.2 The subjunctive in adjective clauses

Quiz A

1 1. c 2. d 3. b 4. f 5. e

2 1. explica 2. pague 3. viven
4. sepa 5. conozcan

3 1. pueda 2. sean 3. dé 4. son 5. tengan
6. cueste

4 1. Mis padres conocen a alguien que viaja cada
semana. 2. Nosotros no encontramos a ningún
médico que nos haga caso. 3. ¿Conoces tú
algún restaurante que sirva comida las
24 horas? 4. Yo tengo unos amigos que
suelen trasnochar.

Quiz B

1 1. pueda 2. sean 3. dé 4. son/compramos
5. tengan 6. cueste

2 Answers will vary.

3 Answers will vary.

5.3 Negative and positive expressions

Quiz A

1 1. c 2. d 3. d 4. a

2 1. Nunca me escribe nadie de ningún
lugar./Jamás me escribe nadie de ningún
lugar./No me escribe nadie nunca de ningún
lugar. 2. Deseo alojarme en ese albergue o en
aquel campamento./Deseo alojarme o en ese
albergue o en aquel campamento. 3. No hay
ningún pasaje barato ahora. 4. También veo
algo interesante en la televisión.

3 1. algunos 2. jamás 3. siempre 4. ninguna
5. también 6. ni siquiera 7. no 8. cualquier

4 1. tampoco 2. ni; ni 3. algo; alguien 4. Nadie

Quiz B

1 1. algunos 2. jamás/nunca 3. Siempre
4. ninguna/ni siquiera 5. también
6. ni siquiera/nunca/jamás 7. no 8. cualquier

2 Answers will vary.

3 Answers will vary.

4 Answers will vary.

Answers to Quizzes

Lección 6

Contextos

Quiz A

1 1. I 2. L 3. L 4. I 5. I

2 1. orilla 2. nuevas fuentes 3. desarrollo
4. contribuir 5. medio ambiente

3 1. proteger 2. sequía 3. húmedo
4. cordillera 5. agotarse

4 1. el desierto 2. morder 3. el calentamiento
global 4. el arrecife 5. cazar

Quiz B

1 Some answers may vary. Suggested answers:
1. I; Usas los dientes para morder algo. 2. L
3. L 4. I; Cuando hay tormentas, me gusta
mirar los relámpagos desde la ventana. 5. I; Es
importante proteger la capa de ozono. 6. L
7. I; Un arrecife es una agrupación de corales
en el mar. 8. I; Cazar es la acción de buscar y
matar animales.

2 Answers will vary.

3 Answers will vary.

Estructura

6.1 The future

Quiz A

1 1. e 2. b 3. a 4. c 5. f

2 1. Ustedes serán los primeros en ver el barco
nuevo. 2. No cabremos todos en un solo carro.
3. Me mantendré en contacto con Camilo.
4. ¿Resolverás el problema? 5. Lucía estará a
dieta por dos semanas.

3 1. saldremos 2. recogerá 3. pondrán 4. irán
5. haré 6. observaré

4 1. Tú te divertirás durante las vacaciones.
2. ¿Caerá nieve en las montañas? 3. Usted verá
los animales de la selva. 4. ¿Qué dirán de mí
los vecinos?

Quiz B

1 1. saldremos/iremos 2. recogerá 3. pondrán/
observarán 4. irán 5. haré 6. observaré

2 Answers will vary.

3 Answers will vary.

6.2 The subjunctive in adverbial clauses

Quiz A

1 1. b 2. d 3. f 4. a 5. e

2 1. a 2. b 3. a 4. c 5. c

3 1. A pesar de que 2. con tal de 3. antes de que
4. mientras que

4 1. me queme 2. paguen 3. miro 4. luchemos
5. morder 6. lea

Quiz B

1 1. luchemos 2. morder 3. me queme 4. lea
5. miro 6. paguen

2 Answers will vary.

3 Answers will vary.

6.3 Prepositions: **a, hacia,** and **con**

Quiz A

1 1. c 2. b 3. b 4. c 5. c

2 1. a 2. con 3. Al 4. con 5. conmigo
6. hacia 7. con él

3 1. con; X; con 2. a; A 3. a; hacia/a 4. consigo

Quiz B

1 1. a; hacia/a 2. con; X; con 3. consigo 4. a; A

2 Answers will vary.

3 Answers will vary.

Lección 7

Contextos

Quiz A

1 1. d 2. a 3. b 4. c

2 1. científico 2. astronauta 3. estudiante
4. científico 5. astronauta 6. estudiante

3 1. una patente 2. ADN 3. inalámbrico
4. gravedad 5. Una estrella fugaz

4 1. el telescopio 2. clonar 3. la arroba 4. la
teoría 5. adjuntar (una foto)/adjuntar
(un archivo)

Quiz B

1 1. estrella fugaz 2. patente 3. gravedad 4. ADN
5. arroba 6. inalámbrico

2 Answers will vary.

3 Answers will vary.

Estructura

7.1 The past perfect

Quiz A

1 1. he querido 2. hemos construido 3. ha creado
4. Se han peleado 5. ha descrito

2 1. has llegado 2. empezar 3. ha ido 4. se han
roto 5. he tenido 6. has pasado 7. ha habido
8. han estado

3 1. ¿Ustedes todavía no han leído el artículo?
2. Los astrónomos han descubierto un agujero
negro. 3. Alejandro y yo hemos comprobado la
teoría. 4. Yo no lo he visto en ninguna parte.

4 1. Samuel y yo hemos hablado con el doctor
Hernández. 2. El médico nos ha dicho que los
dos necesitamos bajar el colesterol. 3. Mis hijas
han escrito una obra de teatro. 4. ¿(Tú) Te has
recuperado del resfriado?

Quiz B

1 1. has llegado 2. empezar 3. ha ido 4. se han
roto 5. he tenido 6. has pasado/has estado
7. ha habido 8. han estado

2 Answers will vary.

3 Answers will vary.

4 Answers will vary.

7.2 The past perfect

Quiz A

1 1. había decidido 2. habían dado 3. me había
sentido 4. habíamos puesto 5. habías perdido

2 1. comenzó; habíamos caminado; habían visto
2. conseguir; lo había pedido / lo pedí 3. había
oído; llegaron; se había muerto

3 1. El profesor ya nos había explicado el
experimento cuando hizo la demostración.
2. Tú nunca te habías alojado en este albergue
antes, ¿verdad? 3. Los estudiantes todavía no
habían resuelto algunos problemas cuando el
examen terminó.

4 1. Yo ya había pescado en el río antes de leer
que esos peces están en peligro de extinción.
2. Álvaro ya había escrito en su blog antes de
arreglar su computadora. 3. Ya habías viajado a
Barcelona antes de conocer a María Elena.
4. Ya habíamos hecho más de cien
experimentos antes de descubrir la cura.

Quiz B

1 1. había oído; llegaron; se había muerto
2. comenzó; habíamos caminado; habían visto
3. conseguir; lo había pedido / lo pedí

2 Answers will vary.

3 Answers will vary.

7.3 Diminutives and augmentatives

Quiz A

1 1. L 2. L 3. I 4. L 5. I 6. L 7. I 8. L

2 1. la casona 2. grandote 3. el cohetazo/el
cohetote/el cohetón 4. el sillón 5. estar cerquita

3 1. dinerazo 2. hijito; lechecita/lechecilla/lechita;
agüita; tacita/tacilla 3. solterona; florecitas/
florecillas 4. cabezazo; hombrón

Quiz B

1 1. solterona; florecitas/florecillas 2. dinerazo
3. cabezazo; hombrón; palabrotas 4. hijito;
lechecita/lechecilla/lechita; agüita; tacita/tacilla

2 Answers will vary.

3 Answers will vary.

Answers to Quizzes

Lección 8

Contextos

Quiz A

1. a. 2 b. 4 c. 6 d. 5 e. 1 f. 3
2. 1. b 2. b 3. d 4. d 5. a
3. 1. capaz 2. cobrar 3. impuesto de ventas
   4. sindicato 5. prestar 6. asesor 7. bancarrota
4. 1. riqueza 2. inversión 3. fijo 4. administrar
   5. bolsa de valores

Quiz B

1. 1. el/la asesor(a) 2. capaz 3. la bancarrota
   4. el sindicato 5. el impuesto (de ventas)
   6. prestar 7. cobrar
2. Answers will vary.
3. Answers will vary.

Estructura

8.1 The conditional

Quiz A

1. 1. cobraríamos 2. cobrarían 3. despediría
   4. despediríamos 5. despedirían 6. me volvería
   7. nos volveríamos 8. se volverían
2. 1. Por favor, ¿vendrías conmigo a la sala de
   conferencias? 2. Por favor, ¿me daría un
   aumento de sueldo? 3. Por favor, ¿leerías este
   currículum vitae? 4. Por favor, ¿comprobarían
   esta teoría? 5. Por favor, ¿nos diría por qué
   invirtió todo su dinero en esa empresa?
3. 1. iría 2. saldrán 3. llegaríamos
   4. querría 5. vivirán
4. 1. gastaría; haría 2. podríamos; Sería
   3. Habría; tendrían

Quiz B

1. 1. Podríamos; Sería 2. Habría; tendrían
   3. gastaría; haría
2. Answers will vary.
3. Answers will vary.
4. Answers will vary.

8.2 The past subjunctive

Quiz A

1. 1. b 2. a 3. e 4. c 5. d
2. 1. olvidara 2. olvidáramos 3. durmiera
   4. durmiéramos 5. durmieran 6. me cayera
   7. nos cayéramos 8. se cayeran
3. 1. a 2. b 3. b 4. b 5. a 6. a
4. 1. creyeran 2. supiera 3. hubiera
   4. repitieras 5. nos pusiéramos

Quiz B

1. 1. estén 2. repitieras 3. hubiera 4. quisiera
   5. fuéramos 6. nos pusiéramos
   7. creyeran 8. supiera
2. Answers will vary.
3. Answers will vary.

8.3 Si clauses with simple tenses

Quiz A

1. 1. e 2. f 3. d 4. a 5. c
2. 1. L 2. I 3. L 4. L 5. I
3. 1. consiguen 2. había 3. propones 4. seguirías
   5. ve 6. conociera
4. 1. llegaban; venían 2. harías; tuvieras

Quiz B

1. 1. seguirías 2. propones 3. había 4. consiguen
   5. ve 6. me encontrara
2. Answers will vary.
3. Answers will vary.

Answers to Quizzes

Lección 9

Contextos

Quiz A

1 1. c 2. b 3. a 4. d

2 1. F 2. C 3. C 4. F

3 1. locutor 2. chismes 3. estar al tanto
4. oyentes 5. estrella pop 6. de moda

4 1. publicidad 2. transmitir 3. actualizado
4. televidente 5. censura
6. radioemisora/emisora

Quiz B

1 1. imparcial 2. el/la crítico de cine 3. la banda
sonora 4. controvertido 5. el/la redactor(a)
6. la moda pasajera 7. la prensa sensacionalista
8. el/la lector(a)

2 Answers will vary.

3 Answers will vary.

Estructura

9.1 The present perfect subjunctive

Quiz A

1 1. Esteban no cree que esos documentales
hayan recibido buenas críticas. 2. No dudamos
que el público se ha enterado del escándalo.
3. No es verdad que nosotros hayamos estado al
tanto de las elecciones. 4. Estoy seguro de que
ustedes han entendido bien el mensaje.

2 1. haya contratado 2. te hayas ido 3. haya
barrido 4. hayamos venido 5. hayan abierto

3 1. Es terrible que unos tigres hayan atacado a
reporteros durante un noticiero en vivo.
2. No creo que haya muerto un señor de 127
años. 3. Es posible que unos estudiantes se
hayan hecho ricos vendiendo bolígrafos por
Internet. 4. No es justo que hayan impuesto
censura en la prensa rusa. 5. Espero que unos
científicos hayan descubierto la cura contra
el resfriado.

4 1. hayas dicho; hayas encontrado 2. haya
acabado; hemos hecho 3. ha rodado;
hayan estudiado

Quiz B

1 1. haya acabado; hemos traído 2. ha rodado;
hayan estudiado 3. hayas dicho; hayas buscado

2 Answers will vary.

3 Answers will vary.

9.2 Relative pronouns

Quiz A

1 1. b 2. b 3. a 4. c 5. a 6. c 7. b 8. a

2 1. que; que 2. cuyas; quienes; con quienes
3. cuyos; para la cual; en el que

3 1. c; que 2. a; quienes/las cuales/las que
3. e; en los que/en que 4. d; cuyo

Quiz B

1 1. cuyos; para la cual; en el que 2. que; que
3. cuyas; quienes; con quienes

2 Answers will vary.

3 Answers will vary.

9.3 The neuter **lo**

Quiz A

1 1. a 2. b 3. c 4. a 5. c 6. b

2 1. No te puedes imaginar lo horrible que me
siento. 2. Dime lo que pasó durante la reunión.
3. ¿No has visto lo delgadas que están Gabriela y
su hermana? 4. Me he dado cuenta de lo lento
que maneja Simón. 5. Ahora sabemos lo
importantes que son los estudios. 6. ¿No
entiendes lo que quiero decir?

3 1. qué 2. lo 3. más importante 4. ideal 5. X
6. lo bien 7. lo divertidas 8. Lo que

Quiz B

1 1. qué 2. lo 3. más importante 4. ideal 5. X
6. lo bien 7. lo divertidas 8. Lo que

2 Answers will vary.

3 Answers will vary.

Lección 10

Contextos

Quiz A

1 **La literatura:** hojear, policíaco; **Las bellas artes:** autorretrato, óleo; **La gente:** artesana, ensayista

2 1. F 2. F 3. C 4. F

3 1. autobiografía 2. novelista 3. se desarrolla 4. prosa 5. realismo 6. estilo

4 1. esculpir 2. corriente 3. pincel 4. llamativo 5. didáctico 6. estrofas 7. tela

Quiz B

1 1. corriente/movimiento
2. llamativo/intrigante/inquietante/humorístico
3. tela 4. esculpir 5. estrofas/versos
6. didáctico 7. pincel

2 Answers will vary.

3 Answers will vary.

Estructura

10.1 The future perfect

Quiz A

1 1. habremos descargado 2. habrá puesto 3. se habrán ido 4. habré ascendido 5. te habrás enterado

2 1. Yolanda y Luis se habrán enamorado y se habrán ido a vivir al Caribe. 2. Habré olvidado los apellidos de muchos compañeros de clase. 3. A Mauricio y a David se les habrá caído todo el pelo. 4. Ignacio le habrá propuesto matrimonio a Marlene. 5. Armando y yo no habremos sido los únicos que se habrán mantenido en contacto.

3 1. habrá tenido; habremos establecido 2. la habrán confundido 3. se habrán enterado; se habrá mudado; lo habrá decidido

4 1. Para la semana que viene, yo habré ahorrado doscientos dólares. 2. Adrián y Natalia se habrán hecho famosos dentro de diez años. 3. Piedad y yo habremos resuelto nuestros problemas para diciembre. 4. Dentro de seis meses, tú habrás roto con tu novia.

Quiz B

1 1. te habrás enterado; se habrá mudado; lo habrá decidido 2. la habrán confundido 3. habrá tenido; habremos establecido

2 Answers will vary.

3 Answers will vary.

10.2 The conditional perfect

Quiz A

1 1. A 2. P 3. AP 4. P 5. A

2 1. habrían sido 2. me habría probado 3. te habrías hecho 4. lo habríamos terminado 5. Habría preferido

3 1. Las editoriales habrían publicado más libros en catalán. 2. El poeta Pedro Salinas no se habría muerto en el exilio. 3. Mis hermanos y yo habríamos leído más novelas extranjeras. 4. Habría habido menos películas dobladas.

4 1. Yo no les habría cobrado nada. 2. Yo les habría devuelto el dinero. 3. Yo habría expuesto arte de todas las corrientes artísticas. 4. Yo habría invitado a fotógrafos de la prensa.

Quiz B

1 1. Mis hermanos y yo habríamos leído más novelas extranjeras. 2. Las editoriales habrían publicado más libros en catalán. 3. Habría habido menos películas dobladas. 4. Tú habrías escrito artículos para el periódico liberal. 5. Ustedes habrían estudiado gallego en la escuela. 6. El poeta Pedro Salinas no se habría muerto en el exilio.

2 Answers will vary.

3 Answers will vary.

10.3 The past perfect subjunctive

Quiz A

1   1. b 2. f 3. c 4. d 5. e 6. a

2   1. Ustedes no creían que yo lo hubiera construido. 2. Me molestó que ustedes hubieran usado el auto sin consultarme. 3. No era posible que hubiéramos recorrido todo el pueblo. 4. Susana se alegró de que le hubieran dado el premio. 5. Dudábamos que hubieras estado tan enfermo.

3   1. se hubieran conocido 2. hubiera dicho 3. hubiera nevado 4. nos hubiéramos llevado 5. hubiera pedido 6. hubiera podido

4   1. hubieras prendido 2. hubiera negado 3. hubiera habido 4. hubieran hecho

Quiz B

1   1. hubiera pedido 2. hubiera nevado 3. hubiera dicho 4. hubiera sabido 5. se hubieran conocido 6. nos hubiéramos llevado

2   Answers will vary.

3   Answers will vary.

| **317** | Answers to Quizzes

Answers to Quizzes

ANSWERS TO TESTS

Lección 1

Test A

1   1. Falso.   2. Cierto.   3. Falso.   4. Cierto.
    5. Cierto.   6. Falso.   7. Falso.   8. Cierto.

2   1. flexibles   2. se llevan   3. mujer   4. discuten
    5. se siente agobiado   6. está muy orgulloso de
    7. cariñosa   8. lo pasan bien   9. enamorados

3   1. soy   2. Estoy   3. Soy   4. soy   5. es   6. soy
    7. estoy   8. eres   9. estás

4   1. Eres   2. necesitas   3. venimos   4. elige
    5. quieres   6. puedes

5   Answers will vary.

6   Answers will vary.

Test B

1   1. Cierto.   2. Falso.   3. Falso.   4. Cierto.   5. Falso.
    6. Cierto.   7. Cierto.   8. Cierto.

2   1. se llevan   2. sensatos   3. discuten   4. odian
    5. triste   6. adora   7. graciosa   8. lo pasan
    9. educan

3   1. soy   2. están   3. soy   4. están   5. estoy
    6. somos   7. eres   8. estás   9. es

4   1. Tienes   2. Necesitas   3. Quieres
    4. comienzan/comenzamos   5. juntamos
    6. llamas

5   Answers will vary.

6   Answers will vary.

Test C

1   1. César viene de Oaxaca.   2. César va a trabajar
    y estudiar en Filadelfia.   3. Los profesores se
    llevan muy bien entre ellos.   4. Llevan más de
    veinte años de casados.   5. Es orgulloso, pero
    permisivo.   6. Sí, hay profesores jóvenes.
    7. No lo puede soportar porque es antipático
    y mentiroso.

2   Answers will vary. Sample answers: 1. Creo
    que César se agobia con situaciones nuevas.
    2. Creo que César es tradicional porque quiere
    tener una familia...   3. Creo que César es
    inseguro porque no le gusta...   4. Creo que Ana
    es una persona muy graciosa porque quiere ser
    comediante.   5. Creo que Ana es muy sociable
    porque a ella le gusta ir a fiestas...   6. Creo que
    Ana es inmadura porque ella piensa que...
    7. Creo que Ana es orgullosa porque está
    enojada con...

3   1. b. son personas aburridas   2. a. está enferma
    3. d. es flexible y sensato   4. c. es interesante,
    pero muy larga

4   1. son   2. forman   3. se llevan bien   4. tienen
    5. hablan   6. tocan   7. representa   8. dicen   9. es
    10. tienen   11. escuchan   12. van

5   Answers will vary.

6   Answers will vary.

Test D

1   1. Tito viene de Puerto Rico.   2. Va a
    Washington D.C. a estudiar en una universidad.
    3. La universidad es muy buena y hay muchas
    cosas para hacer.   4. Ellos son estudiantes.
    5. Son buenos estudiantes y siempre ayudan.
    6. Marta piensa que Miguel es muy sociable
    porque tiene muchos amigos divertidos.   7. Se
    siente más tranquilo.

2   Answers will vary. Sample answers: 1. Creo
    que Tito es inseguro porque se pone incómodo
    cuando...   2. Creo que Tito es estudioso porque
    él quiere sacar buenas notas y...   3. Creo que
    Tito es inseguro porque se pone nervioso
    cuando tiene que hablar...   4. Creo que Tito se
    agobia con situaciones nuevas.   5. Creo que
    Marta es una persona muy graciosa porque
    quiere ser actriz.   6. Creo que Marta es tranquila
    porque pasa muchas horas...   7. Creo que Marta
    es irresponsable con la tarea...

3   1. a. es muy rico   2. b. está muy aburrida   3. d.
    los estudiantes son muy inteligentes   4. c. su
    hija mayor está enferma

4   1. son   2. forman   3. sienten   4. quieren   5. tratan
    6. dicen   7. van   8. cuentan   9. es   10. conversan
    11. salen   12. hablan/hablar

5   Answers will vary.

6   Answers will vary.

Answers to Tests

Lección 2

Test A

1 1. Cierto. 2. Falso. 3. Cierto. 4. Cierto. 5. Falso. 6. Falso.

2 1. c 2. f 3. e 4. g 5. h 6. d 7. b 8. a.

3 Answers will vary. Sample answers: 1. A mí me molesta perder. 2. A ti te aburre hacer cola. 3. A los deportistas les encanta ganar. 4. A mis amigos y a mí nos hace falta divertirnos 5. A Salma Hayek le importan sus amigos.

4 1. queremos ganarlo/lo queremos ganar 2. voy a comprárselos/se los voy a comprar 3. te la doy 4. va a recomendárselas/se las va a recomendar/va a recomendárnoslas/nos las va a recomendar 5. lo celebran 6. tiene que verla/la tiene que ver

5 Answers will vary.

6 Answers will vary.

Test B

1 1. Cierto. 2. Falso. 3. Cierto. 4. Cierto. 5. Falso. 6. Cierto.

2 1. c 2. f 3. e 4. g 5. h 6. d 7. b 8. a.

3 Answers will vary. Sample answers: 1. A mí me importan mis amigos. 2. A ti te disgusta ver películas tontas. 3. A los cantantes les interesa ir a conciertos. 4. A mi padre y a mí nos hace falta divertirnos. 5. A Gael García Bernal le fascina participar en festivales de cine.

4 1. queremos perderlo/lo queremos perder 2. se los compran 3. se la voy a dar/voy a dársela 4. va a recomendárselas/se las va a recomendar/va a recomendárnoslas/nos las va a recomendar 5. lo celebramos 6. se los cuento

5 Answers will vary.

6 Answers will vary.

Test C

1 1. Amanda tiene quince años. 2. Le encanta ir al cine y a los conciertos, bailar y hacer deporte. 3. Se levanta a las seis y media. 4. Practica natación y baloncesto. 5. Tiene clase de francés y lecciones de piano. 6. Quiere ir a Francia con un programa de intercambio. 7. Los fines de semana intenta relajarse y descansar escuchando música.

2 1. animado 2. entradas 3. aficionada 4. parque de atracciones 5. cantante 6. cartas 7. ajedrez 8. taquilla

3 Answers will vary.

4 Answers will vary. Sample answers: A los mexicanos les gusta la comida picante. A los estadounidenses les encantan las hamburguesas. A los deportistas les encanta ser personas famosas. A los profesores les gusta dar mucha tarea. A los adolescentes no les interesa la política.

5 Answers will vary.

6 Answers will vary.

Test D

1 1. Sandra tiene dieciséis años. 2. Le encanta ir al teatro y a los conciertos. 3. Le gusta bailar salsa. 4. Sandra corre y practica vóleibol. 5. Tiene clases de violín y de alemán. 6. Quiere ir a Alemania con un programa de intercambio. 7. Cocina platos exóticos.

2 1. animado 2. estreno 3. equipo 4. parque de atracciones 5. hacer cola 6. pasatiempo 7. dar un paseo 8. concierto

3 Answers will vary.

4 Answers will vary. Sample answers: A los americanos les encantan las hamburguesas. A los italianos les fascina la pasta. A los ecologistas les preocupa el medio ambiente.

5 Answers will vary.

6 Answers will vary.

Lección 3

Test A

1 1. b 2. a 3. b 4. c

2 1. g 2. a 3. d 4. e 5. b 6. c 7. f

3 1. llegaste 2. pude 3. tuve 4. se cayó 5. se hizo
6. pensamos 7. fue

4 1. iba 2. caí 3. despertaba 4. jugaba 5. gané
6. gustaban 7. escondí 8. fuimos 9. iban

5 Answers will vary. 1. (imperfecto)
2. (imperfecto) 3. (pretérito) 4. (pretérito)
5. (pretérito) 6. (imperfecto)

6 Answers will vary.

Test B

1 1. c 2. b 3. b 4. b

2 1. f 2. e 3. a 4. g 5. c 6. b 7. d

3 1. llegamos 2. pudimos 3. hubo 4. pidió 5. se
cayó 6. tuvieron 7. hiciste

4 1. tomé 2. salía 3. hacía 4. fui 5. jugaba 6.
gustaba 7. preferían 8. salimos 9. sentía

5 Answers will vary. 1. (imperfecto)
2. (pretérito) 3. (imperfecto/pretérito)
4. (imperfecto) 5. (imperfecto) 6. (pretérito)

6 Answers will vary.

Test C

1 1. Porque por fin encontró un nuevo
apartamento. 2. Pasó el primer día limpiando.
3. Lo primero que hizo fue tirar la basura.
4. Porque todavía no tiene aspiradora. 5. El
hombre que vivía antes en el apartamento.
6. Vino a limpiar porque no sabía que Ana
María estaba allí.

2 Answers will vary. Sample answers: A Cristina
no le gusta barrer./Elsa pasa la aspiradora a
menudo.

3 a. hizo (3) b. Salió (8) c. fue (2) d. pasó (6)
e. llegó (5) f. llevó (4) g. preparó (7) h. se
levantó (1)

4 1. hacía 2. pidió 3. estaba 4. vivía 5. había
6. preparó 7. salió 8. se encontró
9. quería/quiso 10. era 11. sabía 12. se sentía
13. Invitó 14. supo 15. pidió 16. aceptó
17. son 18. visita

5 Answers will vary.

6 Answers will vary.

Test D

1 1. Porque de repente todo es nuevo en su vida.
2. Cambiaron su trabajo, su casa y su ciudad.
3. Había una señora regateando el precio de los
productos. 4. Porque no está acostumbrada a
regatear. 5. Fue al centro comercial a comprar
ropa. 6. Pagó en efectivo porque no pudo usar
la tarjeta de crédito.

2 Answers will vary. Sample answers: A Miguel
le gusta ir de compras./Mari hace la limpieza
una vez al mes.

3 a. preparó (4) b. salió (8) c. fue (3) d. compró
(7) e. llegó (6) f. llevó (5) g. se arregló (2)
h. se levantó (1)

4 1. llovía 2. pidió 3. estaba 4. podía 5. preparó
6. caminó 7. cantaba 8. caminaba 9. conoció
10. habló 11. era 12. pensó 13. estaba
14. invitó 15. supo 16. vivía 17. adoptó
18. son

5 Answers will vary.

6 Answers will vary.

Answers to Tests

Lección 4

Test A

1   **Parte A** 1. Cierto. 2. Falso. 3. Falso.
      Parte B 1. Falso. 2. Cierto. 3. Cierto.

2   1. recuperarse 2. resfriado 3. calmantes
    4. descansar 5. consultorio 6. aspecto
    7. ánimo 8. mareado/a

3   1. a 2. c 3. a 4. b 5. b. 6. a 7. c

4   Answers will vary. Sample answers: 1. beba
    mucho líquido 2. sean buenas 3. comamos
    mejor 4. te sientas mejor 5. tenga problemas de
    peso 6. te quedes en la cama 7. trabajen en
    exceso 8. lleven una vida sana

5   Answers will vary.

6   Answers will vary.

Test B

1   **Parte A** 1. Cierto. 2. Falso. 3. Cierto.
      Parte B 1. Cierto. 2. Falso. 3. Falso.

2   1. adelgazar 2. mejorar 3. lastimarse 4. Dejar
    de fumar/Adelgazar 5. fiebre 6. empeorar
    7. tratamientos 8. herida

3   1. c 2. b 3. b 4. a 5. b 6. a 7. c

4   Answers will vary. Sample answers: 1. haga
    más ejercicio 2. comas más verduras 3. sean
    eficaces 4. estén sanos 5. te quedes en la cama
    6. fume 7. dé pastillas 8. coma mejor

5   Answers will vary.

6   Answers will vary.

Test C

1   Answers may vary. 1. Sigue la dieta
    mediterránea. 2. Come frutas, verduras,
    pescado y aceite de oliva. 3. Evita la sal porque
    sube la tensión. 4. No toma medicamentos,
    sólo jugos e infusiones, y descansa mucho.
    5. Aconseja prevenir las enfermedades con una
    alimentación equilibrada y un buen descanso.
    6. Vive en una ciudad pequeña porque la vida
    allí no es tan agitada como en las grandes
    ciudades. 7. El yoga busca el equilibrio del
    cuerpo y la mente.

2   1. no tiene buen aspecto 2. tos 3. médico
    4. pastillas 5. vacuna 6. resfriado

3   Answers will vary. Sample answers: Sal con tus
    amigos./Relájate en el sofá./Descansa un poco.

4   Answers will vary.

5   Answers will vary.

6   Answers will vary.

Test D

1   Answers may vary. 1. Come muchas verduras,
    pescado o pollo. 2. No come dulces porque
    engordan. 3. Le gusta beber jugos de fruta.
    4. Cuando está enferma trata de descansar y
    comer bien. 5. Porque luego se siente agotada.
    6. Estar sano es una cuestión del estado de
    ánimo. 7. El taichi busca el equilibrio del
    cuerpo y la mente.

2   1. tiene mal aspecto 2. gripe 3. consultorio
    4. descansar 5. recuperarse 6. medicinas

3   Answers will vary. Possible answers: Ve al
    médico./Quédate en la cama./Descansa
    un poco.

4   Answers will vary.

5   Answers will vary.

6   Answers will vary.

 Answers to Tests

Answers to Tests

Lección 5

Test A

1 1. Sí 2. No – Fabiola 3. Sí 4. No – Éric 5. Sí 6. No – Fabiola 7. Sí 8. No – Éric

2 1. g 2. h 3. b 4. e 5. f 6. a 7. d 8. c

3 1. no sé nada sobre este crucero 2. no conozco ningún lugar con playas bonitas 3. no le dije a nadie adónde íbamos 4. nunca voy solo/no voy solo nunca de vacaciones 5. no quiero viajar ni en tren ni en autobús 6. yo tampoco voy al hotel/yo no voy tampoco

4 Answers will vary. Sample answers: 1. conozca bien el país 2. llega de Bogotá 3. no sea caro 4. me relajen 5. tiene una cultura muy antigua 6. tengan dos camas

5 Answers will vary. Sample answers: 1. Mi pasaje es más barato que tu pasaje. 2. Este crucero es lujosísimo. 3. Este restaurante es menos elegante que aquel otro. 4. Mi vuelo llegó tan retrasado como el tuyo. 5. Es el hotel más cómodo de la ciudad. 6. Es el guía turístico más amable que conozco.

6 Answers will vary.

Test B

1 1. No – Diana 2. No – Johnny 3. Sí 4. Sí 5. No – Diana 6. Sí 7. No – Diana 8. Sí

2 1. c 2. a 3. d 4. e 5. h 6. g 7. b 8. f

3 1. Yo nunca viajo en avión. 2. Yo no compré nada durante mis vacaciones. 3. Tú también usas el cinturón de seguridad. 4. Ellos no conocen ninguna isla del Caribe. 5. Le dije el precio del hotel a alguien. 6. Me gusta viajar en noviembre o en diciembre./Me gusta viajar en noviembre y en diciembre.

4 Answers will vary. Sample answers: 1. sea buena 2. llega de Santiago 3. les fascine 4. tenga habitaciones dobles 5. tiene una larga historia 6. tenga mapas

5 Answers will vary. Sample answers: 1. La excursión a las ruinas es más costosa que la excursión a la playa. 2. Ese edificio es viejísimo. 3. El museo de España es más grande que el museo de París. 4. Esa playa es la más bonita que he visto. 5. El tren es más rápido que el autobús. 6. Esta comida está tan deliciosa como la de ayer.

6 Answers will vary.

Test C

1 1. Su padre quería visitar la selva de Guatemala. 2. Su madre quería ir a un crucero. 3. A Adriana le gustan los sitios con playa para nadar y bucear. 4. Al final fueron solas Adriana y su madre. 5. No lo pasaron bien porque echaban de menos a su padre. 6. El último día se perdieron en una isla y no volvieron a tiempo a bordo. 7. Ellas volvieron a casa en avión.

2 Answers will vary.

3 Answers will vary.

4 Answers will vary.

5 Answers will vary. Sample answers: 1. Sí, tengo algo de hambre. 2. No, no conozco a nadie en Antigua. 3. Nunca desayuno en la terraza./No me gusta desayunar en la terraza nunca. 4. No quiero ir ni a Monterrico ni a Las Lisas. 5. Tampoco quiero ir a ver el volcán Tajumulco. 6. No, no hay ninguna excursión que me interese. 7. No, no quiero comprar nada de recuerdo/ningún recuerdo. 8. Nunca viajo con mucho equipaje.

6 Answers will vary.

Test D

1 1. Su padre quería hacer una ruta del café por Nicaragua. 2. Su madre quería hacer una ruta monumental por España. 3. A Julio le gustan los sitios turísticos para ir a la discoteca y salir por las noches. 4. Al final fueron solos Julio y su padre. 5. No lo pasaron bien porque extrañaban a su madre. 6. Perdieron el avión de vuelta y tuvieron que comprar otro billete. 7. Volvieron a casa en avión.

2 Answers will vary.

3 Answers will vary.

4 Answers will vary.

5 Answers will vary. Sample answers: 1. No, no tengo nada de hambre. 2. No, no conozco a nadie en Sarapiquí. 3. Nunca desayuno en la cama. 4. No quiero ir ni a Puerto Limón ni a Isla del Coco. 5. Tampoco quiero ir a San José. 6. No, no hay ninguna ruta histórica que me interese. 7. No, no quiero comprar nada para mi madre. 8. Nunca viajo con muchas maletas.

6 Answers will vary.

Lección 6

Test A

1 a. 5 b. 2 c. 1 d. 3 e. 4

2 1. húmedo 2. seco 3. paisaje 4. combustible
5. resolver 6. amenazar

3 1. empecemos 2. se agoten 3. siga 4. salieron
5. compren 6. pueda 7. sean 8. vaya

4 1. contigo 2. a 3. hacia 4. conmigo 5. Con
6. a 7. al 8. X

5 Answers will vary.

6 Answers will vary.

Test B

1 a. 2 b. 3 c. 5 d. 4 e. 1

2 1. cordillera 2. pájaro 3. proteger 4. renovable
5. desarrollo 6. montaña

3 1. pida 2. visitamos 3. aprendan 4. prometas
5. empezó 6. uses 7. parezca/parece 8. llegue

4 1. a 2. al 3. hacia/a 4. A 5. con 6. X
7. al 8. conmigo

5 Answers will vary.

6 Answers will vary.

Test C

1 1. Porque quiere promocionar su libro/manual
de conservación/el libro que acaba de terminar.
2. Escribió un manual para enseñar a los
jóvenes a proteger la naturaleza. 3. El formato
es una lista de predicciones sobre las
consecuencias de continuar destruyendo la
naturaleza. 4. Cree que el futuro del planeta es
algo muy serio. 5. La lección es que debemos
usar menos productos desechables y
reciclar más.

2 Answers will vary.

3 1. cambiemos 2. se agote 3. tengo
4. reciclemos 5. se extingan 6. ahorremos

4 Answers will vary.

5 Answers will vary.

6 Answers will vary.

Test D

1 1. Es un libro de cuentos para niños sobre la
conservación de la naturaleza. 2. Dice que el
futuro del mundo animal está en peligro y es
algo muy serio. 3. La historia empieza cuando
un león llama a los animales de la selva para
contarles cuentos sobre el futuro. 4. Habla
sobre los incendios en los bosques y sus
consecuencias. 5. Los pájaros van a tener que
irse a vivir a otros lugares y se van a extinguir.

2 Answers will vary.

3 1. ahorremos 2. se agoten 3. tengo
4. protejamos 5. se extingan 6. reciclemos

4 Answers will vary.

5 Answers will vary.

6 Answers will vary.

Answers to Tests

Lección 7

Test A

1 1. Líquido para convertir a las personas en conejos 2. Pastillas para que los niños crezcan en un mes 3. Máquina para hacer la tarea 4. Pastillas para el dolor de cabeza 5. Máquina del tiempo. Choice of *útil/tontería* may vary.

2 1. c 2. b 3. h 4. e 5. f 6. a

3 Answers may vary. Sample answers: 1. Alguien ha llamado por teléfono./Ha recibido una llamada por teléfono. 2. Se ha enojado./No le ha gustado el programa y se ha enojado. 3. Ha conseguido un puesto de trabajo./Ha tenido una entrevista para un puesto de trabajo. 4. No le ha gustado la película. 5. Ha recibido buenas noticias.

4 1. Ana ya había patentado su invento cuando Miguel descubrió la fórmula. 2. Nosotros ya habíamos recibido el mensaje de texto cuando Anabel llamó. 3. Yo ya había estudiado informática cuando me contrataron en la empresa. 4. Yo ya había guardado los documentos cuando se fue la luz. 5. Ellos ya habían enviado todos los mensajes cuando la batería del celular se gastó. 6. Tú ya habías visto una estrella fugaz cuando yo me compré el telescopio.

5 1. camisón 2. florecita 3. rodillazo 4. mujerona 5. cabezón/cabezota 6. palabrota 7. lucecita/lucecilla

6 Answers will vary.

Test B

1 1. Líquido para convertir a las personas en pájaros 2. Pastillas para adelgazar sin pasar hambre 3. Espejo mentiroso 4. Infusión para dormir 5. Lápiz invisible. Choice of *útil/tontería* will vary.

2 1. a 2. e 3. f 4. h 5. b 6. g

3 Answers will vary. Sample answers: 1. Ha recordado algo. 2. Ha comido un dulce. 3. Se ha enfermado. 4. Se ha roto un brazo. 5. Se ha perdido en la ciudad./No ha decidido adónde ir en la ciudad.

4 1. Ana ya se había comprado una computadora cuando Miguel se registró en Twitter. 2. Yo ya había estudiado física cuando patenté mi invento. 3. Nosotros ya habíamos mandado un mensaje de texto cuando Anabel llegó. 4. Ellos ya habían visto un ovni cuando yo viajé a la Luna. 5. Yo ya había enviado los correos electrónicos cuando me contrataron en la

empresa. 6. El biólogo ya había descubierto la teoría cuando el artículo sobre la clonación se publicó.

5 1. pantallota/pantallaza 2. flechazo 3. gatito 4. casona 5. ventanilla 6. telón 7. agüita

6 Answers will vary.

Test C

1 1. Dijo que todo lo que se podía inventar ya se ha inventado. 2. Se inventó en 1876. 3. Porque nos permite comunicarnos desde cualquier lugar. 4. Lo usan todos los sectores de la población, no sólo los profesionales. 5. Se ha convertido en un accesorio de moda más. 6. Tienen cámara digital, cámara de video, conexión a Internet y reproductor de MP3.

2 Answers will vary.

3 Answers will vary.

4 Answers will vary. Sample answers: 1. La pantalla del televisor se había quemado. 2. El teléfono inalámbrico se había desconectado. 3. Le había entrado un virus a la computadora. 4. Le habían robado el refrigerador. 5. Se había roto el reproductor de MP3. 6. El teléfono fijo se había caído al suelo.

5 Answers will vary.

6 Answers will vary.

Test D

1 1. El teléfono celular es uno de los grandes inventos de la vida moderna. 2. Empezó a generalizarse en los años noventa. 3. Nadie pensaba que el correo electrónico iba a sustituir al teléfono en la vida laboral. 4. Se ha vuelto/Es normal que los empleados se comuniquen con su colegas sin usar el teléfono. 5. Porque el correo electrónico permite trabajar desde la casa. 6. Se puede enviar y recibir mensajes de correo electrónico.

2 Answers will vary.

3 Answers will vary.

4 Answers will vary. Sample answers: 1. La señal de la radio satelital había desaparecido. 2. La lavadora se había roto. 3. El baño se había inundado. 4. Se habían robado los teléfonos. 5. El reproductor de DVD se había caído al suelo. 6. La pantalla se había quemado.

5 Answers will vary.

6 Answers will vary.

Lección 8

Test A

1 a. 5. b. 3 c. 2 d. 4 e. 1 f. 6

2 1. puesto 2. jubilarse 3. empresa 4. gerente
5. currículum vitae 6. reunión 7. exportaciones
8. sueldo 9. presupuesto 10. impuestos

3 1. Renunciaría a mi puesto. 2. Le harían un
regalo. 3. Intentaría ser más serio. 4. Los
invertiríamos en la bolsa. 5. Pondríamos un
anuncio en el periódico.

4 Answers will vary.

5 1. te gustaría 2. pudiera 3. conoces 4. te lo diré
5. encuentras 6. tuviera 7. te ofrecieran 8. es

6 Answers will vary.

Test B

1 a. 6 b. 2 c. 4. d. 3 e. 1. f. 5

2 1. solicitar 2. gerente 3. currículum vitae
4. empresa 5. bancarrota 6. inversiones
7. gastar 8. exitoso 9. deuda 10. capaz

3 1. Pediríamos un aumento de sueldo. 2. Iría a
las reuniones del sindicato. 3. Saldría de la
oficina antes. 4. Buscarías uno cuanto antes.
5. Hablaría de mis cualidades.

4 Answers will vary.

5 1. sigues 2. tendré 3. te ayudarían 4. estaría
5. tuvieras 6. pudiera 7. puedes/podrías
8. diré/digo

6 Answers will vary.

Test C

1 Answers may vary slightly. Suggested answers:
1. Porque David quiere dejar su trabajo./Porque
David quiere cambiar de profesión. 2. Porque
es muy aburrido y está cansado de ganar el
sueldo mínimo. 3. Porque piensa que el gerente
del banco nunca lo ascendería. 4. Le gustaría
hacer algo creativo, algo que le guste; quizá
podría tener su propio negocio. 5. Le aconseja
que lo piense bien antes de dejar su trabajo./Le
aconseja que no renuncie a su empleo antes de
tener un plan definitivo. 6. Va a necesitar
dinero para abrir un negocio./Va a necesitar
pedir dinero prestado al banco.

2 1. dueño 2. asesora 3. socia 4. vendedor
5. empleado 6. gerente

3 Answers will vary.

4 Answers will vary. Sample answers: 1. Si
estallara una tormenta terrible, yo buscaría
refugio. 2. Si se incendiara mi casa, yo también
salvaría a mi gato. 3. Si estuviera en una
guerra, yo me iría a otro país. 4. Si tuviera que
hablar en la televisión, yo ensayaría lo que voy
a decir para no estar nervioso.

5 Answers will vary.

6 Answers will vary.

Test D

1 Answers may vary slightly. Suggested answers:
1. Se quedó sin trabajo./Perdió su empleo.
2. Dice que es por la crisis económica. 3. Envió
su currículum vitae a varias revistas. 4. Buscan
a alguien con mucha experiencia. 5. Porque el
sueldo es alto y las condiciones de trabajo son
muy buenas. 6. Le gustaría escribir un libro.

2 1. desempleado 2. mujer de negocios
3. jubilado 4. sindicalista 5. vendedora
6. contador

3 Answers will vary.

4 Answers will vary. Sample answers: 1. Si
estuviera sola en una manifestación por la paz,
me iría a mi casa. 2. Si hubiera un huracán
donde vivo, buscaría refugio. 3. Si tuviera un
accidente de carro, trataría de no ponerme
nervioso/a. 4. Si viera un robo en un banco, no
me movería.

5 Answers will vary.

6 Answers will vary.

Answers to Tests

Answers to Tests

Lección 9

Test A

1 1. corresponsal 2. televidente 3. celebridad
4. chisme 5. subtítulos

2 1. d 2. a 3. h 4. f 5. g 6. b 7. c 8. e

3 1. Dudo mucho que José Ángel haya empezado
a trabajar este mes en una emisora de radio.
2. No es verdad que la última película de Steven
Spielberg haya costado 28.000 dólares. 3. No
es evidente que muchos medios de
comunicación hayan estado cubriendo la
noticia. 4. Aunque estés tan convencido, no
creo que en la televisión nunca haya habido
censura. 5. No me creo una palabra de lo que
dices. Es imposible que tú te hayas hecho tan
famoso como Javier Bardem.

4 1. que 2. los cuales/los que/que 3. las que/las
cuales 4. quienes/los cuales/los que 5. la que/la
cual 6. lo que/lo cual 7. quienes/los cuales/que
8. cuya

5 1. No sabía lo influyente que es este periódico.
2. Lo peor de este programa es la mala fama de
los participantes. 3. Lo que me interesa del
trabajo de reportero son las oportunidades para
viajar. 4. Lo mejor de ser crítico de cine es que
ver películas es parte del trabajo. 5. Todo lo
que me dijo son chismes.

6 Answers will vary.

Test B

1 1. público 2. telenovela 3. la prensa
sensacionalista 4. portada 5. banda sonora

2 1. d 2. a 3. f 4. h 5. b 6. g 7. c 8. e

3 1. Dudo que los dos acontecimientos del año
hayan salido en todas las cadenas de televisión.
2. No creo que Pedro Almodóvar haya
empezado esta misma semana a rodar en
Estados Unidos y en Canadá. 3. No es evidente
que todos los escritores de esta revista
hayan/hayamos sido siempre imparciales.
4. Pero ¿tú de verdad crees que yo me voy a
creer eso? No es verdad que tú nunca hayas
leído un periódico en tu vida. 5. Pero ¿qué estás
diciendo? Dudo que la publicidad en la
televisión haya sido barata.

4 1. los que/los cuales 2. quienes/las cuales/las
que 3. que 4. que 5. (el) que/el cual 6. cuya
7. quienes/los que 8. que

5 1. Me encanta lo bien que habla esta locutora.
2. Todo lo que sale en los periódicos es
negativo. 3. Lo que más me gusta de esta
emisora es que no tiene anuncios. 4. La banda

sonora es lo que más me gustó de la película.
5. No debes creer todo lo que ves en la televisión.

6 Answers will vary.

Test C

1 Answers will vary. Suggested answers:
1. Porque a esta hora no hay programas buenos.
2. Son programas de noticias sobre famosos.
3. Porque no le interesa la vida privada de los
famosos. 4. Porque siempre le ha gustado
observar gente. 5. Le parece curioso que los
participantes de programas de realidad se hacen
famosos y después salen en los programas
del corazón.

2 Answers will vary.

3 Answers will vary. Sample answers: 1. Me
alegra que te hayas preparado para la audición.
2. Me molesta que, en vez de trabajar, hayas
escuchado un programa de radio. 3. Dudo que
lo haya publicado. 4. Me sorprende que les
haya gustado.

4 1. con el que 2. con quienes 3. a quien 4. en el
que 5. que 6. que 7. que 8. cuya

5 Answers will vary.

6 Answers will vary.

Test D

1 Answers will vary. Suggested answers: 1. Rafa
quiere preguntarle si ha leído la noticia sobre la
nueva emisora de radio local. 2. Prefiere ver
los noticieros locales en la televisión. 3. Dice
que las noticias que ofrecen siempre son
negativas, como crímenes, robos y desastres
naturales. 4. Prefiere leer las noticias en
Internet. 5. Dice que es difícil encontrar
prensa imparcial.

2 Answers will vary.

3 Answers will vary. Sample answers: 1. Me
alegra que hayas trabajado en tu crítica teatral.
2. Me molesta que, en vez de trabajar, hayas
hablado por teléfono. 3. Dudo que se haya
vendido mucho. 4. No me sorprende que le
haya gustado.

4 1. con el que 2. con quienes 3. a quien/que 4. en
las que 5. que 6. que 7. que 8. cuya

5 Answers will vary.

6 Answers will vary.

Answers to Tests

Lección 10

Test A

1 1. Falso. 2. Cierto. 3. Falso. 4. Cierto.
5. Cierto. 6. Falso. 7. Falso. 8. Cierto.

2 1. d 2. f 3. e 4. h 5. c 6. g 7. a 8. b

3 1. Habríamos podido 2. habría esperado
3. habrían aceptado 4. habrías hecho 5. habría
puesto 6. habría hecho 7. habrían sido

4 Answers will vary. Sample answers: 1. Todos
nosotros habremos visto muchas exposiciones
de arte. 2. Papá y mamá habrán comprado
libros de arte. 3. Su novia se habrá interesado
por los artistas locales. 4. Yo habré pintado
varios cuadros. 5. Su hermanita habrá dibujado
todos los días después de la escuela.

5 Answers will vary.

6 Answers will vary.

Test B

1 1. Cierto. 2. Falso. 3. Falso. 4. Cierto.
5. Cierto. 6. Falso. 7. Falso. 8. Cierto.

2 1. a 2. f 3. d 4. g 5. h 6. b 7. e 8. c

3 1. Habríamos tenido 2. habríamos vendido
3. habría recomendado 4. habría causado
5. habría podido 6. habrían sido 7. habría hecho

4 Answers will vary. Sample answers: 1. Todos
nosotros habremos regalado libros a los
amigos. 2. Papá y mamá habrán leído más
historias al hermanito. 3. Su novia habrá escrito
poemas en su tiempo libre. 4. Yo habré asistido
a tertulias literarias. 5. Su hermanito habrá
inventado cuentos fantásticos.

5 Answers will vary.

6 Answers will vary.

Test C

1 1. A Mara le gusta leer, pero a Flavio no le
gusta mucho. 2. A ella le gustan las novelas
clásicas y la poesía. 3. Su género favorito es la
ciencia ficción. 4. A la madre de Flavio le
gustan las novelas policíacas y las de terror y
suspenso. 5. A la madre de Mara le fascina la
novela rosa. 6. Piensa que puede regalarle la
biografía de un fotógrafo famoso.

2 Answers will vary.

3 Answers will vary. Sample answers: 1. Cuando
tenga veinte años, habré dibujado varios
murales. 2. Cuando tenga veinte años, habré
pintado muchos cuadros. 3. Cuando tenga
veinte años, habré esculpido una escultura
magnífica. 4. Cuando tenga veinte años, habré
escrito novelas y obras de teatro. 5. Cuando
tenga veinte años, habré diseñado mi propia casa.

4 Answers will vary.

5 Answers will vary.

6 Answers will vary.

Test D

1 1. A Aída le gusta leer, pero a Claudio no le
gusta mucho. 2. A ella le gusta leer ensayos.
3. Su género favorito es la novela policíaca.
4. A la mamá de Claudio le gustan las
biografías y la novela histórica. 5. A la mamá
de Aída le fascina la poesía contemporánea.
6. Van a buscar una biografía de Frida Kahlo.

2 Answers will vary.

3 Answers will vary. Sample answers:
1. Dentro de un año, habré grabado un disco.
2. Dentro de un año, habré actuado en un teatro
importante. 3. Dentro de un año, habré dirigido
una comedia. 4. Dentro de un año, habré
publicado mi autobiografía. 5. Dentro de un
año, habré representado una obra de teatro en
los mejores escenarios.

4 Answers will vary.

5 Answers will vary.

6 Answers will vary.

ANSWERS TO EXAMS

Lecciones 1–3

Exam

1 1. Cierto. 2. Falso. 3. Cierto. 4. Falso.
5. Cierto. 6. Cierto.

2 1. pareja 2. segura 3. autoritaria
4. tímido/inseguro 5. inseguro/tímido
6. mentiroso

3 1. lava 2. quita el polvo 3. se divierte 4. se
reúne 5. alquila una película 6. salgo 7. voy
8. consigo

4 Answers will vary. Sample answers: 1. A mí no
me aburren los fines de semana. 2. A tus
amigos y a ti les encanta hacer deporte. 3. A mi
familia le aburre el centro comercial. 4. A ti no
te gusta el divorcio. 5. A nosotros nos hace
falta enamorarnos. 6. A la actriz Salma Hayek
no le molesta expresar los sentimientos.

5 1. Mis padres me lo regalaron. 2. Se la
preparas. 3. Nos dijo que no los hizo. 4. Pablo
quiere regalárselos./Pablo se los quiere regalar.
5. Nos las van a comprar./Van a comprárnoslas.
6. Lo debo llevar al baile de la escuela./Debo
llevarlo al baile de la escuela. 7. Javier se la
dio. 8. Tú se las dices.

6 1. tuvimos 2. vino 3. contó 4. tenía 5. decidió
6. era 7. pudo

7 1. estás 2. Es 3. está 4. es 5. está 6. está
7. eres 8. son

8 Answers will vary.

9 Answers will vary.

10 Answers will vary.

11 Answers will vary.

12 Answers will vary.

Lecciones 4–6

Exam

1 1. Falso. 2. Cierto. 3. Cierto. 4. Falso.
5. Falso. 6. Cierto. 7. Falso. 8. Cierto.
9. Falso. 10. Cierto. 11. Falso. 12. Falso.

2 1. k 2. l 3. i 4. h 5. b 6. g 7. a 8. e 9. c 10. d

3 1. volveré 2. visitará 3. iremos 4. tomaremos
5. saldremos 6. vendrá 7. diré 8. pondrá

4 Answers will vary. Suggested answers:
1. Javier corre tan rápido como Alberto. 2. Yo
soy mayor que mi hermano. / Yo tengo más
años que mi hermano. 3. Sonia tiene menos
dolores que su hermana. / Sonia está menos
enferma que su hermana. 4. Mi gimnasio es tan
caro como tu gimnasio. 5. Alejandro juega al
fútbol peor que Rodolfo. / Rodolfo juega al
fútbol mejor que Alejandro.

5 1. para 2. Por 3. para 4. por, por 5. por 6. por
7. para, por 8. para

6 1. No te preocupes por cosas triviales.
2. Levántate temprano. 3. Ten cuidado con la
comida grasienta. 4. Dejen de fumar. 5. Hagan
favores a sus amigos. 6. No salgan hasta
muy tarde.

7 1. alguna 2. ninguna 3. algo 4. Siempre
5. nadie 6. también 7. nunca

8 Answers will vary.

9 Answers will vary.

10 Answers will vary.

11 Answers will vary.

12 Answers will vary.

Answers to Exams

Lecciones 7–10

Exam

1 Answers may vary slightly. Sample answers:
1. Se publicará en el suplemento cultural del periódico. 2. Se emite todas las mañanas de siete a diez. 3. El objetivo es informar y transmitir buena energía a los oyentes para que empiecen el día con optimismo. 4. Incluye una entrevista a un personaje famoso. 5. Pueden escucharlo en línea o en sus reproductores de MP3. 6. Le pregunta si ha recibido ofertas de trabajo de dos emisoras de los Estados Unidos.

2 1. c 2. g 3. a 4. l 5. e 6. k 7. h 8. i 9. f 10. j

3 1. que 2. quien/la cual/la que 3. que 4. que/la que/la cual 5. quienes/los cuales/los que 6. Lo que 7. que 8. quien/el cual/que

4 1. e 2. a 3. g 4. c 5. f 6. b 7. d

5 1. mujerona 2. casona 3. feílla 4. sombrerote 5. amorcito 6. amigazo 7. Juanito 8. minutito 9. besito 10. carrazo

6 1. has estado 2. hemos oído 3. ha despedido 4. hayan dicho 5. he decidido 6. haya sido 7. has encontrado 8. he empezado 9. has hecho 10. he pensado

7 Answers will vary.

8 Answers will vary. Sample answers: 1. morirá menos gente cada año 2. te gusta tanto 3. yo clonaría a mi hermano 4. intentaré tomar una foto 5. todos volaríamos por el aire 6. fueran mucho más caros

9 Answers will vary.

10 Answers will vary.

11 Answers will vary.

Lecciones 1–10

Exam

1 Answers may vary. Suggested answers:
1. Están planeando las vacaciones de verano. Tienen que contarles sus planes a sus padres. 2. La idea es ir a acampar a las montañas. Pueden dar paseos por el bosque, explorar y pescar. 3. No necesitan ni pasajes de avión ni reservaciones de hotel. 4. Se siente ansioso y preocupado por los estudios. 5. La idea es ir a una reserva natural. Pueden bucear y aprender sobre los animales marinos en peligro de extinción. 6. Porque le parece una idea muy sensata. También le gusta porque pueden ir en tren ya que ella odia los aviones.

2 1. se llama 2. se despiertan 3. se quedan 4. Se aburren 5. se sorprende 6. se quejan 7. Me alegro

3 1. Sí, quiero comprárselo/se lo quiero comprar. 2. Sí, puedo pedírselos/se los puedo pedir. 3. No, no se las mandamos. 4. Sí, la conozco. 5. Sí, ahora mismo le pregunto.

4 Answers will vary.

5 1. b 2. a 3. b 4. a 5. c

6 1. llegué 2. hice 3. fue 4. me divertí 5. estaba 6. paraba 7. nos quedábamos 8. Conocí 9. hablamos 10. fuimos

7 Answers will vary. Sample answers: 1. Limpia el baño. 2. Barre la cocina con la escoba. 3. Quiten el polvo de los muebles. 4. Pasen la aspiradora a los cuartos y el salón.

8 1. c 2. d 3. b 4. f 5. h 6. g 7. a 8. e

9 1. estén 2. está 3. comience 4. haga 5. tome 6. podamos 7. pierda 8. tenga 9. es 10. lleguemos 11. combine 12. salgan

10 Answers will vary.

11 1. dar de comer 2. orilla 3. tormenta 4. contaminación 5. aire libre 6. se extinguen 7. renovable

12 1. que/el cual/el que 2. la que/lo que 3. que 4. cuyos 5. lo cual/lo que 6. las que

13 1. e 2. a 3. g 4. c 5. f 6. b 7. d

14 Answers will vary.

15 Answers will vary.

16 Answers will vary.

Answers to Exams

ANSWERS TO ADDITIONAL READINGS

Lección 1
LECTURA ADICIONAL

Conocer gente nueva

1 Answers may vary slightly. Suggested answers:
1. Falso. Es difícil hacer amigos y también es difícil encontrar pareja. 2. Cierto. 3. Falso. Ahora hay menos gente que conoce a personas desconocidas en cafeterías y reuniones de amigos. 4. Falso. A nadie le gusta hablar con desconocidos en el autobús o en el metro. Todos leen o escuchan música. 5. Cierto. 6. Falso. Las citas a ciegas vienen después de conocerse por Internet.

2 Answers will vary.

Lección 2
LECTURA ADICIONAL

Una oportunidad de oro

1 Answers will vary slightly. Suggested answers:
1. Alberto es el padre de Javier. Es músico y es el propietario de una de las salas de conciertos más importantes de Bogotá. 2. Javier y sus amigos están encantados porque pueden ir a todos los conciertos gratis y no tienen que comprar entradas. 3. A Javier le gusta tocar la guitarra acústica. 4. Matt Gallon es un guitarrista de Nashville muy famoso. El concierto de Matt Gallon y su grupo es el jueves. 5. Javier y sus amigos están preparando un pequeño concierto y quieren tocar para ellos. 6. Matt Gallon invita a Javier y a sus amigos a Nashville el próximo verano.

2 Answers will vary.

Lección 3
LECTURA ADICIONAL

Un chico con suerte

1 Answers will vary slightly. Suggested answers:
1. Alberto tenía que limpiar la casa e ir al supermercado. 2. Alberto fue a la cocina y encendió la luz. 3. Después de leer las noticias se puso a limpiar la casa, pasó la aspiradora y quitó el polvo. 4. Enrique y Ana invitaron a Alberto al partido de los Yankees. 5. Alberto no podía creer que no tenía que pagar para ver a los Yankees. 6. Alberto era un chico con suerte porque estas cosas le pasaban frecuentemente.

2 Answers will vary.

Answers to Additional Readings

Lección 4
LECTURA ADICIONAL
El yoga

1   Answers may vary slightly. 1. El yoga es una de
    las formas de ejercicio más completas y
    beneficiosas que existen./El yoga es una forma
    de hacer ejercicio, pero también una filosofía de
    vida. 2. Algunos de los beneficios son un
    mayor bienestar, menos estrés, mayor
    flexibilidad y más energía. 3. Uno de los
    fundamentos es la respiración. 4. Es necesario
    ser consciente de la respiración en todo
    momento. 5. Porque al sincronizar la
    respiración con los movimientos nuestra mente
    se vacía de pensamientos. 6. Nos ayuda a
    mantener la calma en momentos de ansiedad y
    mejora la calidad del sueño.

2   Answers will vary.

Lección 5
LECTURA ADICIONAL
Un viaje a Barcelona

1   Answers may vary slightly. 1. Porque tenía que
    reunirse con clientes allí. 2. Porque ella ya
    conocía España y quería ser su guía. 3. Visitó a
    sus tíos. 4. Regresó a Barcelona el viernes.
    5. Desayunaron pan tostado y pasearon por las
    Ramblas. 6. Escribieron y mandaron tarjetas
    postales a su familia.

2   Answers will vary.

Lección 6
LECTURA ADICIONAL
Mejorar el mundo

1   Answers may vary slightly. Suggested answers:
    1. Algunos problemas son la contaminación del
    aire y del agua, el calentamiento global, la
    escasez de recursos naturales y la desaparición
    de los bosques. 2. Los jóvenes estudiantes son
    el futuro de la sociedad. 3. Porque existe un
    programa de reciclaje en la escuela, pero no
    todos los estudiantes reciclan. 4. Juancho
    observa que mucha gente malgasta agua.
    5. Porque la gente no tiene tiempo para apreciar
    la naturaleza. 6. Tere propone que la gente
    observe y aprecie la naturaleza cinco minutos
    cada día.

2   Answers will vary.

Answers to Additional Readings

Answers to Additional Readings